EDUCATION
POLICY
REVIEW
IN
CHINA

U0866638

中国教育政策评论 2019

袁振国　主编

上海教育出版社
SHANGHAI EDUCATIONAL
PUBLISHING HOUSE

EDUCATION POLICY REVIEW IN CHINA

中国教育政策评论 2019

前 言 foreword

国际上大规模的教育评估项目，如国际数学和科学研究（Trends in International Mathematics and Science Study，简称 TIMSS）、国际学生评估项目（Programme for International Student Assessment，简称 PISA）、国际成人能力评估项目（Programme for the International Assessment of Adult Competencies，简称 PIAAC）等，越来越受到大家的关注，对各国教育决策也产生了越来越重要的影响。这种测评通过跨国性和区域性的比较研究，能够帮助每个参与的国家和地区发现自己的特长与不足，也能够清楚地知道自己在国际社会中的位置，促进教育系统的优化。当然，这种大规模教育测评对教育产生的积极和消极影响在国际上也引起了广泛的争议。

上海自 2009 年第一次参与 PISA 开始，就取得了骄人的成绩，并引起国际社会的广泛关注。近些年来，华东师范大学大力倡导教育实证研究，倡导基于事实和证据的研究，强调用科学的方法获得可靠的数据，得出确凿的结论，并接受规范的检验。特别是自 2015 年以来，华东师范大学连续举办了五届全国教育实证研究论坛，每次与会者都热情高涨，全程参与，这已经成为众多教育学学者，尤其是年轻学者期待的教育学术交流年度盛会，产生了一批批优秀研究成果，对我国教育研究范式转型发挥了积极的推动作用。本辑是在 2019 年第五届教育实证研究论坛会议交流论文的基础上精选汇编的，主题为“大规模测量与评估研究”。这些论文是中国学者扎根中国大地开展的实证调查与测量评估研究，内容丰富，题材广泛，问题聚焦，反映了实证研究蓬勃发展的态势。

在全世界教育研究科学化浪潮不断高涨的背景下，希望通过此辑的出版，激发广大教育工作者对教育实证研究的更大热情，助力学界对教育问题的思考和研究的深化，向世界传播中国教育研究者的声音。

袁振国

2020 年 3 月 2 日

目 录 contents

Chapter 1

敬畏大规模评估的力量：什么是不能测量的

袁振国　赵　勇

摘　要： 2019年12月，经济合作与发展组织(Organization for Economic Co-operation and Development，简称OECD)公布了2018年最新国际学生评估项目(Programme for International Student Assessment，简称PISA)成绩。中国(北京、上海、江苏、浙江)在阅读素养、数学素养、科学素养三项测试中均位列世界第一。在看到中国基础教育成就的同时，我们也应关注大规模评估(Large Scale Assessment，简称LSA)的种种作用与影响。2018年10月华东师范大学举办首届教育先锋论坛，论坛的主题是"大规模评估：问题与前景"。与会者包括哈佛大学(Harvard University)的理查德·埃尔莫尔(Richard Elmore)教授、康涅狄格大学(University of Connecticut)的罗纳德·贝格托(Ronald Beghetto)教授、普渡大学(Purdue University)的张华华教授、华东师范大学的袁振国教授以及堪萨斯大学(University of Kansas)的赵勇教授等。论坛的目的不是讨论LSA的技术问题或对其作出评价，而是讨论LSA的使用(或滥用)、LSA在教育中的作用，以及从哲学层面讨论在教育领域中用LSA进行评估的可能性与局限性。换言之，我们更感兴趣的是讨论LSA不能做什么，而不是它能做什么。我们更关注LSA对教育的负面影响，而不是积极影响。

关键词： 经济合作与发展组织；国际学生评估项目；大规模评估

世界各地的教育系统都面临着技术变革带来的挑战。越来越多的人认为，教育需要改变，以培养适合未来的人才。[1][2][3][4][5][6][7][8]大规模评估(LSA)已被作为推动变革的有力工具。例如，在美国，《不让一个孩子掉队法案》(No Child Left Behind Act)将LSA作为一项主要的政策工具，试图让学校和教育工作者对缩小学业成就的差距负责。[9][10][11]中国在过去几十年中一直努力开展高考改革以促进教育变革，包括减轻学业压力，培养多元化和创新型人才。[12][13]韩国利用 LSA 对大学招生作出了重大改革，目的是减轻教育压力，进一步培养21世纪所需的人才。[14][15]影响力巨大的学术能力评估测试(Scholastic Assessment Test，简称 SAT)对试题进行了修改。PISA 也计划扩大其业务范围，将新增对5岁儿童的评估，即幼儿 PISA[16]，以及对创造力、合作力和全球竞争力的评估。各国也越来越有兴趣开展21世纪技能或软技能评估，如创业思维、创造力、合作能力、成长思维等。[17][18]因此，研究 LSA 的潜在负面影响是非常重要的。

一、 大规模评估的力量

LSA 在教育方面具有巨大的力量。用于国际比较的 LSA(如 PISA)会影响教育政策和教育实践，引发媒体的关注，给政治家和教育领导者施加压力，并激起全球公众的情绪。[19][20][21][22][23]用于问责的 LSA，如美国各州的问责评价制度，广受公众和媒体的关注，决定着课程和教学，改变着教育者的生活(包括将一些人送进监狱)，并影响着学校的命运。[24][25][26][27][28]用于筛选学生的 LSA，如中国的高考，每年决定着数百万青年的命运，决定着校内外的教学内容，并形成了一种教育文化。[29][30][31][32]

LSA 的力量源自许多方面。首先，正如已故的哈佛大学生物学家和科学历史学家斯蒂芬・杰伊・古尔德(Stephen Jay Gould)所指出的，人类倾向于“将抽象概念转化为实体”。[33]评估本质上是一种将诸如心智能力、创造力等抽象概念转化为有形东西的方法。一旦转化完成，这种“有形的东西”也变成抽象概念。因此，智商被认为是一个人心智能力的发展水平。

其次，正如古尔德所指出的那样，人类“倾向将复杂的问题简化为一种逐级递增的排序”。[34]简单来说，我们喜欢排名。我们总是想要根据排名对人进行分类，了解谁更好以及谁更糟糕，并以此为依据给予他们不同的命运。为了排名，我们需要一个工具来将复杂的变化简化为一个简单的数字。同样，这个数字一旦产生，无论它代表了什么，都会被认定为一个有效评价指标。然后，人们被告知必须接受排名。

再次，除了以上两点之外，LSA 在物质方面也产生了重大影响。它被用于定义和判断未来取得成功的能力。判断还会被用于分配资源和机会。例如，被顶尖的学校录取，这被认为可以带来更好的工作和生活，因此学生努力在大学入学考试中取得好成绩。

LSA 还被用于判断教师和学校，评判教师和学校帮助学生获得未来成功的能力。这种判断作为对教师的声誉、薪酬或工作条件加以奖惩的基础。因此，教师尽其所能地帮助学生在 LSA 中取得好成绩。这种判断也传递给负责整个教育系统质量的政治家和政府官员，因此政治家和政府官员也会受到 LSA 的影响。

二、 大规模评估对社会的影响

人们从心理上将 LSA 视为衡量能力的有效标准，同时，LSA 对社会产生的物质和政治影响，使 LSA 成为塑造人类社会极其有力的工具。这种塑造主要通过两种方式来实现：首先，LSA 对儿童的教育经历产生重大影响，因为它引导着社会中教育资源的消耗，引导学生、教师、家长和政治家将精力、时间和金钱集中在测试的内容上。因此，课程被窄化为测试的内容。教学和学习都只注重测试的内容，而未经测试的内容被排除在外。今天学校的学生是明天社会的公民和领导者。因此，他们今天在学校的经历最终会影响人类社会，决定着社会将来会有什么样的公民。

其次，LSA 决定培养什么样的人才，以及哪些人才将被压抑或者任其自生自灭。每个人具有各种不同的能力，[35]在不同的领域有各自的优势和劣势。尽管各种类型的人才都是有价值的，社会繁荣依赖多元化的人才，[36][37][38][39]但 LSA 只能测量有限的几种能力。因此，恰好在 LSA 领域具有优势的人可以获得更多的资源和机会，并在社会中变得更有价值，而拥有的才能不在测量之列的人则会被视为失败者，从而被压制或忽视。用 LSA 评估儿童，其结果通常直接或间接地影响他们将获得的教育机会。例如，有些孩子可能被安排到课外补习班来提高阅读技能，因为 LSA 表明他们不像其他孩子那样精通阅读。结果，这些孩子失去了体验其他可能性的时间和机会，如数学、艺术、音乐或体育，这意味着他们可能无法挖掘并发展这些方面的天赋和热情。此外，一些儿童在资源充足的学校就读，其他儿童因考试成绩不理想而无法获得优质资源，这意味着一些儿童在很小的时候就注定是失败者了。

因此，LSA 在人才方面决定了社会公民的构成性质。例如，中国古代的科举考试，是最古老的 LSA 之一，这导致形成一个由学者型官员主导的社会，他们是植根于儒家传统的文学专家，而在技术、科学等其他领域有才能的人在很大程度上被忽视了。[40]这导致严重的后果，中国古代缺乏启动工业革命的人才储备，尽管在经济条件上我们先于英国近 200 年就已经具备开启工业革命的条件。[41]

总之，LSA 具有显著影响个人的能力。它影响着个人在教育中获得的机会和经历。因此，根据各种 LSA 的表现为不同的个人分配不同的机会，LSA 在决定个人命运方面发挥了相当大的作用。此外，LSA 通过影响特定社会中的人才构成显著地影响着人类社会。

三、 敬畏大规模评估的力量

伴随力量的是巨大的责任。力量可以同时具有建设性和破坏性。LSA 可以带来理想的结果，也会造成巨大的伤害。因此，应该谨慎和负责任地对待 LSA 在教育中的应用问题。

要负责任地使用 LSA，我们需要把 LSA 无法测量的内容放在心上。LSA 的强大力量使其对教育产生了巨大的影响，它们测量的内容对政策制定者、教育工作者、学生、家长和公众都很重要，但是 LSA 有很多无法测量的东西。即使没有彻底压制或拒绝，LSA 不能衡量的东西也往往被忽视。对社会和个人而言，未测量的东西可能更为重要。

第一，LSA 无法测量它们无意测量的内容。这个看似显而易见的事实在教育中经常被忽略。尽管 LSA(即使是最有效的 LSA)只测量它们被设计用来测量的东西，但得出的结果往往被过度泛化。例如，PISA 的结果已被扩大化以反映教育系统的质量，尽管它们只是反映了不同系统中 15 岁儿童在数学、阅读和科学的 PISA 评估中的表现。大学入学考试(如中国的高考和美国的 SAT)的结果被解释为一个人是否为进入大学做好了准备，尽管大学的入学准备内容不仅仅包括考试成绩。[42]结果研究发现，LSA 的评估并不能有效预测大学阶段的学业表现。[43][44]

第二，LSA 无法测量未知的内容，只能衡量已知的内容。因此，LSA 不可能为未知结构设计测试。例如，在发现智力的构成之前无法测量智力。在“创造力”这个概念还未被提出之前，我们无法测量创造力。在“全球竞争力”概念出现之前，我们无法衡量全球竞争力。[45]教育中当然还存在一些尚未被发现或尚未被开发出的概念可能比已知概念更重要的情况。研究表明，我们测量的内容无法准确预测个人和社会的成功与否，[46][47][48][49][50]还有一些其他因素在起作用。[51][52]

第三，LSA 无法测量例外情况。丹麦诺贝尔奖得主物理学家尼尔斯·玻尔(Niels Bohr)指出了测量的本质：测量的实体不能脱离测量的工具。换句话说，“数学能力，实际上任何能力，都不是个人的内在属性，而是个人和测量工具的共同特性”。[53]因此，即使在它们想要测量的领域内，LSA 也只能在设计的限度内测量能力，无法测量超出这一范围的能力。例如，一名参加三年级数学考试的数学家可以得到满分，但他的数学能力肯定超过那个同样得到满分的三年级学生。如果爱因斯坦(Einstein)参加高中物理考试，他的最好成绩也就只能是满分，但我们不能说他在物理学方面的能力与同样获得满分的高中生一样。

第四，LSA 无法测量动态的、流动的、不明确的和依赖情境的内容。LSA 也许能够评估相对稳定且被明确定义的能力，但许多能力是不明确的、流动的、动态的和依赖情境的。例如，创造力、批判性思维、沟通能力、全球竞争力、企业家精神以及许多其他的21世纪技能都是不明确的，因为它们都有不同的定义。同时它们也非常动态化，因为它们会根据个人和情境发生很大变化。例如，在某个领域可能具有创造性，但在其他领域则不具备创造性。它们通常也受背景和文化的约束。例如，在某种背景下被认为富有创造力的表现可能在其他背景下并非如此，在某些文化中被认为是有效的沟通技能可能在其他文化中被认为是无效的，甚至会产生相反效果。

第五，LSA无法衡量个体的独特性。LSA常常被用来测量一群个体的某些能力，只能判断个人能力的某些方面，而无论我们开发了多少个LSA，都无法评估能力的所有方面。此外，个人的能力是能力、个性和兴趣的独特组合。换句话说，能力并不是不同要素的简单叠加。例如，一个人获得大学成功的能力并不是他在数学、语言、科学、创造力和个性方面的简单相加，每个人都有综合性的能力特征。[54]

总之，LSA只能非常有限地测量部分对个人、社会成功至关重要的能力，无法衡量广泛的有价值的教育成果以及知识、技能和个人品质的独特组合。由于LSA的强大力量，它们衡量的内容往往会成为教育中的重要因素，从而误导教育中的政策和做法，导致一系列破坏性副作用。

LSA并不会消失。我们需要记住：可以计算的也许并不重要，重要的可能并未被计算。

参考文献

［1］ Barber, M., Donnelly, K., & Rizvi, S. Oceans of Innovation: The Atlantic, the Pacific, Global Leadership and the Future of Education[J]. Voprosy Obrazovaniya, 2012(4): 109-185.

［2］［22］ Schleicher, A. World Class: How to Build a 21st-century School System[M]. Paris: OECD, 2018.

［3］ Schwab, K. The Fourth Industrial Revolution: What it means and how to respond [J]. Foreign Affairs, 2015, 12: 1-7.

［4］ Trilling, B., & Fadel, C. 21st Century Skills: Learning for Life in Our Times[M]. San Francisco, CA: John Wiley & Sons, 2009.

［5］ Wagner, T. The Global Achievement Gap: Why Even Our Best Schools Don't Teach the New Survival Skills Our Children Need—And What We Can Do about it[M]. New York, NY: Basic Books, 2008.

[6] Wagner, T. Creating Innovators: The Making of Young People Who Will Change the World[M]. New York, NY: Scribner, 2012.

[7] World Economic Forum. The Future of Jobs: Employment, Skills and Workforce Strategy for the Fourth Industrial Revolution[EB/OL]. 2016-01[2019-09-12]. http://www3.weforum.org/docs/WEF_Future_of_Jobs.pdf.

[8] Zhao, Y. World Class Learners: Educating Creative and Entrepreneurial Students [M]. Thousand Oaks, CA: Corwin, 2012.

[9] Hess, F. M. Our Achievement-gap Mania[J]. National Affairs, 2011(9): 113-129.

[10] No Child Left Behind Act of 2001[B]. United States Congress, 2002: 107-110.

[11][49] Zhao, Y. Catching up or Leading the Way: American Education in the Age of Globalization[M]. Alexandria, VA: ASCD, 2009.

[12][32][40] Zhao, Y. Who's Afraid of the Big Bad Dragon: Why China Has the Best (and Worst) Education System in the World[M]. San Francisco, CA: Jossey-Bass, 2014.

[13][15] Zhao, Y., & Wang, Y. Guarding the Past or Inventing the Future: Education Reforms in East Asia[A]. In Y. Zhao & B. Gearin (Eds.), Imagining the Future of Global Education: Dreams and Nightmares[C]. New York, NY: Routledge, 2018: 143-159.

[14] Zhao, Y. Lessons That Matter: What We Should Learn from Asian School Systems [J]. 2015. http://www.mitchellinstitute.org.au/reports/lessons-that-matter-what-should-we-learn-from-asias-school-systems/.

[16] Pence, A. Baby PISA: Dangers That Can Arise When Foundations Shift[J]. Journal of Childhood Studies, 2016, 41(3): 54-58.

[17][52] Duckworth, A. L., & Yeager, D. S. Measurement Matters: Assessing Personal Qualities Other than Cognitive Ability for Educational Purposes[J]. Educational Researcher, 2015, 44(4): 237-251.

[18][45] Zhao, Y. Counting What Counts: Reframing Education Outcomes [M]. Bloomington, IN: Solution Tree Press, 2016a.

[19] Baird, J. A., Johnson, S., Hopfenbeck, T. N., Isaacs, T., Sprague, T., Stobart, G., & Yu, G. On the Supranational Spell of PISA in Policy[J]. Educational Research, 2016, 58 (2): 121-138.

[20] Bieber, T., & Martens, K. The OECD PISA Study as a Soft Power in Education? Lessons from Switzerland and the US[J]. European Journal of Education, 2011, 46(1): 101-116.

[21] Pereyra, M. A., Kotthoff, H.-G., & Cowen, R. PISA under Examination[M]. New York, NY: Springer, 2011.

[23] Zhao, Y. Who's Afraid of PISA: The Fallacy of International Assessments of System Performance[A]. In A. Harris & M. S. Jones (Eds.), Leading futures[C]. Thousand Oaks, CA: SAGE, 2016b: 7-21.

[24] Jennings, J. L., & Bearak, J. M. "Teaching to the Test" in the NCLB Era: How Test Predictability Affects Our Understanding of Student Performance[J]. Educational Researcher, 2014, 43(8): 381-389.

［25］ McMurrer，J. Choices，Changes，and Challenges：Curriculum and Instruction in the NCLB Era. Washington，DC：Center on Education Policy，2007.

［26］ Nichols，S. L.，& Berliner，D. C. Collateral Damage：How High-stakes Testing Corrupts America's Schools［M］. Cambridge，MA：Harvard Education Press，2007.

［27］ Reback，R.，Rockoff，J.，& Schwartz，H. L. Under Pressure：Job Security，Resource Allocation，and Productivity in Schools under NCLB［EB/OL］. 2011. https：//www.nber.org/papers/w16745.pdf.

［28］ Wong，V. C.，Wing，C.，& Martin，D. Do Schools Respond to Pressure? Evidence from NCLB Implementation Details［EB/OL］. Society for Research on Educational Effectiveness. 2016. https：//files.eric.ed.gov/fulltext/ED566978.pdf.

［29］ Cheng，K.-M. Shanghai：How a Big City in a Developing Country Leaped to the Head of the Class［A］. In M. S. Tucker（Ed.），Surpassing Shanghai：An Agenda for American Education Built on the World's Leading Systems［C］. Cambridge，MA：Harvard Education Press，2011：21 – 50.

［30］ Choi，H. J.，& Park，J.-H. Historical Analysis of the Policy on the College Entrance System in South Korea［J］. International Education Studies，2013，6(11)：106 – 121.

［31］ Ho，E. S.-C. Accomplishment and Challenges of Hong Kong Education System：What We Have Learned from PISA［J］. Educational Journal，2003，31：1 – 30.

［33］［34］ Gould，S. J. The Mismeasure of Man［M］. New York，NY：Northon，1996：56.

［35］［54］ Rose，T. The End of Average：How We Succeed in a World that Values Sameness (1st ed.)［M］. New York，NY：HarperOne，2016.

［36］ Chua，A. Days of Empire：How Hyperpowers Rise to Global Dominance and Why They Fall［M］. New York，NY：Doubleday，2007.

［37］ Pink，D. H. A Whole New Mind：Why Right-brainers Will Rule the Future［M］. New York，NY：Riverhead，2006.

［38］［50］ Zhao，Y. Reach for Greatness：Personalizable Education for All Children［M］. Thousand Oaks，CA：Corwin，2018.

［39］ Zhao，Y. The Rise of the Useless：The Case for Talent Diversity［J］. Journal of Science Education and Technology，2019，28：62 – 68.

［41］ Lin，J. Y. Needham Puzzle，Weber Question and China's Miracle：Long Term Performance Since the Sung Dynasty［Z］. Paper Presented at the World Economic Performance：Past，Present and Future—Long Term Performance and Prospects of Australia and Major Asian Economies，Brisbane，Australia，2006. http：//www.uq.edu.au/economics/cepa/docs/seminar/papers-nov2006/Lin-Paper.pdf.

［42］ Conley，D. T.，& McGaughy，C. College and Career Readiness［J］. Educational Leadership，2012，69：28 – 34.

［43］ Burton，N. W.，& Ramist，L. Predicting Success in College：SAT® Studies of Classes Graduating since 1980［R］. 2001. http：//research.collegeboard.org/sites/default/files/publications/2012/7/researchreport-2001-2-predicting-college-success-sat-studies.pdf.

［44］ National Association for College Admission Counseling. Report of the Commission on the Use of Standardized Tests in Undergraduate Admission［R］. 2008. http：//www.nacacnet.org/NR/rdonlyres/FE4E1899-653F-4D92-8629-86986D42BF5C/0/TestingComissionReport.pdf.

［46］ Baker，K. Are International Tests Worth Anything? ［J］. Phi Delta Kappan，2007，89(2)：101－104.

［47］ Levin，H. M. More than Just Test Scores［J］. Prospects：The Quarterly Review of Comparative Education，2012，42(3)：269－284.

［48］ Tienken，C. H. Rankings of International Achievement Test Performance and Economic Strength：Correlation or Conjecture? ［J］. International Journal of Education Policy and Leadership，2008，3(4)：1－15.

［51］ Brunello，G.，& Schlotter，M. The Effect of Non Cognitive Skills and Personality Traits on Labour Market Outcomes［J］. 2010. http：//www.epis.pt/downloads/dest_15_10_2010.pdf.

［53］ Morrison，H. Pisa 2012 Major Flaw Exposed［J］. 2013－12－01［2019－09－12］. https：//paceni.wordpress.com/2013/12/01/pisa-2012-major-flaw-exposed/.

作者简介

袁振国　华东师范大学终身教授、教育学部主任，国家教育考试指导委员会成员

赵　勇　美国堪萨斯大学教育学院教授

电子邮箱

zgyuan@admin.ecnu.edu.cn

yongzhao@ku.edu

Chapter 2

义务教育结果不均等程度及其影响因素分析

——基于东部某省大规模测评数据的实证研究*

范文凤　胡咏梅

摘　要： 教育均衡发展问题虽然是我国义务教育研究的热点，但是一直以来，相关实证研究大多聚焦在教育机会均等和教育资源配置均衡上，很少触及教育结果均等。本文通过使用北京师范大学中国基础教育质量监测协同创新中心（简称协同中心）与东部某省合作开展的“区域教育质量健康体检与改进提升”项目数据，综合利用变异系数（coefficient of variation）、泰尔指数（Theil index）和Shapley值分解等量化方法，对义务教育阶段学生学业成绩不均等状况进行分析，并探讨了义务教育阶段学生学业成绩不均等的影响因素。研究发现：东部某省的教育虽然在总体上初步实现了促进学生学业均衡发展的目标，但区县内部、城乡内部和学校内部的不均衡仍然较为明显；教师质量因素是影响区县学生学业成绩泰尔指数的关键变量，其次为学生的个体特征变量。因此，加强教师队伍质量建设，注重学生学习品质培养是实现义务教育阶段学生学业均衡发展的关键。

关键词： 义务教育；教育结果不均等；影响因素；Shapley值分解

一、引言

教育是人类可持续发展的重要目标之一。展望2030年，联合国（United Nations）提出面向未来的可持续发展目标（sustainable development

* 本文是国家社会科学基金教育学重大课题“教育适应中国人口结构发展趋势研究”（VGA190003）成果之一。

goals),其中之一就是“确保包容和公平的优质教育”,并指出“到 2030 年,确保所有男女童完成免费、公平和优质的中小学教育,并取得相关和有效的学习成果”。由此可见,优质而均衡的义务教育是未来一段时期内全世界人民为之奋斗的目标,世界主要国家也都实施了一系列重要政策来推动本国的义务教育均衡发展。[1][2][3][4][5]我国作为世界第一人口大国,在基本普及义务教育上取得了举世瞩目的成就。从 1986 年《中华人民共和国义务教育法》颁布到 2005 年的 20 年内,我国义务教育实现了跨越式发展,小学和初中的毛入学率分别达到 99%和 95%,达到甚至超过发达国家水平。在差不多同一时期,随着义务教育的基本普及,教育发展的不均衡问题开始受到学者们的关注,引起广泛而热烈的讨论。[6][7][8]直到今天,义务教育均衡发展仍是我国教育发展的重要目标。从国家层面有关义务教育均衡发展的政策文件和相关事件中可以看出,[9][10][11][12]义务教育均衡发展在我国教育改革与发展中具有重要地位,从教育资源投入和配置均衡,到解决农村家庭、困难家庭、弱势群体学生的受教育问题,再到区域内部的教育发展均衡,以及县域内教育发展均衡,义务教育均衡发展的政策在不断完善。教育均衡问题虽然是我国义务教育研究的热点,但是一直以来,相关实证研究大多停留在教育机会均等和教育资源配置均衡上,很少触及教育结果均等。究其原因,一方面是目前国内此方面研究存在理论与实证相脱节的问题。不少理论研究者提出,教育均衡是涉及资源、过程、结果等各个方面的均衡,但是由于缺乏数据支持,特别是对学生学习结果测量数据的可得性,专门针对学生学习结果均等的研究尚不多见。另一方面,受限于国内大规模教育测评发展的滞后性,对学生非认知发展进行的大规模测评还非常缺乏,利用相关数据开展的实证研究更是凤毛麟角。因此,有必要继续深入开展义务教育均衡方面的相关研究,将义务教育均衡的内涵从资源、机会、数量等方面,拓宽到质量、结果等方面,为我国更好地促进义务教育均衡发展提供参考和建议。

二、 文献综述

关于义务教育均衡发展问题的研究多数聚焦在教育资源配置均衡方面。例如，曾满超、丁延庆（2005）[13]采用生均经费支出作为指标，使用调整的极差、调整的极差率、变异系数、基尼系数（Gini coefficient）、泰尔指数等方法测算我国义务教育阶段生均经费支出的不均衡状况。研究发现，不同地区之间资源利用模式相近，但地区之间的生均支出水平差异很大，特别是农村与城市之间、沿海省份与其他地区之间的支出差异非常明显。沈有禄（2011）[14]使用人力、物力、财力三个方面的指标计算泰尔指数。研究发现，基础教育无论是在人力、物力还是财力资源的配置上，省际及城乡间的差距仍在扩大，呈现出典型的“马太效应”。任春荣（2011）[15]使用相关系数法和主成分分析法筛选指标，筛选出生均教育事业经费支出、生均教学及辅助用房建筑面积等 8 个县域义务教育均衡发展的评估指标。她利用我国 14 个省 42 个县 881 所初中和 3 096 所小学的数据开展义务教育均衡发展的评估研究。其研究结论是，教学仪器设备、图书和骨干教师配置应成为义务教育均衡发展工作的重点，教育资源的多寡不是一个区域义务教育均衡程度的决定性因素。另外，王善迈（2000）[16]、王蓉（2001）[17]、杨东平和周金燕（2003）[18]也分析了我国义务教育投入的不均衡状况，并为改进义务教育均衡状况提供了相关的政策建议。

还有不少学者从教育机会均等的视角来研究义务教育均衡发展问题。例如，杜鹏（2005）[19]，张长征、郇志坚、李怀祖（2006）[20]，孙百才（2009）[21]均以平均受教育年限为指标，使用教育基尼系数对我国改革开放以来教育平等问题进行了研究。研究发现，中国的教育平等程度得到很大提高，教育基尼系数整体上呈现出逐年下降的趋势。孙旭（2009）[22]同样以平均受教育年限为指标，利用泰尔指数对中国人口教育获得总差异及各省（区、市）差异进行测算，结果显示总差异主要源于各地内部差异。王爱民、徐翔（2008）[23]运用区域间加权人均受教育年限的基尼系数、泰尔零阶指数及其分解测算了纯城乡间教育差距和纯地区间教育差距，结合基于回归的 Shapley 值分解法，定量分析了有关因素对教育差距的影响程度。另外，姚继军(2009)[24]，杨俊、黄潇、李晓羽(2008)[25]等使用平均受教育年限指标计算教育基尼系数，测算了我国教育不均衡问题，与杜鹏、张长征、孙百才等学者的研究结论类似，他们也认为我国教育不均衡状况得到了改善。

至今关于义务教育结果均等问题的实证研究仍较为少见，基于大规模教育测评的研究更是寥寥无几。辛涛、田伟、邹舟(2010)[26]使用全国 10 个地区的数据，将数学成就测验分数作为结果变量，分别使用全距、联合全距、标准差、方差分析、泰尔指数等方法分析了义务教育结果均等的现状，并就几种方法的结果进行对比。通过对泰尔指数和方差结果的分解发现，教育结果均等的研究范畴与以往教育机会公平和教育资源配置公平不一样，并且发现学生个体差异是造成教育结果不均等现象的主要原因。

马西娅·德卡瓦略(Márcia de Carvalho)等(2012)[27]利用 6 个拉丁美洲国家 2006 年和 2009 年的国际学生评估项目(Programme for International Student Assessment，简称 PISA)数据，尝试基于二维指标(包含教育参与不均等与教育成就不均等)的方法，发现基于二维指标算出的结果与基于传统指标(仅用教育成就不均等)算出的教育成就均等的排名是相反的。

国内还有学者直接使用义务教育均衡发展满意度指标对我国县域义务教育均衡状况进行评价。赵丹(2014)[28]采用西北五县的数据，通过评估受教育者及相关群体的满意度①后发现，县域义务教育均衡发展的公众满意度总体合格率和评价分值较高，但仍有部分群体评价不合格；公众对教育资源均衡、布局规划和就近入学的满意度较低。另外，薛海平、李岩(2013)[29]、薛海平(2014)[30]建议建立包含信息来源系统、预警监测指标系统、报警系统、预警防范措施系统以及信息的收集、分析、发布和反馈系统共五大系统的中国城乡义务教育均衡发展预警工作系统。

---

① 具体指标包含本地区适龄儿童就近入学的情况、本地区校际办学条件差距的情况、本地区校际师资队伍差距的情况、本地区义务教育学生择校的情况、本地区学校办学行为规范的情况、本地区学校位置布局规划的情况、本地区政府推进义务教育均衡发展的努力程度。

从以上文献梳理可以发现，关于教育均衡发展问题的研究是从教育资源配置均衡、教育机会均等以及教育结果均等三个方面开展的。目前关于教育结果均等研究还在少数，并且尚无定论。在众多研究中，关于教育机会均等和教育资源配置均衡的研究要比教育结果均等的研究丰富得多。在忽略劳动力流动因素影响的情况下，无疑教育机会均等程度、教育资源配置均衡程度直接决定着教育结果的分布，但是随着劳动力迁移的加剧，教育机会和教育资源配置的差异对教育结果分布的影响程度势必下降，因此直接对教育结果的最终分布进行研究，更能体现区域教育发展均衡状况。此外，根据翟博在《教育均衡论：中国基础教育均衡发展实证分析》一书中提出的基础教育均衡发展的四阶段理论（低水平均衡阶段、初级均衡阶段、高级均衡阶段、高水平均衡阶段），低水平均衡阶段是以追求教育机会的均等为目的，初级均衡阶段是追求教育过程和教育条件的均等，高级均衡阶段需要加强学校教育内部建设，追求教育质量的均等，而达到高水平均衡阶段的主要标志是，区域之间、城乡之间、学校之间和不同受教育群体之间的差别极大缩小，基础教育结果在学校教育中和受教育者间实现均衡发展。[31] 在北京、上海、浙江等东部发达地区，基础教育目前已经进入优质均衡发展阶段，因而利用东部某省大规模测评数据分析义务教育结果不均等程度具有现实意义。

以往对教育结果均等及教育产出均等进行的大部分研究均采用平均受教育年限作为指标，很少基于学生发展的测评数据开展研究，即以往研究对教育结果均等问题的关注重点在于教育数量，鲜有研究教育质量；对教育产出的均等研究大多采用的是教育基尼系数测量方法，使用泰尔指数分解方法进行研究的也较为少见；对我国义务教育均衡研究主要集中在利用省级数据进行区域研究，或是对城乡开展比较研究，或是利用县级数据进行县域内义务教育均衡的研究，而对省级内部的县际间义务教育均衡的研究极为少见；另外，对不同特征学生群体之间的义务教育结果均等方面的研究几乎没有。因此，本研究将基于泰尔指数对小学和初中学生分学科学业成绩不均等程度的测量与分解，比较县域内与县域间、城市与乡村、校内与校际学生学业成绩的不均等程度。同时,采用 Shapley 值分解法估计学校、教师、个体等因素对学生学业成绩不均等程度影响的贡献率,从而发现影响学业成绩不均等的关键因素,旨在弥补现有研究在指标选择和方法上的不足,补充和丰富义务教育结果不均等方面的研究成果,为改进地方义务教育结果均等程度提供有参考价值的政策建议。

三、 数据来源与研究方法

1. 数据来源

为贯彻落实《国家中长期教育改革和发展规划纲要(2010—2020 年)》和教育部发布的《关于推进中小学教育质量综合评价改革的意见》(教基二〔2013〕2 号)的精神,2014 年协同中心与东部某省合作,开展了"区域教育质量健康体检与改进提升"项目。该项目围绕学生品德行为、身心健康、学业发展、兴趣爱好和学业负担等学生发展的重要方面,构建体现素质教育要求、以学生发展为核心、科学多元的中小学教育质量评价体系,形成促进发展、职责明确、规范长效的教育质量促进机制,建立区域教育质量"健康图谱",提高教育质量评价的科学化水平,关注影响学生成长的环境因素。通过数据分析和评价结果的科学运用,促使教育工作者更加理性、全面地看待复杂的教学现象,为更为有效地诊断和改进教学,规范教学行为,提高专业水平,促使社会和家长形成正确的教育质量观,创造有利于学生成长的社会环境提供依据。

该项目采用分层三阶段不等概率抽样方式。第一阶段,采用分层 PPS 抽样(按规模大小成比例的概率抽样)方法抽取县、区样本;第二阶段,采用分层 PPS 抽样方法抽取学校样本;第三阶段,采用随机等距抽样方法抽取学生样本。本研究使用的东部某省的数据,其中包括 1 141 所小学 34 021 名四年级学生样本和 621 所中学 36 832 名八年级学生样本。在测试中,四年级学生参加语文、数学学科的测试,八年级学生参加语文、数学和科学学科的测试,同时填写心理健康、品德行为、影响因素等相关调查问卷。

2. 研究方法

(1) 泰尔指数及泰尔指数分解

泰尔指数或泰尔熵标准最早由荷兰经济学家 H. 泰尔(H. Theil)于1967 年提出,它利用信息论中的熵概念来计算收入的不平等性,是衡量个人之间或地区之间收入差距的指标。泰尔指数的最大优点就是,它不仅可以衡量组内差异程度和组间差异程度,还可以进行总体样本的分解。泰尔指数通常运用于分析收入分配的不平等问题,不过也有一些学者利用泰尔指数研究教育发展不平等问题。[32][33] 本研究拟运用泰尔指数来测量学生学业成绩的不均等状况及对学业成绩的不均等程度进行分解。

(2) Shapley 值分解法

计量经济学中有一个不成文的约定,就是会在每个回归表格的最后一行给出拟合优度的统计量决定系数(R^2),但是每个自变量对因变量变异的贡献率却没有报告,分辨不出各自变量的重要程度。因此,有学者提出一种基于 Shapley 值的分解方法。该方法的基本思路是,通过计算组合博弈框架下各变量的边际贡献来进行分解。它首先在包含自变量的组合模型中测算 R^2 的变化,R^2 减少的程度与该变量的边际贡献成正比,R^2 减少越多,则该变量对因变量变异的贡献率越大。[34] 本研究通过使用 Shapley 值分解法分析学校、教师、个体等因素对学业成绩不均等程度的影响,并通过分析每个变量的贡献率,发现影响学业成绩不均等的关键因素。

四、 实证结果分析

1. 学生学业成绩①现状及不均等状况

从表 1 可以看出,四年级学生的语文平均分略高于数学平均分,八年

① 学生发展包含学生认知发展与非认知发展,本文因为篇幅限制,仅呈现学生认知发展的结果,即学生学科测试成绩的相关结果,对学生非认知发展结果感兴趣的可以联系作者。

级学生语文成绩的平均分最高，科学成绩的平均分最低。小学及初中各学科的标准差在81—99之间，变异系数在0.146—0.181之间，泰尔指数在0.011—0.017之间，由此可见，东部某省中小学学生认知发展的均衡状况较好。[①] 四年级数学成绩的标准差、变异系数和泰尔指数最低，八年级科学成绩的标准差、变异系数、泰尔指数最高，即该省四年级数学成绩的均等程度相对较高，八年级科学成绩的均等程度相对较低。

表1　四、八年级学生学业成绩均值及差异统计量

科　　目	平均分	标准差	变异系数	泰尔指数
四年级语文	560.26	84.28	0.150	0.012
四年级数学	555.57	81.21	0.146	0.011
八年级语文	562.68	82.66	0.147	0.011
八年级数学	551.85	84.09	0.152	0.012
八年级科学	544.91	98.52	0.181	0.017

2. 不同层级的学业成绩不均等状况分解

表2列出小学及初中各学科成绩的总差异（泰尔指数）、分解的泰尔指数及对成绩总差异的贡献率。从中可以看出，不管是小学还是初中，各学科县域内的成绩差异对成绩总差异的贡献率在92%—95%之间；县域间成绩差异贡献率较小，均低于10%。其中八年级语文成绩的县域间差异贡献率最小，为5.31%，八年级数学成绩的县域间差异贡献率最大，为7.72%。由此可见，学业成绩的差异大部分来自县域内的成绩差异。

不管是小学还是初中，各学科校内的成绩差异对成绩总差异的贡献率都在70%—80%之间，校际的差异贡献率较小，均不到30%。其中八

① 教育部发布的《县域义务教育优质均衡发展督导评估办法》（教督〔2017〕6号）中规定，“在国家义务教育质量监测中，相关科目学生学业水平达到Ⅲ级以上，且校际差异率低于0.15”。

表 2 学业成绩的泰尔指数分解

			四年级语文	四年级数学	八年级语文	八年级数学	八年级科学
总差异(泰尔指数)			0.012	0.011	0.011	0.012	0.017
县域内与县域间差异分解	县域内差异 T_w	泰尔指数	0.011	0.011	0.011	0.011	0.016
		差异贡献率(%)	94.55	94.00	94.69	92.28	93.74
	县域间差异 T_b	泰尔指数	0.001	0.001	0.001	0.001	0.001
		差异贡献率(%)	5.45	6.00	5.31	7.72	6.26
校内与校际差异分解	校内差异 T_w	泰尔指数	0.009	0.009	0.009	0.009	0.013
		差异贡献率(%)	76.82	75.57	79.46	70.59	76.52
	校际差异 T_b	泰尔指数	0.003	0.003	0.002	0.004	0.004
		差异贡献率(%)	23.18	24.43	20.54	29.41	23.48
不同地区(城市县城、乡镇农村)差异分解	组内差异 T_w	泰尔指数	0.012	0.011	0.011	0.012	0.016
		差异贡献率(%)	94.97	94.80	96.08	93.91	95.36
	组间差异 T_b	泰尔指数	0.001	0.001	0.000 5	0.001	0.001
		差异贡献率(%)	5.03	5.20	3.92	6.17	4.64

年级语文成绩的校际差异贡献率最小，为 20.54%，八年级数学成绩的校际差异贡献率最大，为 29.41%。因此，校内与校际相比，学业成绩的差异大部分来自校内的差异。要提升学生学业成绩的均等程度，重点在于提高校内的学生学业成绩的均等程度。

不管是小学还是初中，各学科组内的成绩差异(即城市县城学生内部、乡镇农村内部的差异)对成绩总差异的贡献率在 93%—97%之间，而组间差异(即城市县城、乡镇农村之间的成绩差异)仅占成绩总差异的 7%以下。其中组间差异贡献率最大的是八年级数学成绩，占总差异的 6.17%，最小的是八年级语文成绩，仅占 3.92%。由此可见，学业成绩的差异大部分来自城市县城学生内部及乡镇农村学生内部的差异。因此，要提升学生学业成绩的均等程度，重点在于提高城市县城内部、乡镇农村内部的学生学业成绩的均等程度。

另外，通过对城市县城内部及乡镇农村内部学生学业成绩不均等程度的计算发现[①]，不管是小学还是初中，乡镇农村学生各科成绩的标准差、变异系数、泰尔指数均高于城市县城的学生，即城市县城学生学业成绩的均等程度要高于乡镇农村学校的学生。通过对城市县城和乡镇农村学生的泰尔指数的差异进行假设检验可知，城市县城和乡镇农村中小学生各学科成绩的泰尔指数的差异均具有统计显著性，即城市县城学校学生的学业成绩均等程度要显著高于乡镇农村学校的学生。因此，提高乡镇农村内部学生学业成绩均等程度的任务更为艰巨。

3. 学生学业成绩不均等程度的影响因素分析

表 3、表 4 分别给出小学、初中区县层面学生学业成绩泰尔指数[②] Shapley 值分解的结果。我们是将学校特征、教师质量特征、学生个体特征相关变量以组别的形式放入模型，看各组变量对因变量变异的贡献率。小学、初中模型的 R^2 分别达到 0.58、0.37，拟合度较高。

表 3　小学区县层面学生学业成绩泰尔指数 Shapley 值分解模型结果

组别	变量名	系数	Shapley 分解百分比(%)	组百分比(%)
学校特征	生均公用经费(百元)	$4.50*10^{-5}$	6.37	22.68
	公办学校比例	$-2.95*10^{-5}$**	8.50	
	生师比	$1.86*10^{-4}$**	7.81	
教师质量特征	本科以上学历教师比例	$-6.74*10^{-5}$***	25.66	41.51
	教师教学策略	−0.002	15.85	
学生个体特征	学生家庭社会经济地位均值	−0.003***	13.54	35.81
	学习策略	−0.001	11.47	
	留守儿童比例	$3.69*10^{-5}$	10.80	

① 本文因为篇幅限制，此处没有呈现相关计算结果，感兴趣的可以联系作者。

② 这里的学业成绩泰尔指数用的是学生语文、数学两科平均成绩的泰尔指数，因为在这里讨论的影响因素都是整体的一个影响因素，比如说教师本科以上学历讨论的是学校所有学科的教师情况，不能剥离出数学、语文学科的单独数据。

（续表）

组别	变 量 名	系 数	Shapley 分解百分比(%)	组百分比(%)
/	截距	0.011***		
	R^2	0.58		

注：** $p<0.05$，*** $p<0.01$。

表 4 初中区县层面学生学业成绩泰尔指数 Shapley 值分解模型结果

组别	变 量 名	系 数	Shapley 分解百分比(%)	组百分比(%)
学校特征	生均公用经费(百元)	$2.22*10^{-5}$	3.30	10.16
	公办学校比例	$4.19*10^{-6}$	5.64	
	生师比	$3.27*10^{-5}$	1.23	
教师质量特征	本科以上学历教师比例	$-9.01*10^{-5}$***	22.95	48.46
	教师教学策略	−0.002	25.50	
	学生家庭社会经济地位均值	−0.001	12.57	
学生个体特征	学习策略	−0.002	21.32	41.38
	留守儿童比例	$3.92*10^{-5}$	7.49	
/	截距	0.015***		
	R^2	0.37		

注：*** $p<0.01$。

从表 3 小学模型结果可以看出，小学学校特征：生均公用经费变量对区县学生学业成绩泰尔指数没有显著性影响。区县公办学校比例对区县学生学业成绩泰尔指数有显著的负向影响，即区县的公办学校比例提高，区县学生学业成绩的泰尔指数会显著变小，学生学业成绩越均等。[①] 区县公办学校比例对区县学生学业成绩的泰尔指数的贡献率为 8.5%。生师

① 通过数据分析发现，浙江省小学公办学校学生认知发展要显著好于民办学校的学生，而公办学校的泰尔指数也小于民办学校，即公办学校学生认知发展均衡更好。因此，县内公办学校的比例越高，将会更有利于该县学生认知发展的均衡。

比对区县学生学业成绩泰尔指数有显著的正向影响，即降低区县的生师比，区县学生学业成绩的泰尔指数会显著变小，学生学业成绩越均等。该指标对区县学生学业成绩的泰尔指数的贡献率为 7.81%。

小学教师质量特征：本科以上学历教师比例和教师教学策略均对区县学生学业成绩的泰尔指数有负向影响，其中本科以上学历教师比例的影响是显著的。也就是说，提高本科以上学历教师比例，提高教师教学策略，区县学生学业成绩的泰尔指数会变小，即区县的学生学业成绩会更均等。本科以上学历教师比例对区县学生学业成绩泰尔指数的贡献率达到了 25.66%，是所有相关因素中最高的。教师教学策略对区县学生学业成绩的泰尔指数的贡献率为 15.85%，仅次于本科以上学历教师比例，由此反映出区县教师的质量是影响区县学生学业成绩均等程度的关键因素。教师作为教学活动的实践者，教师的学历、教学策略等对学生的发展起着至关重要的作用，提高区县教师整体质量，将有助于提高区县学生学业成绩的均等发展。

小学学生个体特征：家庭社会经济地位均值对区县学生学业成绩的泰尔指数有显著的负向影响，即区县的学生家庭社会经济地位均值越高，区县学生学业成绩的泰尔指数越小，学生学业成绩越均等。区县学生家庭社会经济地位均值间接反映着区县的居民收入水平[①]，长期以来，受我国城乡二元结构和居民收入分配结构等因素影响，我国居民收入差距扩大，由此引起教育的不均衡发展。学生家庭社会经济地位均值对县学生学业成绩泰尔指数的贡献率为 13.54%。学习策略对区县学生学业成绩的泰尔指数有负向影响，但是不显著。也就是说，区县学生学习策略掌握得越好，区县学生学业成绩的泰尔指数越小，学生学业成绩越均等。留守儿童比例对区县学生学业成绩的泰尔指数有正向影响，但不显著。也就是说，区县留守儿童比例越高，区县学生学业成绩的泰尔指数越大，学业

① 王爱民、徐翔(2008)的研究显示，居民收入对区域教育基尼系数(人均受教育年限)的贡献率在 30%左右。

成绩越不均等。①

从组别贡献率来看，教师质量特征是影响区县学生学业成绩泰尔指数的关键变量，教师质量特征对泰尔指数的贡献率达到 41.51%；其次为学生个体特征，其对学生学业成绩泰尔指数的贡献率为 35.81%，学生家庭社会经济地位均值、学习策略、留守儿童比例三个变量的贡献率相差不大；学校特征对学生学业成绩泰尔指数的贡献率在 22.68%。

从表 4 初中模型结果可以看出，与小学相比，初中教师质量特征与学生个体特征对区县学生学业成绩泰尔指数的贡献率都有所上升，初中各组别对泰尔指数的贡献率中，教师质量特征仍然是最大的，贡献率达到 48.46%（小学 41.51%）。学生个体特征的贡献率上升到 41.38%（小学 35.81%），但是初中学生个体特征的三个变量的贡献率有所差异（小学三者相差不大），学习策略的贡献率最大，达到 21.32%。学校特征对区县学生学业成绩泰尔指数的贡献率（10.16%）相比小学（22.68%）较小。从初中模型结果与小学对比来看，与小学相反，公办学校比例对区县学生学业成绩泰尔指数有正向影响，即减少公办学校比例，可以降低区县学生学业成绩的不均等程度，不过此变量的系数不具有统计显著性。② 其他变量的系数结果与小学基本一致。

因此，改善区县层面学生学业成绩的不均等状况，关键在于提高区县层面教师质量，包括提高本科以上学历教师比例，提高教师教学策略等，都能降低区县学业成绩的泰尔指数。另外，从学校特征来看，提高生均公用经费，降低生师比，均能降低区县学业成绩的不均等程度。从学生个体特征来看，提高学生家庭社会经济地位均值，提升学生学习策略水平，降低留守儿童比例，均能降低区县学业成绩的不均等程度。

---

① 数据分析发现，留守儿童的学业成绩显著低于非留守儿童，留守儿童学业成绩的泰尔指数也显著大于非留守儿童。因此，区县留守儿童比例增加，区县学生学业成绩的泰尔指数将会增大，学生学业成绩的均等状况会变差。

② 通过对小学、初中公办学校和民办学校的数据分析发现，小学和初中关于民办学校的结果也是相反的，小学是公办学校的学生学业成绩和均等情况都好于民办学校，而初中则是民办学校在学业成绩和均等情况方面都好于公办学校。因此，若初中县内公办学校的比例越高，则学生学业成绩会越不均等。

五、 主要结论与政策建议

通过对东部某省义务教育阶段学生学业成绩的不均等状况进行分析,发现作为我国经济和教育强省,东部某省的义务教育虽然在总体上初步实现了促进学生学业均衡发展的目标,但县域内部、城乡内部和学校内部的不均衡仍然较为明显,学生学业成绩的均等程度仍然有进一步提高的空间。这对“十四五”期间我国深化基础教育改革、全面推进义务教育均衡发展等方面具有重要启示。因此,本文结合近期重要的国家教育改革动向,提出如下政策建议。

1. 扩大在编教师规模,提高教师职业的准入门槛,鼓励实行教师流动机制,以提升教师队伍的整体水平,进而缩小县域内的学生学业成绩差异,以及城市和农村内部学生学业成绩的差异

义务教育学生学业成绩不均等主要源于县域内、城乡内部的差异,因此改善义务教育学生学业发展不均衡状况重在缩小县域内、校内、城乡内部学生学业成绩的差异。教师质量是影响校际学生学业成绩不均衡的重要因素,因此加强教师队伍质量建设是实现义务教育学生学业均衡发展的关键。本研究发现,降低生师比,提高本科以上学历教师比例均可以降低区县学生成绩不均等程度。因而,扩大在编教师规模,提高教师职业的准入门槛以及鼓励现有教师进行进修和培训,提升教师队伍的整体素质,都可以改善教育结果不均等问题。

另外,可以借鉴日本教师的校际轮换机制,即中小学教师的“定期流动制”。该制度在日本已实施 40 多年,形成了规范化、秩序化的流动机制。既有同级同类学校间的流动,也有不同级、不同类学校间的流动;既有校长的流动,也有教师的流动;既有同一区域学校间的流动,也有跨县的流动。这种平等、制度化的教师流动制度可以有效促进学校间师资力量的均衡，同时可以带动区域内各校教师整体素质的提高。因此，要采取激励政策，利用流动特殊津贴等薪酬工具激励县域内、城市内、乡村内和城乡之间的教师（尤其是骨干教师）及校长进行校际轮换，这将对实现基础教育均衡发展，稳定提升教育质量，提高师资素质以及改善薄弱学校等方面起到重要作用。

2. 加强校内教师教学合作，重视学生学习品质培养，缩小学校内部的学生学业发展差距

义务教育学生学业成绩不均等主要源于学校内部的差异，因此改善义务教育学生学业成绩不均等状况的重点在于缩小校内学生学业发展的差距。通过分析学生学业成绩不均等的影响因素发现，教师教学策略、学生学习策略均是贡献率较大的因素，而且前者贡献率相对更大。另外，与小学相比，这两个因素对初中学生学业成绩不均等程度的影响更大。因此，缩小中小学生校内成绩差异的重点在于缩小教师教学策略的差异。通过采取鼓励教师间进行教学合作，互相听课、评课，分享教学心得等措施，可以促进教师队伍整体教学策略水平的提升。而且，缩小初中生校内成绩差异还需要重视学生学习品质的培养。教师和家长需要帮助初中学生掌握有效的学习策略，树立较强的学习自信心，拥有坚韧的学习意志力，激发学生的内部学习动机，从而使初中学生具备好的学习品质。而且，学习品质并不是一朝一夕形成的，因此从小学起就要重视培养学生形成良好的学习品质，进而缩小学校内部的学生学业发展差距。

参考文献

[1] 王璐，孙明.英国教育均衡发展政策理念探析[J].比较教育研究，2009，31(3)：7-11.

[2] 孙进.德国促进基础教育均衡发展的政策分析[J].教育发展研究，2012，32(7)：68-73.

[3] 王晓辉.学校分区图——法国教育均衡的政策工具[J].比较教育研究，2010，32(12)：53-57.

[4] 王晨.基础教育优质均衡发展的美国经验[J].中国人民大学教育学刊，2011(2)：95-105.

[5] 严平.均衡发展视野下的日本义务教育学校标准化研究[J].比较教育研究，2013，35(4)：

66－70.

［6］ 顾明远.教育均衡发展是教育平等的问题，是人权问题［J］.人民教育，2002(4)：14－15.

［7］ 谈松华.非义务教育的公立教育也应该均衡发展［J］.人民教育，2002(4)：15－16.

［8］ 朱永新，许庆豫.论基础教育均衡发展［J］.中国教育学刊，2002(6)：4－7.

［9］ 教育部关于印发《县域义务教育均衡发展督导评估暂行办法》的通知(教督〔2012〕3 号)［EB/OL］.2012－01－20［2019－09－12］.http：//www.moe.gov.cn/srcsite/All/moe_1789/201201/t20120120_136600.html.

［10］ 国务院关于深入推进义务教育均衡发展的意见(国发〔2012〕48 号)［EB/OL］.2012－09－05［2019－09－12］.http：//www.moe.gov.cn/jyb_xwfb/xw_zt/moe_357/jyzt_2016nztzl/ztzl_xyncs/ztzl_xy_zcfg/201701/t20170117_295047.html.

［11］ 教育部关于印发《县域义务教育优质均衡发展督导评估办法》的通知(教督〔2017〕6 号)［EB/OL］.2017－04－26［2019－09－12］.http：//www.moe.gov.cn/srcsite/All/moe_1789/201705/t20170512_304462.html.

［12］ 国家中长期教育改革和发展规划纲要(2010—2020 年)［EB/OL］.2010－07－29［2019－09－12］.http：//www.gov.cn/jrzg/2010－07/29/content_1667143.htm.

［13］ 曾满超，丁延庆.中国义务教育资源利用及配置不均衡研究［J］.教育与经济，2005(2)：34－40.

［14］ 沈有禄.中国基础教育公平——基于区域资源配置的比较视角［M］.北京：教育科学出版社，2011.

［15］ 任春荣.县域义务教育均衡发展评估指标的选择方法［J］.中国教育学刊，2011(9)：5－7.

［16］ 王善迈.中国基础教育发展的不平衡和资源配置［J］.中小学管理，2000(3)：38－39.

［17］ 王蓉.我国义务教育投入的区域性不均衡研究［R/OL］. 2001［2019－09－12］.http：//www.moe.edu.cn/jytr.

［18］ 杨东平，周金燕.我国教育公平评价指标初探［J］.教育研究，2003(11)：30－33.

［19］ 杜鹏.基于基尼系数对中国学校教育差距状况的研究［J］.教育与经济，2005(3)：31－34.

［20］ 张长征，郇志坚，李怀祖.中国教育公平程度实证研究：1978—2004——基于教育基尼系数的测算与分析［J］.清华大学教育研究，2006(4)：10－14.

［21］ 孙百才.测度中国改革开放 30 年来的教育平等——基于教育基尼系数的实证分析［J］.教育研究，2009(1)：12－18.

［22］［32］ 孙旭.中国教育获得差距：基于泰尔系数分解的分析［J］.统计与信息论坛，2009(3)：87－91.

［23］［33］ 王爱民，徐翔.区域教育差距的影响因素实证研究［J］.南京师大学报(社会科学版)，2008(4)：65－70.

［24］ 姚继军.中国教育平等状况的演变——基于教育基尼系数的估算(1949—2006)［J］.教育科学，2009(1)：14－17.

［25］ 杨俊，黄潇，李晓羽.教育不平等与收入分配差距：中国的实证分析［J］.管理世界，2008(1)：38－47.

［26］ 辛涛，田伟，邹舟.教育结果公平的测量及其对基础教育发展的启示［J］.清华大学教育研究，2010(2)：21－26.

［27］ Márciade Carvalho，Luis Fernando Gamboa，Fábio D. Waltenberg. Equality of

Educational Opportunity Employing PISA Data：Taking Both Achievement and Access into Account. Working Paper Series，ECINEQ，Society for the Study of Economic Inequality，2012.

[28] 赵丹.县域义务教育均衡发展：公众满意度评价及问题透视——基于西北五省的实证调查[J].华中师范大学学报（人文社会科学版），2014(4)：147－154.

[29] 薛海平，李岩.中国城乡义务教育均衡发展预警机制研究[J].首都师范大学学报（社会科学版），2013(2)：132－137.

[30] 薛海平.我国义务教育均衡发展预警制度研究[J].教育理论与实践，2014(10)：25－29.

[31] 翟博.教育均衡论：中国基础教育均衡发展实证分析[M].北京：人民教育出版社，2008：114－117.

[34] Frank Huettner & Marco Sunder. Axiomatic Arguments for Decomposing Goodness of Fit According to Shapley and Owen Values[J]. Electronic Journal of Statistics，2012(6)：1239－1250.

致谢：作者衷心感谢中国基础教育质量监测协同创新中心刘坚教授对此项研究工作的大力支持，提供本研究的数据。

作者简介

范文凤　北京教育科学研究院教育督导与教育质量评价研究中心助理研究员

胡咏梅（通讯作者）　北京师范大学教育学部教授，首都教育经济研究基地教授，博士生导师

电子邮箱

fanaimiao@sina.com

huym0718@bnu.edu.cn

Chapter 3

随迁子女是否实现了优质教育机会均等*

刘燕丽　姚继军　田亚惠　周世科

摘　要： 为真实了解随迁子女的优质教育机会公平获得状态，本研究基于江苏省义务教育学生学业质量监测数据，使用倾向得分匹配（propensity score matching，简称 PSM），在控制随迁子女与本地儿童个体特征与家庭背景特征等相似的情况下，以两者进入优质学校的差异状况来衡量随迁子女这一群体的优质教育机会公平获得状况。研究发现，在控制随迁子女个人特征及家庭社会经济地位等混淆因素后，其进入优质学校的比例要显著低于本地儿童，随迁子女的优质教育机会公平问题需要引起进一步的关注。

关键词： 随迁子女；教育公平；优质学校；倾向得分匹配

一、问题提出

20 世纪 80 年代以来，随着城镇化进程加快，越来越多的农村劳动力涌入城市以寻找更好的发展机会。为了将孩子带在身边照顾，让其享受高质量的城市教育，越来越多的外来务工人员将其子女带入城市。截至 2018 年，中国义务教育阶段在校生中，外来务工人员随迁子女（又被称为“流动儿童”“农民工子弟”“流动人口子女”等，本章统称随迁子女）数已达 1 424.04 万人，占在校生总数的 9.49%。[1]但由于户籍登记制度以及与之配套的城乡二元福利政策的存在，外来务工人员在很长一段时间内不能充分享有与当地人口同等的公共服务。如何让数量如此庞大的随迁子女真正享受其父辈

* 本文受“江苏高校优势学科建设工程资助项目”（PAPD）资助。

所在城市的发展成果，令其不因随迁身份而受到不公平的对待，从而实现充分的发展，这不仅关乎中国未来的人力资本积累质量与国家竞争力，也关乎千万寻常百姓家庭的幸福，更是实现社会公平正义的必然要求。

为解决和保障随迁子女的受教育问题，在政策层面，我国政府出台了一系列的政策文件。如 1992 年国家教育委员会发布的《中华人民共和国义务教育法实施细则》（中华人民共和国国家教育委员会令第 19 号）、1998 年国家教育委员会、公安部印发的《流动儿童少年就学暂行办法》（教基〔1998〕2 号）、2001 年国务院发布的《关于基础教育改革与发展的决定》（国发〔2001〕21 号）、2006 年国务院发布的《关于解决农民工问题的若干意见》（国发〔2006〕5 号）、2015 年国务院发布的《关于进一步完善城乡义务教育经费保障机制的通知》（国发〔2015〕67 号）等。通过对这一系列政策的梳理可以发现，关于随迁子女的教育政策处于不断完善之中，大致经历了以下几个阶段：（1）“适龄儿童、少年到非户籍所在地接受义务教育的，可以按照居住地人民政府的有关规定申请借读”的“借读为主”阶段；（2）“以流入地政府管理为主、以全日制公办中小学为主”的“两为主”阶段；（3）“纳入区域教育发展规划、纳入财政保障范围”的“两纳入”阶段；（4）“统一城乡义务教育经费保障机制，实现‘两免一补’和生均公用经费基准定额资金随学生流动可携带”[2]，统一以居住证为主要依据的随迁子女义务教育入学政策[3]的“两统一”阶段。[4][5]通过这四个阶段的改革，中国政府和社会正力求使随迁子女在义务教育阶段能够享有与本地儿童同等的教育公共福利。

相比政策的制定和实施，人们更为关心的是，在这些政策的作用下，随迁子女的教育境况是否得到改善。相关学者对随迁子女教育公平问题进行了探讨，并从制度与政策层面提出了具体措施。[6][7][8]在这些研究中，雷万鹏、杨帆（2007）[9]综合利用问卷、观察、访谈和文本分析法，对武汉市义务教育阶段流动儿童家长进行调查，发现随迁儿童“入学难”的问题已得到基本解决，下一阶段的关注点应是如何使随迁儿童在城市享有高质量的教育机会。同时，国家统计局发布的《2018 年农民工监测调查报告》

表明，义务教育阶段随迁儿童在校率已达98.9%，小学阶段随迁儿童在公办学校就读比率达到82.2%，初中阶段在公办学校就读的随迁儿童达到84.1%。[10]这意味着，经过多年努力，绝大部分随迁子女已经可以享受公立学校的教育服务，随迁子女“有学上”的问题已基本解决。

但正如最大化维持不平等（maximally maintained inequality，简称MMI）理论描述的那样，教育机会在各个社会阶层之间的分布并不均等，只有优势阶层对某一类教育服务的需求得到充分满足后，与之相关的教育机会供给的进一步增加才能惠及弱势阶层。[11]鉴于当前优质教育机会的短缺性，当随迁子女“有学上”的问题基本解决之后，人们更为关注随迁子女在“上好学”方面是否也享受与本地儿童“一视同仁”的待遇。“上好学”作为起点公平，在一定程度上决定着受教育者未来的发展与教育结果。如卡德和克鲁格（Card & Krueger，1992）[12]的研究发现，学校质量具有经济回报性，对学生的平均受教育年限和平均收入均有显著正向影响。拉伊（Lai）等（2014）[13]对北京市的随迁子女数据进行分析后发现，如果随迁子女享有更好的教育资源，可能会显著改善他们的学业表现。

但到目前为止，国内有关随迁子女教育问题的研究大多聚焦在是否“有学上”的问题上，对随迁子女是否实现“上好学”的研究并不充分。少量的相关研究，要么数据的代表性欠佳，要么只进行影响因素的回归分析，并没有对研究过程中的干扰变量进行严格控制，研究的精准性有待进一步提升。[14][15]针对于此，本研究以江苏省为例，对随迁子女是否实现了优质教育机会均等问题进行分析。具体而言，通过对比随迁子女与本地儿童进入优质学校的比例，来衡量随迁子女是否公平地获取了优质教育机会。考虑到本地儿童与随迁子女的家庭社会经济地位与个人特征等可能影响其进入优质学校的概率，存在高估或者低估处理效应的问题，进而使得分析结果存在偏差，故本文基于准实验的设计思想，利用反事实的因果推断方法——倾向得分匹配（PSM），在保证随迁子女与本地儿童基本特征相似的情况下，考察两者进入优质学校的概率是否存在差异，以此来回答随迁子女的“流动”身份状态是否会影响其优质教育机会的获得。

二、研究数据与方法

1. 数据来源

本文的研究数据主要源自2018年江苏省基础教育学生学业质量监测数据与江苏省教育事业发展数据。江苏省教育事业发展数据包括学生基本情况、师资、办学条件等。江苏省基础教育学生学业质量监测数据是江苏省独立实施的对义务教育阶段刚升入四年级与九年级的学生进行的调查，以测试三年级与八年级学生的学业水平状况。调查内容不仅包括学生的学业情况，还包括学生父母的职业、受教育程度、经济状况等家庭背景特征。2018年江苏省共抽查三年级学生101 673名、八年级学生117 010名，这为本研究提供了充足的数据资源。通过数据整理和匹配，剔除无效数据，最终小学与中学阶段分别获得34 403个和53 082个有效学生样本。

2. 变量说明

根据上文的研究设计，本研究的被解释变量是学生是否可以进入优质学校。在研究过程中，我们首先要确定哪些学校是所谓的“优质学校”。在既有研究的基础上，[16][17]本研究主要通过两条标准来判定某个学校是否为优质学校：一是学校的办学水平；二是学生的学业成绩。据此，我们将学校办学水平在前1/3位且学生的学业成绩在前1/3位的学校定义为“优质学校”。具体而言，先利用江苏省2018年基础教育学生学业质量监测数据与江苏省教育事业发展数据，通过层次分析法(analytical hierarchy process，简称AHP)构建学校资源投入的综合指标，作为学校办学水平的代理指标。具体的计算步骤为：首先，进行指标筛选。在具体指标的选取上，参考《江苏省义务教育学校办学标准(试行)》(苏政办发〔2015〕45号)及胡咏梅、李祥云[18][19][20]等人的研究，将人力资源、物力资源、财力资源作为衡量学校办学水平的一级指标，并进一步将一级指标细化为二级指标：以教师学历、教师教龄、教师职称、生师比作为人力资源的二级指标；以生均图书册数、生均校舍面积、每百名学生多媒体教室数作为物力资源的二级指标；以生均固定资产总值作为财力资源的二级指标。其次，利用相对比较法对二级指标数据进行标准化处理。其中，正、反向指标的计算公式分别为：$K_i=(X_i-X_{min})/(X_{max}-X_{min})$、$K_i=(X_{max}-X_i)/(X_{max}-X_{min})$，式中的 K_i 为第 i 个指标的标准化数值，X_i 为第 i 项二级指标的原始数据值，X_{max} 和 X_{min} 为样本区间指标原始数据的最大值和最小值。[21]最后，利用 AHP 计算各个指标的权重。[22]最终得到各维度的权重为：人力资源 = 0.121 * 教师学历 + 0.190 * 教师教龄 + 0.269 * 教师职称 + 0.420 * 生师比；物力资源 = 0.540 * 生均图书册数 + 0.163 * 生均校舍面积 + 0.297 * 每百名学生多媒体教室数。在此基础上，将人力资源、物力资源、财力资源数据合成学校办学水平值：学校办学水平 = 0.540 * 人力资源 + 0.297 * 物力资源 + 0.163 * 财力资源。基于此，筛选出办学水平在前 1/3 位且校际学生成绩在前 1/3 位的学校，得出“优质学校”样本。

本研究的分组变量为是否随迁子女，随迁子女取值 1，本地儿童（即非随迁子女）取值为 0。而目前国内关于随迁子女的界定不一，[23][24]故我们首先对随迁子女的范围进行了界定。本文中的随迁子女是指“随打工的父亲和（或）母亲在外地上学”的青少年。同时，考虑到江苏省的落户政策（外来人口引进计划等），依据父母受教育程度与父母职业情况，删除属于人才引进的外来工作人员。因此，本文中的随迁子女主要指农村进城务工人员子女。

本研究的控制变量包括学生个体特征、家庭背景和区域变量。其中，学生个体特征变量包括学生性别、是否独生子女。家庭背景变量包括父母职业、受教育程度、家庭经济情况。其中，父母受教育程度为等级变量，初中及以下学历 = 1，高中（职高、中专或技校）学历 = 2，大学学历 = 3，研究生学历 = 4；父母职业主要参考李春玲、陆学艺等人的研究，[25][26]对父母职业进行赋值；家庭经济状况则根据学生问卷中的家庭所有物如个人电脑、单独卧室、家用汽车、淋浴卫生间等数据合成一个数值后，按照相对比较法进行标准化。区域层面考虑到江苏省北部、中部、南部社会经济发展水平存在差异,对随迁子女进入优质学校的难易程度会有所不同,故将区域因素也作为控制变量列入。

变量说明及描述性统计见表1。由表1可知,样本中小学和中学阶段的优质学校占比分别为18.4%与19.1%。小学阶段随迁子女的比例为18.7%,中学阶段随迁子女比例为20.4%。小学和中学阶段男生、独生子女比例都占到一半以上。

表1 变量的描述性统计

	小学		中学		最小值	最大值	变量说明
	均值	标准差	均值	标准差			
优质学校	0.184	0.388	0.191	0.393	0	1	优质学校=1;非优质学校=0
随迁子女	0.187	0.390	0.204	0.403	0	1	随迁子女=1;本地儿童=0
独生子女	0.521	0.500	0.577	0.494	0	1	独生子女=1;非独生子女=0
性别	0.543	0.498	0.537	0.499	0	1	男=1;女=0
父亲受教育程度	2.439	0.943	1.986	0.847	1	4	等级变量 初中及以下=1;高中(职高、中专或技校)=2;大学=3;研究生=4
母亲受教育程度	2.436	0.968	1.890	0.842	1	4	
父亲职业	44.967	17.496	41.428	16.220	0	69	按不同的职业赋分
母亲职业	41.104	23.007	36.350	20.619	0	69	
家庭经济状况	0.759	0.250	0.748	0.253	0	1	家庭经济情况的标准化得分
苏中	0.088	0.283	0.144	0.351	0	1	哑变量 苏中=1;其他=0
苏南	0.756	0.429	0.591	0.492	0	1	哑变量 苏南=1;其他=0

3. 研究方法——倾向得分匹配(PSM)

在社会科学研究过程中,由于数据通常不是来自随机试验,因此会存在样本选择性偏差问题,比如,随迁子女在某些方面(如家庭背景等)与本地户籍儿童存在差异,而这些差异又可能对研究的结果变量——能否进入优质学校产生影响。但在一般的多元线性回归估计过程中,由于很难精确控制此类差异,因此会导致得出的估计结果产生偏差。为处理这一问题,人们常采用 PSM 方法来控制样本选择的偏误,从而得到更为精准的分析结果。PSM 最早由罗森鲍姆(P. R. Rosenbaum)和鲁宾(D. Rubin)提出,其基本原理是通过为处理组样本找到情况相似的反事实控制组样本,来考察干预变量产生的"纯效应"。[27]在本研究中,我们将随迁子女设为处理组,本地学生设为控制组,通过为处理组样本匹配个体特征、家庭背景等方面都相似的控制组样本,来考察两者进入优质学校的概率是否存在差异。由于通过这样的匹配和控制,除随迁子女身份外,处理组和控制组的学生个体与家庭特征等可能影响其进入优质学校的因素均不存在大的差异。若随迁子女与本地儿童进入优质学校的比率还存在显著差异,即可认为这一差异是由其随迁子女身份造成的,换言之,即可认为随迁子女与本地儿童在高质量教育机会的获得上存在不平等。

三、 实证结果分析

1. 估计倾向得分值

表 2 为利用 Logit 模型估计出来的进城务工人员子女随迁概率,即倾向得分值。因变量为是否随迁子女,自变量为前文设定的控制变量。从模型的拟合效果来看,伪 R^2 达到 25%左右,说明本文选择的变量能够较好地预测是不是随迁子女。具体而言,从学生个体特征来看,在小学阶段,独生子女、男生成为随迁子女的概率较低;在中学阶段,独生子女随迁的概率要显著低于非独生子女。与小学不同的是,中学男生随迁的可能

性要更高。从学生的家庭社会经济地位来看，在中小学阶段，父母受教育程度越高，父亲职业层级越高，其子女成为随迁子女的概率越低。母亲的职业与家庭经济状况在中小学存在异质性，在小学阶段，母亲职业层次与其子女成为随迁子女的概率存在显著负相关，即母亲职业层级越高，其子女成为随迁子女的概率越低；在中学阶段，两者的关系虽然为负，但并不显著。家庭经济状况在小学阶段对是否成为随迁子女的影响并不显著，在中学阶段，家庭经济状况越好，成为随迁子女的概率越低。从地区类型来看，父母在苏中、苏南地区务工的，子女随迁的概率要显著高于苏北地区。

表 2　Logit 计算倾向值

	小　学	中　学
独生子女	−0.800*** (−24.044)	−1.463*** (−54.497)
性别	−0.146*** (−4.572)	0.249*** (9.729)
父亲受教育程度	−0.625*** (−24.258)	−0.732*** (−30.681)
母亲受教育程度	−0.556*** (−22.919)	−0.637*** (−26.021)
父亲职业	−0.019*** (−17.109)	−0.002* (−1.861)
母亲职业	−0.010*** (−12.918)	−0.000 063 (−0.086)
家庭经济状况	−0.080 (−1.236)	−0.332*** (−6.652)
苏中	1.082*** (13.840)	1.372*** (28.973)
苏南	1.776*** (30.349)	2.163*** (57.805)
常数项	1.163*** (13.955)	0.234*** (3.979)

（续表）

	小　　学	中　　学
样本数	34 403	53 082
Log likelihood	− 12 520.011	− 19 985.293
LR chi^2(9)	8 150.83	13 670.15
Prob>chi^2	0.000	0.000
伪 R^2	0.245 6	0.254 8

注：(1) 括号中为 z 值；(2) * $p<0.1$，** $p<0.05$，*** $p<0.01$。

2. 匹配效果分析

在表 2 的基础上，通过 PSM 中的不同匹配方法估计随迁子女的处理效应。在此之前，需要对不同匹配方法的稳健性进行估计，即对匹配样本的平衡性与样本是否满足共同支撑假定进行检验。由于不同的匹配方法检验结果大致相同，故下面仅展示最近邻匹配中 1 ∶ 1 匹配的稳健性检验结果。

（1）平衡性检验

平衡性检验是为了考察处理组与控制组的匹配是否较好地平衡了混淆变量。原则上，匹配后随迁子女与本地儿童在混淆变量上不应存在系统性差异。罗森鲍姆和鲁宾提出用标准化偏倚（standardized bias）对匹配前后的平衡性进行检验。[28]一般地，匹配后标准化偏倚小于 5%，则认为较好地满足了平衡性检验。[29]从数据分析来看，中小学匹配后的标准化偏倚都在 5%以内，整体上通过平衡性检验。①

此外，本文又通过联合显著性与伪 R^2（Joint Significance and Pseudo - R^2）对平衡性进行检验。匹配后伪 R^2 应该足够低，以表明匹配后处理组与控制组之间的协变量分布并没有系统性差异。联合显著性的似然比检

① 限于篇幅，本文没有报告检验的具体结果。如有需要，请和本文作者联系索取。

验(likelihood ratio test)LR chi² 在匹配前显著,在匹配后不显著,则通过平衡性检验。[29]如表 3 所示,匹配后的伪 R^2 相当低且通过了似然比检验,达到平衡性检验标准。综上,表明匹配质量较高。

表 3　匹配前后变量联合显著性检验

匹 配 方 法			伪 R^2	LR chi^2	Prob＞chi^2
小学	最近邻匹配	匹配前	0.25	8 291.7	0.000
		匹配后	0.001	10.34	0.323
中学		匹配前	0.25	13 538.8	0.000
		匹配后	0.000	7.55	0.581

(2) 共同支撑检验

PSM 还要求匹配组与控制组应存在样本重叠,满足共同支撑(common support)假定,即随迁子女与本地儿童的倾向得分取值范围有相同部分[30]。从图 1、图 2 可直观看出,大部分观测值在共同支撑范围内,满足共同支撑假定。

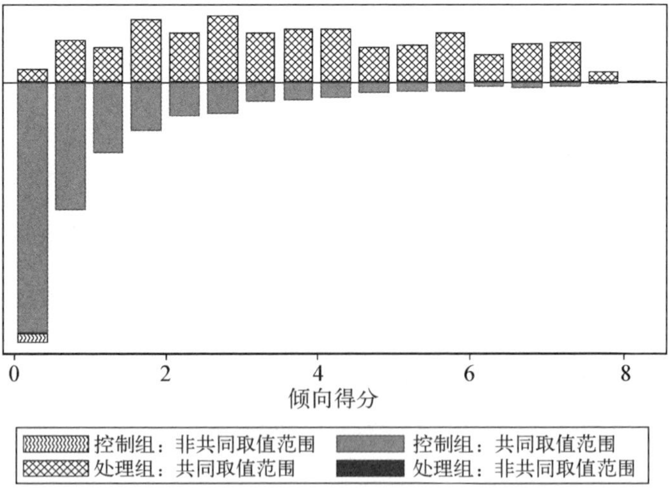

图 1　小学共同支撑域

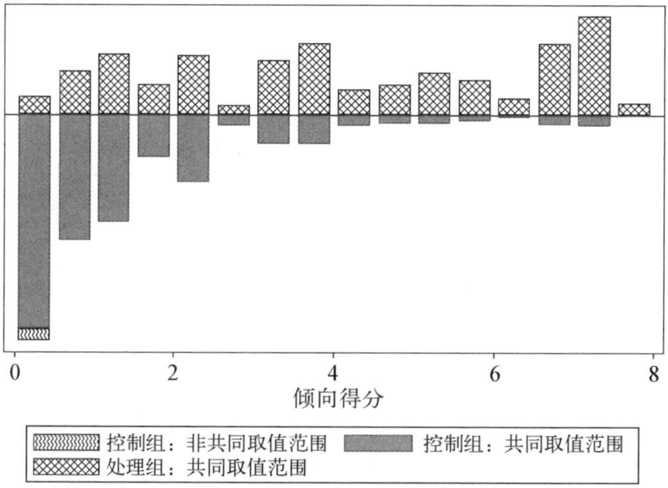

图 2　中学共同支撑域

3. 平均处理效应估计

如前所述，存在多种匹配方法对平均处理效应进行估计，但并没有哪一种匹配方法优于其他匹配方法，在既往研究中往往采取多种匹配方法以得到稳健的结论。[31]故在本研究中，我们利用最近邻匹配中的 1∶1 匹配与局部线性回归匹配方法，使用 Stata 14.0 中的 psmatch2 命令[32]对随迁子女的优质教育机会公平获得状况进行估计。表 4 的估计结果表明，在中小学阶段，随迁子女进入优质学校的比例要显著低于本地儿童。具体而言，小学阶段随迁子女进入优质学校的比例要比匹配的本地儿童低 2.4—2.5 个百分点；中学阶段随迁子女进入优质学校的比例要比匹配的本地儿童低 3.3—3.8 个百分点。两种匹配方法的估计结果基本一致，表明结论具有一定的稳健性。此外，从表 4 中第 1 行、第 4 行未利用 PSM 的估计结果可以看出，简单的回归对比可能高估或低估处理效应。如在小学阶段，未匹配前的平均处理效应 −7.6% 远大于 PSM 的估计结果；在中学阶段，未匹配前的平均处理效应为 −0.7%，与 PSM 结果相比，低估了处理效应。

表 4 基于 PSM 模型的随迁子女教育公平状态估计结果

匹配方法		随迁子女(Treated)	本地儿童(Controls)	平均处理效应(ATT)	标准误(S.E.)	t 值	控制组/处理组样本数
小学	未匹配	0.122	0.199	−0.076	0.005	−14.31	27 957/6 446
	最近邻匹配	0.122	0.147	−0.025	0.007	−3.64	
	局部线性回归匹配	0.122	0.146	−0.024	0.007	−3.53	
中学	未匹配	0.186	0.193	−0.007	0.004	−1.59	42 278/10 804
	最近邻匹配	0.186	0.224	−0.038	0.006	−6.14	
	局部线性回归匹配	0.186	0.219	−0.033	0.006	−5.35	

4. 敏感性分析

在 PSM 中，我们基于观察到的变量，估计出倾向得分，对显性偏差进行修正，但无法修正未能观察到或记录下来的隐性偏差，因此，需要对分析结果的隐性偏差进行敏感性分析，以揭示隐性偏差对结果的影响。我们用罗森鲍姆界限（Rosenbaum bounds）对结论的敏感性进行检验。[33]在该方法中，主要根据伽玛系数来判断隐性偏差将暴露比提高到原来的多少倍时，才能改变分析结果进而判断结果的稳健性。一般地，如果伽玛系数在接近 2 的时候仍不显著，我们就可以认为估计结论是可靠的。[27][34][35]在本研究中，当伽玛值（Gamma）等于 2 时，显著性水平依然在 1%以下。这表明，即便存在隐性偏差也不能改变随迁子女身份对优质教育机会获得的负向影响这一结论，本研究得到的因果推论结果是稳健可信的。

四、 结论与讨论

本文利用 34 403 名小学生数据与 53 082 名中学生数据，以进入优质学校作为享有优质教育机会的代理变量，利用 PSM 对随迁子女的教育公平问题进行了分析。研究结果表明，在义务教育阶段，尽管各级政府已经作出持续的努力，但随迁子女这一群体较之本地儿童，在优质教育机会获得方面仍然存在着一定的劣势。具体来看，PSM 的结果表明，对于个体特征、家庭背景特征等相似的学生群体来说，在小学阶段，随迁子女进入优质学校的比率要比本地儿童平均低 2.45%左右；中学阶段，随迁子女进入优质学校的比率要比本地儿童平均低 3.55%左右。这说明，“随迁子女”这一身份标签仍然在影响着城市优质教育资源的分配，外来务工人员子女在进入优质学校方面仍处于劣势。

这一研究结论与相关学者的研究一致。如卢伟、褚宏启（2017）[36]认为，“两为主”政策的实施在“量”的层面基本实现了随迁子女教育机会均等，但从“质”的层面看，随迁子女教育机会质量均等的实现程度仍有提升空间。坦（Tan，2010）[37]认为，到目前为止，随迁子女在获得高质量教育机会方面，较之本地儿童仍处于劣势。刘水云、赵彬（2019）[38]采用质性研究方法对北京地区随迁子女教育政策执行结果进行分析，同样发现随迁子女进入流入地办学质量较好的公立学校的机会比本地户籍生源要小。罗云、钟景迅、曾荣光（2015）[39]依据 T 市 H 区所有学校按优质程度从高到低划分的五个层级标准，对不同层级学校中随迁子女的分布进行描述统计分析，发现小学阶段进入第一、二层级优质学校的本地户籍儿童占 49.2%，而入读这两个层级学校的随迁子女仅占 18.9%。初中阶段，进入公办一、二级学校的本地户籍儿童为 36.5%，也大于随迁子女的比例（32%）。

这些研究表明，学界已经关注到随迁子女公平获得优质教育机会的问题。但由于此类研究大多采用质性分析或简单的描述性统计方法，难以对混淆变量进行精确控制，因此研究结论的稳健性有待进一步提高。本文采用 PSM 进行分析，能够较好控制混淆变量的影响，从而剥离出随迁子女身份的“纯效应”。虽然本研究也发现随迁子女身份会对优质教育机会的获得产生不利影响，但这种影响的程度小于大多数的既有研究。导致这一差异的原因或许是对混淆变量的控制程度不同。具体而言，以家庭背景对优质教育获得的影响为例，由于进城务工人员在整体上社会经济文化地位较低，如果简单比较随迁子女和本地儿童这两个群体在获得优质教育资源方面的差异，即便这两个群体进入优质学校的机会差异较大，人们仍然不能区分这种差距到底是由家庭背景不同还是由于随迁子女身份导致的。PSM 由于匹配了背景条件基本一致的样本，因此可以分析在其他条件都一致或近似的情况下，"随迁子女"身份这一因素的"纯效应"。从这个角度而言，本文的研究发现更具稳健性，同时也表明，经过多年的努力，随迁子女不但在基本的入学机会保障方面得到改善，在优质教育机会的获得方面和本地儿童的差距也在缩小。

但是，我们也需要清醒地认识到，尽管情况得到改善，但差距依然存在，而且城乡之间的二元福利格局造成的优质教育机会分配不公可能比本文揭示的差距要更大。其理由在于，中国拥有数量庞大的进城务工人员，但他们中的大多数都将孩子留在了家乡。据民政部公布的 2018 年农村留守儿童数据显示："目前全国共有农村留守儿童 697 万余人。"[40] 而能够把孩子接到城市读书的进城务工人员，往往生活工作条件都要相对更好一些。[41] 这意味着，本文在进行分析时，样本本身已经存在"门槛"，随迁子女家庭背景较之进城务工人员整体的家庭背景而言已然处于优势地位。这样的优势无疑会帮助这些随迁子女进入更好的学校，因此会在数据上缩小随迁子女和本地儿童获得优质教育资源的差距。但这种差距缩小的本身也说明，在进入优质学校的过程中，家庭背景因素仍然发挥着重要作用。大量的进城务工人员也许不是不愿意带子女进城读书，更不是不想把孩子送入更好的学校，只是城市生存的不易加之高高在上的优质学校门槛，使得这些务工人员只能在他乡辛劳工作的同时，选择默默忍受亲子分离的辛酸与无奈。

基于此，我们认为，在改善随迁子女教育机会公平方面仍有大量的工作需要跟进。本文的研究结论表明，在今天城市优质教育资源的分配过程中，家庭背景仍是一个重要的影响因素。包括随迁子女家庭在内的城市家庭仍需通过家庭资本的积累，才能获得更好的入学机会。而目前优质教育机会的短缺，也必然使得随迁子女在这一竞争中处于劣势。这也进一步验证了 MMI 理论，即虽然政策层面的完善可能使随迁子女在争取优质教育资源的过程中获取更多机会，但优势阶层往往拥有更加丰厚的家庭资源、文化资本等，使其在机会的竞争过程中更有可能获胜。考虑到 MMI 理论界定的条件，即只有优势阶层的需要得到满足后，弱势阶层在获得优质教育资源方面的劣势才会得以削弱，故在解决随迁子女问题上，最为根本的解决办法仍然是大力增加优质教育机会的供给，以充分满足各个阶层对优质教育机会的需求。这就需要继续加大优质学校建设的力度，一方面，通过加大经费投入和资源配置的力度，兴办更多硬件条件好、师资力量强、教育质量优的学校，通过增量扩充来加大优质教育机会的供给；另一方面，还可通过集团化办学、委托管理、结对发展等方式，盘活存量资源，探索新的教育发展模式，促进优质学校的师资、办学经验、管理模式在更短时间内、更大范围内惠及更多的受教育者。

同时，本文的研究结果表明，在当前城市优质教育机会获得过程中，虽然随迁子女身份的影响在弱化，但家庭背景等先赋条件的影响依然非常明显。除了上面的分析外，这一结论的政策意义还在于，除了在教育机会，尤其是优质教育机会方面给予随迁子女更多的关照以外，社会还需要为进城务工人员提供更为平等的工作生活条件，使其能够有效而平等地积累家庭资本，进而使其子女能够获得更好的教育。完成这样一项工作，单凭教育系统的努力显然力有不逮，这要求更深入地推进更为全面、更为上位的社会系统改革，使社会福利的分配更为平等。当然，在这一过程中，政府给予随迁子女一定的优质教育机会补偿仍然是必要的，这要求各级政府更加关注对弱势家庭的扶助，通过一定的倾斜政策，为这些家庭的子女提供更多的享有优质教育的机会，确保通过教育实现社会流动的机制能够充分发挥作用。

参考文献

[1] 教育部.2018 年全国教育事业发展统计公报[EB/OL]. 2019 - 07 - 24 [2019 - 10 -

05]. http://www.moe.gov.cn/jyb_sjzl/sjzl_fztjgb/201907/t20190724_392041.html.

[2] 国务院.国务院关于进一步完善城乡义务教育经费保障机制的通知[EB/OL].2015-11-28[2019-10-05]. http://www.gov.cn/zhengce/content/2015-11/28/content_10357.htm.

[3] 国务院.国务院关于统筹推进县域内城乡义务教育一体化改革发展的若干意见[EB/OL].2016-07-11[2019-10-05]. http://www.gov.cn/zhengce/content/2016-07/11/content_5090298.htm

[4] 邬志辉,李静美.农民工随迁子女在城市接受义务教育的现实困境与政策选择[J].教育研究,2016,37(9):19-31.

[5] 郭元婕.改革开放四十年来我国随迁子女教育的成就与经验[J].教育科学研究,2019(9):17-23.

[6] 孙红玲.浅论转型时期流动人口子女的教育公平问题[J].教育科学,2001(1):4-6.

[7] 范先佐.进城务工就业农民子女的教育公平与制度保障[J].河北师范大学学报(教育科学版),2007(1):13-20.

[8] 赵学勤.城市流动人口子女基础教育问题研究[J].教育科学研究,2001(2):28-31.

[9] 雷万鹏,杨帆.流动儿童教育面临结构转型——武汉市流动儿童家长调查,教育与经济2007(1):59-63.

[10] 国家统计局.2018 年农民工监测调查报告[EB/OL].2019-04-29[2019-10-05]. http://www.stats.gov.cn/tjsj/zxfb/201904/t20190429_1662268.html.

[11] Adrian E. Raftery & Michael Hout. Maximally Maintained Inequality: Expansion, Reform and Opportunity in Irish Education 1921-1975 [J]. Sociology of Education, 1993(1): 41-62.

[12] Card, D., & Krueger, A. B. Does School Quality Matter? Returns to Education and the Characteristics of Public Schools in the United States[J]. Journal of Political Economy, 1992,100(1): 1-40.

[13] Lai, F., Liu, C., Luo, R., Zhang, L., Ma, X., Bai, Y., et al. The Education of China's Migrant Children: The Missing Link in China's Education System[J]. International Journal of Educational Development, 2014(37): 68-77.

[14] 陈国华.农民工随迁子女的教育融入——起点、过程与结果[J].中国青年研究,2017(6):101-106.

[15] 王红,陈纯槿.城市随迁子女义务教育质量的影响因素研究——基于中国教育追踪调查数据的实证分析[J].教育经济评论,2017,2(2):102-114.

[16] 张新平,陈粤秀.何谓优质学校——基于 40 位教管人员的访谈研究[J].教育发展研究,2011,33(10):20-29.

[17] 邬志辉,陈学军,王海英.优质学校的概念、建设过程与指标框架研究[J].东北师大学报(哲学社会科学版),2004(3):113-120.

[18] 江苏省政府.江苏省义务教育学校办学标准(试行)(苏政办发〔2015〕45 号)[EB/OL].2015-05-05[2019-10-07]. http://www.moe.gov.cn/jyb_xwfb/xw_zt/moe_357/s7865/s8513/qmgs_gkgs/201506/t20150630_191792.html.

[19] 胡咏梅.中学教师工作满意度及其影响因素的实证研究[J].教育学报,2007(5):46-52.

[20] 李祥云,魏萍.学校资源配置对学生成绩的影响机制研究——基于对 JX 县小学问卷调查的实证分析[J].教师教育学报,2014,1(5):63-72.

[21] 姚继军.教育均衡发展综合测度的原则与方法[J].教育科学,2008(3):5-8.

［22］邓雪，李家铭，曾浩健，陈俊羊，赵俊峰.层次分析法权重计算方法分析及其应用研究［J］.数学的实践与认识，2012，42(7)：93－100.

［23］周皓，荣珊.我国流动儿童研究综述［J］.人口与经济，2011(3)：94－103.

［24］慈勤英，李芬.流动人口适龄子女教育弱势地位研究［J］.当代青年研究，2002(3)：16－20.

［25］李春玲.当代中国社会的声望分层——职业声望与社会经济地位指数测量［J］.社会学研究，2005(2)：74－102＋244.

［26］陆学艺.当代中国社会十大阶层分析［J］.学习与实践，2002(3)：55－63＋1.

［27］Rosembaum，P. R. The Central Role of the Propensity Scores in Observational Studies for Causal Effects［J］. Biometrika，1983，70(1)：41－55.

［28］Rosenbaum，P. R.，& Rubin，D. Constructing a Control Group Using Multivariate Matched Sampling Methods that Incorporate the Propensity Score［J］. The American Statistician，1985，39(1)：33－38.

［29］Caliendo，M.，& S. Kopeinig. Some Practical Guidance for the Implementation of Propensity Score Matching［J］. Journal of Economic Surveys，2008，22(1)：31－72.

［30］Bryson，A.，Dorsett，R.，& Purdon，S. The Use of Propensity Score Matching in the Evaluation of Labour Market Policies［R］. Working Paper No. 4，Department for Work and Pensions，2002.

［31］Becker，S. O.，& Ichino，A. Estimation of Average Treatment Effects Based on Propensity Scores［J］.The Stata Journal，2002，2 (4)：358－377.

［32］Leuven，E.，& B. Sianesi. PSMATCH2：Stata Module to Perform Full Mahalanobis and Propensity Score Matching，Common Support Graphing，and Covariate Imbalance Testing［CP］. Boston College Department of Economics，Statistical Software Components，2003. http://ideas.repec.org/c/boc/bocode/s432001.html.

［33］Becker，S. O.，& Caliendo，M. Sensitivity Analysis for Average Treatment Effects［J］. The Stata Journal，2007，7(1)：71－83.

［34］Lin，D. Y.，Pasty，B. M.，& Kronmal，P. A. Assessing the Sensitivity of Regression Results to Unmeasured Confounders in Observational Studies［J］. Biometrics，1998，54(3)：948－963.

［35］胡安宁.倾向值匹配与因果推论：方法论述评［J］.社会学研究，2012，27(1)：221－242＋246.

［36］卢伟，褚宏启.教育扶贫视角下农民工随迁子女教育改革——如何实现入学机会均等与教育起点公平［J］.中国教育学刊，2017(7)：57－62.

［37］Tan，G. Under the Same Blue Sky? Inequity in Migrant Children's Education in China［J］. Current Issues in Comparative Education，2010，12(2)：31－40.

［38］刘水云，赵彬.随迁子女教育政策执行偏差的多维度分析［J］.教育学报，2019，15(4)：51－58.

［39］罗云，钟景迅，曾荣光.进城务工人员随迁子女教育公平问题的分配正义与关系正义之考察［J］.北京大学教育评论，2015，13(2)：146－167＋192.

［40］民政部.图表：2018 年农村留守儿童数据［EB/OL］.2018－09－01［2020－01－12］. http://www.mca.gov.cn/article/gk/tjtb/201809/20180900010882.shtml.

［41］吕利丹，王宗萍，段成荣.流动人口家庭化过程中子女随迁的阻碍因素分析——以重庆市为例［J］.人口与经济，2013(5)：33－40.

作者简介

刘燕丽　南京师范大学教育科学学院教育发展与评价国际研究中心助理研究员，浙江大学教育学院博士研究生

姚继军（通讯作者）　南京师范大学教授

田亚惠　南京师范大学硕士研究生

周世科　江苏省中小学教学研究室，中学高级教师

电子邮箱

yaojijun_njnu@163.com

Chapter 4

“新机制”政策对东部农村县级教育经费支出的影响

——基于双重差分和三重差分的实证研究*

刘　叶　哈　巍

摘　要： 2006年开始实施的农村义务教育经费保障机制（简称“新机制”）是迄今为止中国政府对农村地区实施的最大规模的教育类转移支付。现有对于“新机制”政策效果的研究大多集中在中西部地区，对东部省份受政策影响的情况关注较少。本研究利用“新机制”政策中中央政府对东部六省补贴比例的差异，采用双重差分和三重差分的因果推断方法分析了该政策对东部农村县级生均预算内教育经费支出（含农村小学和农村初中的生均预算内总经费、生均预算内事业费和生均预算内公用经费）的影响。研究结果发现，“新机制”政策的补贴比例对两种类型学校的生均预算内教育经费均产生了显著的正向影响。分经费类型来看，补贴比例对生均预算内公用经费的影响始终是最为稳定而显著的，且大于对生均预算内总经费和生均预算内事业费的影响；分学校类型来看，补贴比例对农村小学生均预算内公用经费的影响始终大于对农村初中生均预算内公用经费的影响。
关键词： “新机制”政策；中央补贴比例；生均预算内教育经费；双重差分；三重差分

一、引言

改革开放以来，中国义务教育财政的投资主体先后经历“多元筹资”“以县为主”“经费省级统筹，管理以县为主”等几次变迁。具体来说，“多

* 本文系国家自然科学基金面上项目“解码农村义务教育经费保障新机制的影响”（项目编号：71473006）研究成果。

元筹资”在扩大经费来源的同时，也造成教育发展水平受地区经济水平影响较大，教育发展严重不均衡的局面；随后的“以县为主”将义务教育财政投入的主体从乡级上移到县级，虽然在一定程度上保障了经费来源，但我国县级政府的财政能力较弱，教育事权和财权严重不对称，导致义务教育经费投入不充足、不均衡的问题始终存在。[1] 2005 年 12 月，国务院发布《关于深化农村义务教育经费保障机制改革的通知》(国发〔2005〕43 号)，提出“经费省级统筹，管理以县为主”，将义务教育经费的投入主体进一步上移，并系统提出中央和地方分项目、按比例的教育转移支付机制，规范了农村义务教育经费组织管理结构。2006 年“新机制”实施之初，中央财政对该政策的资金投入为 150 亿元，2011 年增长到 859 亿元；2015 年底随着政策的调整，支持的重点从农村义务教育领域转向对城乡义务教育的统一[2015 年 11 月 25 日，国务院发布《关于进一步完善城乡义务教育经费保障机制的通知》(国发〔2015〕67 号)]，“新机制”政策进入 2.0 时代，中央财政资金的投入进入了新一个高峰(如图 1 所示)。

“新机制”政策以中央对地方财政转移支付的方式为义务教育经费提供保障，从体制上解决了地方政府不断削减的财政能力和不断增长的公共事务责任之间不匹配的问题，进一步保障了农村义务教育的长远发展，并逐步将农村义务教育全面纳入公共财政保障范围。因此，对“新机制”政策效果的评估具有极强的理论意义和现实意义。

二、 理论基础与文献综述

“新机制”的本质是中央和地方在义务教育财政领域的分权。刘明兴(2015)[2]提出，“新机制”是一种介于传统的转移支付和专项性转移支付之间的财政补助形式，可以称之为“专项性一般转移支付”。因此，笔者在本文首先综述了财政分权、转移支付等政府财政行为对教育经费的影响，随后综述了“新机制”政策对教育经费影响的研究，最后探讨了现有研究结果共性的发现，以及目前存在的问题和不足。

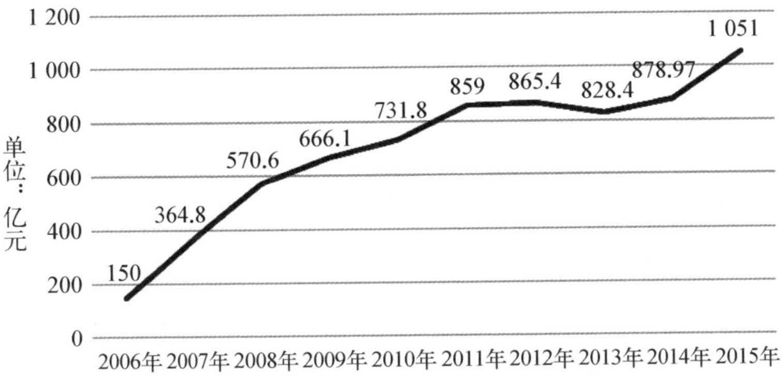

图 1　中央财政投入"新机制总量"

数据来源：

① 2006—2010 年数据来源：Linda Chelan Li，Martin Painter. Shirkers or Toilers? Local Strategic Action and Education Policy Under Fiscal Abundance[J]. Journal of Contemporary China，2016(25)：851－866，DOI：10.1080/10670564.2016.1184897.

② 2011 年数据来源：http：//www.mof.gov.cn/zhengwuxinxi/caijingshidian/zgcjb/201203/t20120306_632882.htm.

③ 2012 年数据来源：http：//jkw.mof.gov.cn/zhengwuxinxi/tourudongtai/201305/t20130508_858438.html.

④ 2013 年数据来源：http：//www.mof.gov.cn/zhengwuxinxi/caizhengxinwen/201401/t20140128_1040221.htm.

⑤ 2014 年数据来源：http：//www.mof.gov.cn/zhengwuxinxi/caizhengxinwen/201502/t20150209_1190260.htm.

⑥ 2015 年数据来源：http：//jkw.mof.gov.cn/zhengwuxinxi/gongzuodongtai/201602/t20160204_1664474.html.

在国外，上级政府针对教育的拨款大多属于非配套性转移支付。曾和莱文（Tsang & Levin，1983）[3]以及默里、威廉和罗伯特（Murray，William & Robert，1998）[4]早年对美国的研究发现，上级政府的一般性转移支付在一定程度上会提高生均教育支出，降低贫穷和富裕家庭教育支出不均水平。戈登（Gordon，2004）[5]的研究发现，联邦政府针对贫困地区的专项转移支付在实施之初有效拉动了地方教育支出，但是三年后地方政府就通过降低自身财政投入抵消了这种拉动作用。贝克尔和戈登（Baicker & Gordon，2006）[6]进一步研究发现，州政府在增加教育转移支付的同时，相应地削减了给下级政府的其他转移支付，即出现"替代效应"。整体来看，国外一般性转移支付在短期内对增加教育支出，降低教育支出不均水平有显著的作用。

国内对“新机制”政策进行评估的实证研究大多发现了积极的政策效果。梁文艳、胡咏梅(2013)[7],卢珂(2014)[8],赵海利(2015)[9],杨晋、哈巍、伍银多(2017)[10],黄斌、苗晶晶、金俊(2017)[11]和哈巍、刘叶(2018)[12]的研究均证明政策的实施提高了生均预算内教育经费的水平,缩小了城乡间或县域内生均预算内公用经费的差异,起到了促进教育均衡发展的作用。孙志军、杜育红、李婷婷(2010)[13]的研究还进一步发现,改革使那些改革前获得财政拨款资金较少的学校,在改革后获得的财政拨款明显增长。赵海利(2017)[14]的研究更为精确地测算出上级的专项转移支付对县级义务教育预算内支出的示范效应(粘蝇纸效应),省级财政拨付的 1 元转移支付资金,对应县级义务教育预算内支出增加 1.7—3.4 元。杨晋、哈巍(2017)[15]的研究结果发现了更为复杂的政策效果,如针对上级转移支付带来的粘蝇纸效应,不同县(市)会有不同的应对策略,有的地方采取积极提供配套资金的策略使得义务教育财政支出提升,也有的地方降低了本级政府的投入力度。

同时,现有研究也发现“新机制”政策效果存在一定的局限性。孙志军、杜育红、李婷婷(2010)[16]和哈巍、刘叶(2018)[17]的研究都发现,政策的实施对经费总量的增长没有产生影响,只是在经费的结构上由上级政府拨款取代了原有的地方政府和家庭支付。赵海利(2015)[18]的研究还发现,上级投入挤出了西部地区地方政府本身对教育的投入,这使得西部地区教育经费投入的增长率并未显著高于非西部地区,地区间教育投入的差异仍未得到明显改善。

通过文献综述可以发现,现有对“新机制”政策效果进行评估的研究大多着眼于中西部地区,而对同样受政策影响的东部地区较为忽略。本研究以东部六省①的农村小学和农村初中为样本,利用“新机制”政策在各

① 本研究包含的东部六省为福建、山东、辽宁、浙江、江苏、广东。北京、天津和上海三个直辖市虽在地理位置上处于东部,但是由于这三个直辖市并没有接受“新机制”政策来自中央政府的补贴,而且这三个直辖市的教育经费水平远远高于其他地区,因此本研究中剔除了上述三个城市的样本。

省补贴比例的差异，采用双重差分和三重差分的因果分析方法评估了“新机制”政策对东部农村县级生均预算内教育经费的影响。

三、数据与研究方法

1. 数据

本研究使用县级平衡面板数据，其中教育经费数据和教育事业基本情况数据来源于“全国教育经费统计综合报表”，其他地区经济数据来源于地市县统计资料①。研究范围包括福建、山东、辽宁、浙江、江苏和广东6个省的499个县级行政单位，研究时段为2005—2009年，样本量为2 495。样本情况详见表1。本研究以“新机制”政策在各省的实际实施年份为起点②，涵盖了改革前的2—3年和改革后的2—3年。东部六省“新机制”补贴比例的数据来源于对相关部门领导的访谈，访谈对象要求对具体的补贴比例情况采取保密处理，故不在本文中一一呈现。

表1 样本分布

省份	年份					合计	占比(%)
	2005年	2006年	2007年	2008年	2009年		
辽宁	70	70	70	70	70	**350**	**14.03**
江苏	52	52	52	52	52	**260**	**10.42**
浙江	71	71	71	71	71	**355**	**14.23**
福建	77	77	77	77	77	**385**	**15.43**
山东	133	133	133	133	133	**665**	**26.65**
广东	96	96	96	96	96	**480**	**19.24**
合计	**499**	**499**	**499**	**499**	**499**	**2 495**	**100**

① 2008年开始，地市县统计资料的统计口径发生了较大规模的变动，本研究根据实际需要进行了归并。

② 江苏、福建、广东和辽宁四省于2006年实施“新机制”政策，浙江和山东两省于2007年开始实施“新机制”政策。

2. 指标选取与数据基本情况

本研究的核心自变量为“新机制”政策中来自中央政府的补贴比例；因变量为县级农村教育经费支出情况，分为农村小学和农村初中的生均预算内总经费、生均预算内事业费和生均预算内公用经费。核心自变量和因变量的基本描述统计见表2的第1—7行。本研究的样本量为2 495，需要说明的是，其中74个样本县只有农村小学并没有农村初中，在评估政策对农村初中教育经费变化的影响时删除了这部分县，因此农村初中的样本量为2 421。

表2 数据描述

变量名		平均值	标准差	最小值	最大值
补贴比例		0.208	0.177	0	0.5
农村小学	生均预算内总经费(元)	3 069.833	1 852.411	462.918	17 078.82
	生均预算内事业费(元)	3 033.602	1 814.743	457.625	17 078.82
	生均预算内公用经费(元)	446.111	399.731	0.255	5 528.711
农村初中	生均预算内总经费(元)	3 585.035	2 278.658	415.379	23 653.59
	生均预算内事业费(元)	3 533.831	2 225.528	415.379	23 653.59
	生均预算内公用经费(元)	668.831	765.803	0.331	18 251.34
一般预算收入(万元)		157 339.8	163 609.8	7 803	1 849 672
一般预算支出(万元)		162 564.9	153 349	12 082	1 772 346
人均预算内财政收入(万元)		0.374	0.41	0.053	6.314
人均预算内财政支出(万元)		0.371	0.359	0.075	5.515
地方财政自给率		0.941	0.184	0.402	1.593
专项转移支付(千万)		16 950.67	15 742.67	−47 436	119 502
财政转移支付(千万)		20 927.67	19 263.5	−75 014	126 604
人口数(万人)		44.013	29.212	0.582	156.788
农村小学学生数(万人)		3.524	3.416	0.018	26.639
农村小学教职工数(万人)		0.219	0.159	0.002	0.991
农村初中学生数(万人)		1.807	1.584	0	10.443
农村初中教职工数(万人)		0.135	0.099	0	0.594

本研究拟使用的控制变量主要包括地方经济情况和教育情况两类，其基本描述统计呈现在表2的第8行到第19行。其中，一般预算收入、一般预算支出以及地方政府财政自给率试图用于衡量地方政府的财政能力和水平；人均预算内财政收入和人均预算内财政支出试图用于解释个人（主要是农村父母）对教育的需求和支付能力；专项转移支付和一般转移支付的纳入是为了控制与“新机制”政策类似的、其他领域或其他项目的转移支付可能对教育经费产生的影响；人口数用来控制人口规模对教育经费的影响。农村小学和农村初中的学生数和教职工数用于衡量教育发展规模对教育经费的影响情况。无论是地方经济情况还是教育情况的控制变量，均是随时间变化的。

为了进一步呈现自变量间的相关情况，避免多重共线性或过度控制问题的发生，本研究列出主要控制变量间的相关系数矩阵（如表3所示）。在地方经济变量中，地方政府一般预算收入和一般预算支出、人均预算内财政收入和支出之间均呈现出显著的正相关关系，相关系数超过0.9。因此，考虑到上述指标之间存在共线性问题，故在下面的计量回归中只纳入人均预算内财政支出和地方政府财政自给率。人口数和学生数/教职工数之间也存在较强的正相关关系（相关系数超过0.8且显著），但是从实证的角度来说，人口数体现的是地区社会、经济、人口发展的意义，而学生数和教职工数体现的是地区教育发展的情况，两者意义不同，故均纳入回归模型。

3. 方法与模型

本研究采用双重差分和三重差分的因果推断方法，评估“新机制”政策中央政府的补贴比例对东部六省县级生均教育支出的影响。模型（1）为双重差分模型，模型（2）为三重差分模型。

$$LnY_{it} = a + b \cdot subsidy_i + c \cdot year_t + d \cdot (subsidy_i * year_t) + f \cdot X_{it} + h \cdot Z_{it} + \delta_i + e_{it} \quad (1)$$

表 3　相关系数矩阵

变　量　名	一般预算收入	一般预算支出	人均总收入	人均总支出	地方政府财政自给率	专项转移支付	财力性转移支付	人口数	学生数
一般预算支出	0.987*								
人均总收入	0.617*	0.587*							
人均总支出	0.601*	0.588*	0.987*						
地方政府财政自给率	0.293*	0.169*	0.305*	0.203*					
专项转移支付	0.359*	0.337*	0.178*	0.148*	0.319*				
财力性转移支付	0.031	0.080*	−0.122*	−0.109*	−0.158*	0.348*			
总人口	0.350*	0.390*	−0.143*	−0.156*	−0.039*	0.412*	0.449*		
农村小学学生数	0.167*	0.216*	−0.166*	−0.171*	−0.182*	0.267*	0.439*	0.832*	
农村小学教职工数	0.168*	0.223*	−0.218*	−0.221*	−0.194*	0.309*	0.498*	0.869*	0.897*
农村初中学生数	0.201*	0.243*	−0.166*	−0.175*	−0.120*	0.317*	0.458*	0.836*	
农村初中教职工数	0.257*	0.299*	−0.161*	−0.167*	−0.083*	0.333*	0.435*	0.828*	0.883*

注：* $p<0.1$。

LnY_{it} 为需要解释的因变量，其中 i 表示县，t 表示政策实施的年份，Y_{it} 即为第 i 县在第 t 年的教育经费情况，在本研究使用的是教育经费支出的对数；

$subsidy_i$ 为样本县所在省份从“新机制”政策中获得的来自中央政府的补贴比例；

$year_t$ 为时间变量，根据各省份实施政策的年份不同，在政策开始前取值为“0”，政策开始后取值为“1—3”；

$subsidy_i * year_t$ 为政策变量和时间变量的交互项；

X_{it} 为一组随时间变化的地区经济情况控制变量，包括人口数、地方政府财政自给率、人均预算内财政支出等；

Z_{it} 为一组随时间变化的地区教育情况控制变量，包括学生数、教师数等；

δ_i 为县级的固定效应；

e_{it} 为随机扰动项。

根据双重差分的原理，$subsidy_i * year_t$ 交互项前的系数 d 估计的就是“新机制”政策的净效果。

笔者参照姚耀军(2019)[19]对双重差分模型的扩展逻辑，在模型(1)的双重差分基础上加入“是否为贫困县①”的虚拟变量，构建了三重差分模型。这一方面是考虑适当放松双重差分模型下“实验组和对照组在政策干预前必须存在相同的发展趋势”的限制(即双重差分的平行趋势假设)；另一方面也考虑到贫困县既有可能因为本身经济发展水平的原因导致教育经费的增长缓慢，或存在其他公用部门挤占教育经费的现象，使得贫困县教育经费增长低于非贫困县，也有可能因为其具有“贫困县”的帽子从而获得政府扶贫更多的专项补助，使其教育经费获得较高的增长。无论是哪种影响，都是贫困县带来的外溢性影响(前种情况为一种负的外溢效

① 本研究中的贫困县是根据各省公布的省级贫困县名单确定的，其中辽宁省、山东省、福建省、浙江省、江苏省选取了省级贫困县；广东省为全国性扶贫县、省级重点扶贫的特困县和广东省山区贫困县三类的总和。

应，后种情况为正的外溢效应），需要从政策效果中剥离出来才能获得政策的“净效果”。

$$LnY_{it}=\alpha_0+\alpha_1\cdot subsidy_i+\alpha_2\cdot year_t+\alpha_3\cdot pov_i+\alpha_4\cdot(subsidy_i*year_t)+\alpha_5\cdot(subsidy_i*pov_i)+\alpha_6\cdot(year_t*pov_i)+\alpha_7\cdot(subsidy_i*year_t*pov_i)+\beta\cdot X_{it}+\gamma\cdot Z_{it}+\delta_i+e_{it} \quad (2)$$

LnY_{it} 为需要解释的因变量，其意义与模型(1)相同；

α_0 为东部六省所有样本县教育经费水平的初始均值，也就是常数项；

α_1 为“新机制”政策补贴比例（$subsidy_i$）前的系数，它表示享受不同补贴比例的县在教育经费水平上的初始差异；

α_2 为时间变量（$year_t$）前的系数，它表示样本县教育经费变化的共同趋势（时间趋势）；

α_3 为是否为贫困县的虚拟变量（pov_i）前的系数，它表示贫困县与非贫困县教育经费的初始差异；

α_4 为政策实施后，控制了共同驱使下，补贴比例对教育经费的影响（原双重差分中的政策效果项）；

α_5 为政策实施后，贫困县与非贫困县教育经费的差异；

α_6 为政策实施后，贫困县的共同趋势（是否为贫困县对教育经费变化带来的外溢性影响）；

α_7 为控制了初始差异、共同趋势、贫困县外溢性等的效应之后，政策补贴比例的净效果。

此外，X_{it}、Z_{it}、δ_i 和 e_{it} 的意义与模型(1)相同。

根据三重差分的原理，$subsidy_i*year_t*pov_i$ 交互项前的系数 α_7 为“新机制”政策的“净效果”。

四、实证结果

下文呈现的是基于双重差分和三重差分的回归结果。按照学校类型不同分为农村小学和农村初中，按照经费类型分为生均预算内总经费、生均预算内事业费和生均预算内公用经费三种。

1. 对农村小学生均经费的影响

表 4 为补贴比例（subsidy）对农村小学生均预算内总经费的影响。其中，模型（1）和（2）为采用普通最小二乘法（OLS）得到的回归结果；模型（3）和（4）为采用双重差分（DID）方法得到的回归结果；模型（5）（6）和（7）为采用三重差分（DDD）方法得到的回归结果。以下其他表格对于回归结果的展示方式均相同。

首先来看 OLS 的回归结果，模型（1）显示"新机制"政策中央政府的补贴比例对因变量有显著的正向影响[见表 4 模型（1）]（1.315***）；模型（2）在前一模型的基础上进一步控制了地方经济、教育情况和县级固定效应，此时补贴比例的影响依然显著为正[见表 4 模型（2）]（0.421***）。

接下来看 DID 的回归结果，模型（3）显示在控制了地方经济和教育情况后，补贴比例对因变量有正向影响，但这种影响并不显著[见表 4 模型（3）]（0.014）；模型（4）在前一模型的基础上进一步控制了县级固定效应，补贴比例的影响显著为正[见表 4 模型（4）]（0.184***）。

最后来看 DDD 的回归结果，模型（5）显示在控制了地方经济和教育情况后，补贴比例对因变量有显著的负向影响[见表 4 模型（5）]（-0.142**）；模型（6）在前一模型的基础上进一步控制了县级固定效应，此时补贴比例的影响显著为正[见表 4 模型（6）]（0.156***）；考虑到补贴比例在县级层面是固定不变的，若同时控制补贴比例和县级固定效应有可能造成过度控制的问题，从而影响对政策效果估计的大小和显著性。① 因此，在模型（7）中不再单独控制补贴比例以及 subsidy * pov 的交互项，可以发现此时补贴比例的影响显著为正[见表 4 模型（7）]（0.233***）。

---

① 实证部分的其他表中，也不再对模型（6）的结果进行阐述，直接分析模型（7）的结果。

表 4 农村小学生均预算内总经费

变量名	OLS		DID		DDD		
	模型(1)	模型(2)	模型(3)	模型(4)	模型(5)	模型(6)	模型(7)
subsidy（补贴比例）	1.315*** [0.066]	0.421*** [0.045]	0.434*** [0.057]		0.290*** [0.058]	0.264*** [0.048]	
year		0.166*** [0.009]	0.049*** [0.016]	0.149*** [0.012]	0.047*** [0.017]	0.158*** [0.013]	0.167*** [0.013]
pov					−0.203*** [0.046]	−0.319*** [0.028]	−0.331*** [0.028]
subsidy * year			0.014 [0.034]	0.184*** [0.030]	0.079** [0.037]	0.063* [0.037]	0.121*** [0.037]
subsidy * pov					0.379*** [0.093]	0.236*** [0.088]	
year * pov					0.003 [0.020]	−0.071*** [0.018]	−0.072*** [0.018]
subsidy * year * pov					−0.142** [0.061]	0.156*** [0.057]	0.233*** [0.057]
农村人口数量		0.010*** [0.001]	0.001* [0.001]	0.009*** [0.001]	0.002** [0.001]	0.009*** [0.001]	0.009*** [0.001]

（续表）

变量名	OLS		DID		DDD		
	模型(1)	模型(2)	模型(3)	模型(4)	模型(5)	模型(6)	模型(7)
人均预算内财政支出		0.009 [0.041]	0.513*** [0.070]	0.036 [0.048]	0.474*** [0.066]	0.018 [0.044]	0.032 [0.046]
财政自给率		0.174*** [0.050]	0.852*** [0.079]	0.100* [0.051]	0.791*** [0.090]	0.167*** [0.054]	0.091 [0.055]
专项转移支付		0.002*** [0.001]	0.007*** [0.001]	0.002*** [0.001]	0.006*** [0.001]	0.002*** [0.001]	0.002*** [0.001]
一般转移支付		0.004*** [0.000]	0.002** [0.001]	0.005*** [0.000]	0.003*** [0.001]	0.004*** [0.000]	0.005*** [0.000]
学生数		−0.054*** [0.010]	−0.076*** [0.009]	−0.058*** [0.010]	−0.085*** [0.009]	−0.063*** [0.011]	−0.061*** [0.010]
教职工数		0.762*** [0.219]	−0.2 [0.212]	0.854*** [0.224]	−0.047 [0.208]	0.919*** [0.210]	0.941*** [0.219]
县级固定效应		yes		yes		yes	yes
常数项	7.587*** [0.028]	6.932*** [0.039]	6.793*** [0.070]	7.013*** [0.042]	6.890*** [0.084]	6.951*** [0.045]	6.997*** [0.047]
样本量	2 495	2 495	2 495	2 495	2 495	2 495	2 495
R^2	0.156	0.94	0.682	0.938	0.698	0.942	0.939

注：(1) 括号内为稳健性检验的标准误；(2) * $p<0.1$，** $p<0.05$，*** $p<0.01$。

表5为补贴比例对农村小学生均预算内事业费的影响。

首先，OLS的回归结果显示，“新机制”政策中央政府的补贴比例对农村小学生均预算内事业费有着显著的正向影响[见表5模型(1)](1.330^{***})，而且在进一步控制了地方经济、教育情况和县级固定效应后，补贴比例的影响依然显著为正[见表5模型(2)](0.397^{***})。

其次，DID的回归结果显示，在控制了地方经济和教育情况后，补贴比例对农村小学生均预算内事业费仍有正向影响，但是这种影响并不显著且十分微小[见表5模型(3)](0.004)；不过，在进一步控制了县级固定效应后，补贴比例对因变量的影响显著为正[见表5模型(4)](0.162^{***})。

最后，DDD的回归结果显示，在控制了地方经济和教育情况后，补贴比例对农村小学生均预算内事业费呈现出显著的负向影响[见表5模型(5)](-0.151^{**})；但是随着县级固定效应的加入，补贴比例的影响转为正数且变得非常显著[见表5模型(7)](0.242^{***})。

表6为补贴比例对农村小学生均预算内公用经费的影响。

首先，OLS的回归结果显示，“新机制”政策中央政府的补贴比例对农村小学生均预算内公用经费有着显著的正向影响[见表6模型(1)](2.527^{***})；在进一步控制地方经济、教育情况和县级固定效应后，补贴比例的影响依然显著为正[见表6模型(2)](2.153^{***})。

其次，DID的回归结果显示，在控制了地方经济和教育情况后，补贴比例对农村小学生均预算内公用经费的影响显著为负[见表6模型(3)](-0.529^{***})；但是在进一步控制了县级固定效应后，补贴比例的影响变成显著为正[见表6模型(4)](0.340^{***})。

最后，DDD的回归结果与DID类似，在仅控制地方经济和教育情况后，补贴比例对农村小学生均预算内公用经费呈现出显著的负向影响[见表6模型(5)](-0.458^{***})；但是在加入县级固定效应后，补贴比例的影响变成显著为正[见表6模型(7)](0.630^{***})。

表 5 农村小学生均预算内事业费

变 量 名	OLS		DID		DDD		
	模型(1)	模型(2)	模型(3)	模型(4)	模型(5)	模型(6)	模型(7)
subsidy（补贴比例）	1.330*** [0.065]	0.397*** [0.043]	0.452*** [0.057]		0.311*** [0.058]	0.252*** [0.046]	
year		0.172*** [0.009]	0.054*** [0.016]	0.160*** [0.011]	0.052*** [0.016]	0.170*** [0.012]	0.179*** [0.012]
pov					−0.203*** [0.046]	−0.336*** [0.028]	−0.346*** [0.029]
subsidy * year			0.004 [0.034]	0.162*** [0.029]	0.072* [0.037]	0.042 [0.035]	0.098*** [0.034]
subsidy * pov					0.365*** [0.093]	0.257*** [0.088]	
year * pov					0.004 [0.020]	−0.076*** [0.017]	−0.077*** [0.018]
subsidy * year * pov					−0.151** [0.060]	0.160*** [0.057]	0.242*** [0.056]
农村人口数量		0.011*** [0.001]	0.002** [0.001]	0.011*** [0.001]	0.002** [0.001]	0.011*** [0.001]	0.011*** [0.001]

（续表）

变量名	OLS		DID		DDD		
	模型(1)	模型(2)	模型(3)	模型(4)	模型(5)	模型(6)	模型(7)
人均预算内财政支出		0.046 [0.034]	0.493*** [0.070]	0.071* [0.042]	0.453*** [0.066]	0.054 [0.037]	0.067* [0.039]
财政自给率		0.165*** [0.048]	0.850*** [0.079]	0.095* [0.050]	0.791*** [0.090]	0.165*** [0.052]	0.090* [0.053]
专项转移支付		0.002*** [0.001]	0.006*** [0.001]	0.001*** [0.001]	0.006*** [0.001]	0.002*** [0.001]	0.001*** [0.001]
一般转移支付		0.004*** [0.000]	0.002** [0.001]	0.005*** [0.000]	0.003*** [0.001]	0.004*** [0.000]	0.005*** [0.000]
学生数		−0.054*** [0.011]	−0.078*** [0.009]	−0.057*** [0.010]	−0.087*** [0.009]	−0.062*** [0.011]	−0.061*** [0.010]
教职工数		0.703*** [0.213]	−0.198 [0.214]	0.779*** [0.219]	−0.042 [0.210]	0.851*** [0.205]	0.874*** [0.213]
县级固定效应		yes		yes		yes	yes
常数项	7.574*** [0.028]	6.877*** [0.037]	6.785*** [0.070]	6.947*** [0.040]	6.880*** [0.084]	6.881*** [0.042]	6.926*** [0.043]
样本量	2 495	2 495	2 495	2 495	2 495	2 495	2 495
R^2	0.161	0.941	0.681	0.94	0.699	0.943	0.941

注：（1）括号内为稳健性检验的标准误；（2）* $p<0.1$，** $p<0.05$，*** $p<0.01$。

表 6 农村小学生均预算内公用经费

变量名	OLS		DID		DDD		
	模型(1)	模型(2)	模型(3)	模型(4)	模型(5)	模型(6)	模型(7)
subsidy（补贴比例）	2.527*** [0.114]	2.153*** [0.162]	2.060*** [0.139]		1.782*** [0.151]	2.065*** [0.172]	
year		0.191*** [0.030]	0.290*** [0.023]	0.295*** [0.042]	0.267*** [0.025]	0.291*** [0.042]	0.352*** [0.043]
pov					−0.235** [0.112]	0.041 [0.154]	−0.078 [0.152]
subsidy * year			−0.529*** [0.057]	0.340*** [0.096]	−0.398*** [0.064]	−0.316*** [0.098]	0.15 [0.102]
subsidy * pov					0.950*** [0.302]	0.936*** [0.322]	
year * pov					0.125*** [0.041]	−0.128 [0.086]	−0.128 [0.088]
subsidy * year * pov					−0.458*** [0.117]	0.297 [0.215]	0.630*** [0.236]
农村人口数量		0.008* [0.004]	−0.001 [0.001]	0.010** [0.004]	0 [0.001]	0.012*** [0.004]	0.012*** [0.004]

（续表）

变　量　名	OLS		DID		DDD		
	模型(1)	模型(2)	模型(3)	模型(4)	模型(5)	模型(6)	模型(7)
人均预算内财政支出		−0.175*** [0.054]	0.526*** [0.084]	−0.021 [0.072]	0.526*** [0.085]	−0.154*** [0.055]	−0.026 [0.069]
财政自给率		0.265* [0.156]	0.750*** [0.138]	−0.104 [0.160]	0.657*** [0.140]	0.204 [0.165]	−0.304* [0.171]
专项转移支付		0.007*** [0.002]	0.006*** [0.002]	0.003* [0.002]	0.006*** [0.002]	0.006*** [0.002]	0.003 [0.002]
一般转移支付		0.011*** [0.002]	0.008*** [0.001]	0.015*** [0.002]	0.007*** [0.001]	0.009*** [0.002]	0.015*** [0.002]
学生数		−0.069 [0.054]	0.047*** [0.013]	−0.045 [0.055]	0.044*** [0.013]	−0.065 [0.055]	−0.053 [0.055]
教职工数		0.41 [1.283]	−2.230*** [0.392]	0.308 [1.302]	−2.164*** [0.395]	0.298 [1.266]	0.386 [1.297]
县级固定效应		yes		yes		yes	yes
常数项	5.201*** [0.044]	4.311*** [0.121]	4.252*** [0.134]	4.454*** [0.134]	4.385*** [0.137]	4.248*** [0.134]	4.558*** [0.143]
样本量	2 495	2 495	2 495	2 495	2 495	2 495	2 495
R^2	0.201	0.716	0.493	0.676	0.496	0.721	0.68

注：(1) 括号内为稳健性检验的标准误；(2) * $p<0.1$，** $p<0.05$，*** $p<0.01$。

2. 对农村初中生均经费的影响

表 7 为补贴比例对农村初中生均预算内总经费的影响。

首先,从 OLS 的回归结果来看,“新机制”政策中央政府的补贴比例对农村初中生均预算内总经费有着显著的正向影响[见表 7 模型(1)](1.307***),而且这种影响在控制了地方经济、教育情况和县级固定效应后依然稳定且显著为正[见表 7 模型(2)](0.591***)。

其次,从 DID 的回归结果来看,在控制了地方经济和教育情况后,补贴比例对农村初中生均预算内总经费的影响显著为负[见表 7 模型(3)](−0.105***);但是在进一步控制了县级固定效应后,这种影响变成显著为正[见表 7 模型(4)](0.291***)。

最后,DDD 的回归结果与 DID 的回归结果类似,在仅控制地方经济和教育情况时,补贴比例对农村初中生均预算内总经费的影响显著为负[见表 7 模型(5)](−0.235***);但是,在进一步控制了县级固定效应后,这种影响变成显著为正[见表 7 模型(7)](0.198***)。

表 8 为补贴比例对农村初中生均预算内事业费的影响。

首先,从 OLS 的回归结果来看,“新机制”政策中央政府的补贴比例对农村初中生均预算内事业费有着显著的正向影响[见表 8 模型(1)](1.318***);在进一步控制了地方经济、教育情况和县级固定效应后,这种影响依然显著为正[见表 8 模型(2)](0.580***)。

其次,DID 的回归结果显示,在控制了地方经济和教育情况后,补贴比例对农村初中生均预算内事业费的影响显著为负[见表 8 模型(3)](−0.129***);不过,在进一步控制了县级固定效应后,补贴比例的影响变成显著为正[见表 8 模型(4)](0.260***)。

最后,DDD 的回归结果与 DID 类似,在仅控制地方经济和教育情况时,补贴比例对农村初中生均预算内事业费的影响显著为负[见表 8 模型(5)](−0.271***);但是,随着县级固定效应的加入,这种影响变成显著为正[见表 8 模型(7)](0.196***)。

表 9 为补贴比例对农村初中生均预算内公用经费的影响。

表 7 农村初中生均预算内总经费

变量名	OLS		DID		DDD		
	模型(1)	模型(2)	模型(3)	模型(4)	模型(5)	模型(6)	模型(7)
subsidy（补贴比例）	1.307*** [0.077]	0.591*** [0.051]	0.498*** [0.066]		0.351*** [0.068]	0.390*** [0.055]	
year		0.171*** [0.009]	0.081*** [0.016]	0.137*** [0.011]	0.069*** [0.017]	0.142*** [0.012]	0.154*** [0.012]
pov					−0.290*** [0.046]	−0.336*** [0.042]	−0.359*** [0.042]
subsidy * year			−0.105*** [0.038]	0.291*** [0.031]	−0.005 [0.041]	0.146*** [0.036]	0.233*** [0.036]
subsidy * pov					0.363*** [0.116]	0.163 [0.100]	
year * pov					0.053** [0.023]	−0.044** [0.021]	−0.043* [0.022]
subsidy * year * pov					−0.235*** [0.066]	0.142** [0.062]	0.198*** [0.065]
农村人口数量		0.012*** [0.001]	0 [0.001]	0.011*** [0.001]	0.001 [0.001]	0.011*** [0.001]	0.012*** [0.001]

（续表）

变量名	OLS		DID		DDD		
	模型(1)	模型(2)	模型(3)	模型(4)	模型(5)	模型(6)	模型(7)
人均预算内财政支出		0.051 [0.036]	0.605*** [0.085]	0.087* [0.044]	0.552*** [0.081]	0.062 [0.039]	0.086* [0.044]
财政自给率		0.228*** [0.050]	1.050*** [0.078]	0.124** [0.051]	0.939*** [0.083]	0.163*** [0.053]	0.067 [0.053]
专项转移支付		0.001* [0.001]	0.005*** [0.001]	0.001 [0.001]	0.005*** [0.001]	0.002*** [0.001]	0.001 [0.001]
一般转移支付		0.004*** [0.000]	0 [0.001]	0.005*** [0.000]	0.002** [0.001]	0.004*** [0.000]	0.005*** [0.000]
学生数		−0.299*** [0.024]	−0.297*** [0.018]	−0.290*** [0.024]	−0.312*** [0.018]	−0.284*** [0.025]	−0.287*** [0.025]
教职工数		3.611*** [0.452]	2.817*** [0.251]	3.709*** [0.454]	2.959*** [0.246]	3.645*** [0.442]	3.637*** [0.455]
县级固定效应		yes		yes		yes	yes
常数项	7.722*** [0.030]	6.899*** [0.037]	6.634*** [0.065]	7.022*** [0.039]	6.799*** [0.075]	6.986*** [0.040]	7.049*** [0.041]
样本量	2 421	2 421	2 421	2 421	2 421	2 421	2 421
R^2	0.137	0.932	0.682	0.931	0.706	0.935	0.932

注：（1）括号内为稳健性检验的标准误；（2）* $p<0.1$，** $p<0.05$，*** $p<0.01$。

表 8　农村初中生均预算内事业费

变量名	OLS		DID		DDD		
	模型(1)	模型(2)	模型(3)	模型(4)	模型(5)	模型(6)	模型(7)
subsidy	1.318*** [0.077]	0.580*** [0.050]	0.539*** [0.066]		0.381*** [0.068]	0.401*** [0.055]	
year		0.177*** [0.009]	0.086*** [0.016]	0.152*** [0.011]	0.073*** [0.017]	0.155*** [0.011]	0.168*** [0.012]
pov					−0.289*** [0.045]	−0.421*** [0.042]	−0.444*** [0.042]
subsidy * year			−0.129*** [0.038]	0.260*** [0.030]	−0.017 [0.041]	0.117*** [0.035]	0.205*** [0.035]
subsidy * pov					0.396*** [0.115]	0.200** [0.097]	
year * pov					0.053** [0.023]	−0.052** [0.021]	−0.050** [0.022]
subsidy * year * pov					−0.271*** [0.062]	0.129** [0.060]	0.196*** [0.064]
农村人口数量		0.013*** [0.001]	0.001 [0.001]	0.012*** [0.001]	0.001 [0.001]	0.012*** [0.001]	0.013*** [0.001]

（续表）

变量名	OLS		DID		DDD		
	模型(1)	模型(2)	模型(3)	模型(4)	模型(5)	模型(6)	模型(7)
人均预算内财政支出		0.022 [0.031]	0.583*** [0.088]	0.058 [0.040]	0.527*** [0.083]	0.033 [0.034]	0.056 [0.039]
财政自给率		0.201*** [0.047]	1.064*** [0.078]	0.099** [0.048]	0.960*** [0.083]	0.165*** [0.050]	0.063 [0.051]
专项转移支付		0.001 [0.001]	0.005*** [0.001]	0.001 [0.001]	0.005*** [0.001]	0.001** [0.001]	0.001 [0.001]
一般转移支付		0.004*** [0.000]	0 [0.001]	0.005*** [0.000]	0.002*** [0.001]	0.004*** [0.000]	0.005*** [0.000]
学生数		−0.292*** [0.024]	−0.303*** [0.018]	−0.286*** [0.024]	−0.319*** [0.018]	−0.283*** [0.025]	−0.285*** [0.025]
教职工数		3.562*** [0.441]	2.884*** [0.254]	3.644*** [0.447]	3.030*** [0.249]	3.614*** [0.439]	3.607*** [0.452]
县级固定效应		yes		yes		yes	yes
常数项	7.707*** [0.029]	6.882*** [0.034]	6.610*** [0.065]	6.993*** [0.037]	6.770*** [0.075]	6.937*** [0.038]	7.003*** [0.039]
样本量	2 421	2 421	2 421	2 421	2 421	2 421	2 421
R^2	0.141	0.935	0.678	0.932	0.705	0.937	0.933

注：（1）括号内为稳健性检验的标准误；（2）* $p<0.1$，** $p<0.05$，*** $p<0.01$。

表 9 农村初中生均预算内公用经费

变量名	OLS		DID		DDD		
	模型(1)	模型(2)	模型(3)	模型(4)	模型(5)	模型(6)	模型(7)
subsidy（补贴比例）	2.597*** [0.130]	2.302*** [0.166]	2.238*** [0.152]		1.789*** [0.163]	2.125*** [0.180]	
year		0.163*** [0.028]	0.322*** [0.027]	0.289*** [0.041]	0.284*** [0.029]	0.266*** [0.039]	0.336*** [0.042]
pov					−0.583*** [0.112]	−0.088 [0.135]	−0.203 [0.142]
subsidy * year			−0.690*** [0.068]	0.322*** [0.105]	−0.489*** [0.075]	−0.298*** [0.103]	0.171 [0.113]
subsidy * pov					1.424*** [0.325]	1.263*** [0.347]	
year * pov					0.234*** [0.040]	−0.027 [0.081]	−0.018 [0.086]
subsidy * year * pov					−0.633*** [0.116]	0.024 [0.212]	0.428* [0.244]
农村人口数量		−0.008*** [0.003]	0.001 [0.001]	−0.004 [0.003]	0.001 [0.002]	−0.003 [0.003]	−0.001 [0.003]

（续表）

变量名	OLS		DID		DDD		
	模型(1)	模型(2)	模型(3)	模型(4)	模型(5)	模型(6)	模型(7)
人均预算内财政支出		−0.230** [0.090]	0.538*** [0.104]	−0.07 [0.076]	0.516*** [0.103]	−0.188** [0.080]	−0.068 [0.073]
财政自给率		0.360** [0.153]	0.897*** [0.144]	−0.035 [0.159]	0.626*** [0.143]	0.212 [0.154]	−0.343** [0.165]
专项转移支付		0.008*** [0.002]	0.008*** [0.002]	0.003* [0.002]	0.007*** [0.002]	0.007*** [0.002]	0.003* [0.002]
一般转移支付		0.011*** [0.002]	0.007*** [0.001]	0.016*** [0.002]	0.006*** [0.001]	0.009*** [0.002]	0.015*** [0.002]
学生数		−0.516*** [0.078]	−0.090*** [0.032]	−0.556*** [0.082]	−0.104*** [0.032]	−0.518*** [0.076]	−0.529*** [0.079]
教职工数		6.659*** [1.564]	−1.556*** [0.458]	6.562*** [1.715]	−1.363*** [0.448]	6.167*** [1.534]	6.092*** [1.676]
县级固定效应		yes		yes		yes	yes
常数项	5.536*** [0.048]	5.023*** [0.106]	4.426*** [0.138]	5.198*** [0.121]	4.793*** [0.143]	5.044*** [0.120]	5.404*** [0.130]
样本量	2 421	2 421	2 421	2 421	2 421	2 421	2 421
R^2	0.189	0.729	0.48	0.689	0.496	0.736	0.693

注：（1）括号内为稳健性检验的标准误；（2）* $p<0.1$，** $p<0.05$，*** $p<0.01$。

首先，OLS的回归结果显示，“新机制”政策中央政府的补贴比例对农村初中生均预算内公用经费有着显著的正向影响[见表9模型(1)](2.597^{***})；在控制了地方经济、教育情况和县级固定效应后，这种影响依然显著为正[见表9模型(2)](2.302^{***})。

其次，DID的回归结果显示，在控制了地方经济和教育情况后，补贴比例对农村初中生均预算内公用经费的影响显著为负[见表9模型(3)](-0.690^{***})；不过，在进一步控制了县级固定效应后，这种影响变成显著为正[见表9模型(4)](0.322^{***})。

最后，DDD的回归结果与DID类似，在仅控制地方经济和教育情况时，补贴比例对农村初中生均预算内公用经费的影响显著为负[见表9模型(5)](-0.633^{***})；但是随着县级固定效应的加入，这种影响变成显著为正[见表9模型(7)](0.428^{*})。

五、结论与讨论

在本研究中，笔者使用DID和DDD的因果分析方法评估了“新机制”政策中央政府的补贴比例对教育经费的影响。由于因变量的划分比较详细和复杂，为了更加清晰和直观地呈现评估结果，笔者将实证结果中使用DID和DDD方法并严格控制了地区经济和教育情况且加入了县级固定效应后的政策“净效果”单独整理在表10中。

表10 政策“净效果”

学校类型	DID			DDD		
	生均预算内总经费	生均预算内事业费	生均预算内公用经费	生均预算内总经费	生均预算内事业费	生均预算内公用经费
农村小学	0.184^{***} [0.030]	0.162^{***} [0.029]	0.340^{***} [0.096]	0.233^{***} [0.057]	0.242^{***} [0.056]	0.630^{***} [0.236]
农村初中	0.291^{***} [0.031]	0.260^{***} [0.030]	0.322^{***} [0.105]	0.198^{***} [0.065]	0.196^{***} [0.064]	0.428^{*} [0.244]

注：$^{*}p<0.1$，$^{**}p<0.05$，$^{***}p<0.01$。

整体来看，“新机制”政策中央政府的补贴比例对农村小学和农村初中的各项生均教育经费均产生了显著的正向影响。分经费类型来看，无论是 DID 还是 DDD 的结果都显示，补贴比例对生均预算内公用经费的影响始终是最为稳定且显著的，且大于对生均预算内总经费和生均预算内事业费的影响。分学校类型来看，无论采用哪种推断方法，补贴比例对农村小学生均预算内公用经费的影响始终大于对农村初中生均预算内公用经费的影响。

同时，各控制变量的影响如下：

农村人口数对生均预算内总经费和生均预算内事业费呈现出比较稳定的显著正向影响，不过系数非常小，但是对生均预算内公用经费的影响基本不稳定。人均预算内财政支出对生均预算内公用经费的影响显著为负，对生均预算内总经费和生均预算内事业费的影响为正，但是显著性并不稳定。地方政府财政自给率对三类教育经费的影响均为正，且在大多数模型中显著。专项转移支付和一般性转移支付均对三类教育经费呈现出显著的正向影响。学生数对教育经费有显著的负向影响，但是教职工数对教育经费的影响却并不稳定，其基本特征是对农村初中各类经费有着显著的正向影响，但是对农村小学的影响正好与之相反。

值得讨论的是：

以东部六省的农村小学生均预算内教育经费为例，在 2006—2015 年这十年间，生均预算内总经费从 3 409.90 元增长到 13 009.33 元，增长率为16.04%；生均预算内事业费从 3 366.22 元增加到 12 889.99 元，增长率为 16.09%；生均预算内公用经费从 648.58 元增长到 3 263.68 元，增长率为 19.67%（见表 11）。生均预算内公用经费的增长比例是最大的，生均预算内总经费和生均预算内事业费的增长基本持平。从本研究的实证结果也可以看出，无论是采用 DID 还是 DDD 方法，“新机制”对生均预算内公用经费的影响都明显大于对生均预算内总经费和生均预算内事业费的影响。可以说，“新机制”对生均预算内教育经费增长的贡献是通过提高生均预算内公用经费来实现的，这在很大程度上实现了政策设计的目标之一——“提高农村义务教育阶段中小学公用经费保障水平”。但是，我们也必须看到伴随生均预算内公用经费较大规模增长的是生均预算内总经费和生均预算内事业费的较小增长，这在一定程度上也说明生均预算内公用经费的增长是以挤占了事业中人员经费为代价的，教育经费内部存在着结构性的挤占。

表 11 东部六省的农村小学生均预算内教育经费变化情况(2006—2015 年)

年 份	生均预算内总经费(元)	生均预算内事业费(元)	生均预算内公用经费(元)
2006 年	3 409.90	3 366.22	648.58
2007 年	4 606.00	4 508.91	1 043.10
2008 年	5 669.49	5 619.04	1 394.05
2009 年	6 778.74	6 653.17	1 444.64
2010 年	8 224.61	7 965.75	1 868.23
2011 年	9 567.55	9 511.00	2 681.85
2012 年	10 926.10	10 741.83	3 127.52
2013 年	11 675.21	11 554.23	3 493.56
2014 年	12 302.74	12 290.27	3 542.56
2015 年	13 009.33	12 889.99	3 263.68
增长率(%)	16.04	16.09	19.67

数据来源：《教育经费统计年鉴》(2006—2015)。

同时，研究也发现，使用 DDD 方法控制了“是否为贫困县”的情况后得到的政策影响系数要比使用 DID 方法时得到的系数更大(农村初中生均预算内总经费和生均预算内事业费的影响除外)。这说明“新机制”政策的补贴比例对贫困县的影响要比对非贫困县的积极作用更大，也就是说在同等补贴比例(各省内的所有县获得的来自中央的补贴比例都相同)的情况下，同省内的贫困县预算内教育经费支出水平会高于其他非贫困县(贫困县带来的正向“外溢效应”)。直观来看，“新机制”政策确实在很大程度上实现了促进教育均衡、缩小省内差异的目标。但是其背后的作用机制可能是复杂和深刻的。一方面，这种效果可能是由于样本时期内贫困县获得更多的政府专项扶贫补助，使其县域内经济整体向好，其他公共部门支出对教育支出的挤占减少；另一方面，即便是着眼于“新机制”政策本身，贫困县政府（非贫困县也是如此）实际获得的财政补贴比例并不仅仅来源于中央政府，也来源于省级政府和地市级政府。省级、地市级政府的负担比例，以及省与地市级政府、地市级与县级政府的分权形式、分权依据，都会对政策实施效果产生影响。在未来的研究中，应更加全面和深入地对政策背后的作用机制和影响效果进行分析，应关注不同地区在政策执行上的差异对政策效果的影响，应探索地方经济规模、产业特征以及教育发展阶段、水平和结构等因素对政策实施效果的影响，从而使政策的实施更加本地化，因地制宜、因时制宜地切实改善教育发展的面貌。

参考文献

[1] 刘叶，哈巍.“新机制”对我国东部农村学校教育经费支出的影响——基于东部六省面板数据的实证研究[J].教育科学研究，2020(1)：46－54.

[2] 刘明兴.关于中央财政转移支付体系改革的若干政策建议[M]//王蓉，魏建国.中国教育财政政策咨询报告(2010—2015).北京：教育科学出版社，2015：3－13.

[3] Tsang Mun, & Henry M. Levin. The Impact of Intergovernmental Grants on Educational Expenditure[J]. Review of Educational Research, 1983, 53(3): 329－367.

[4] Murray Sheila E., William N. Evans, & Robert M. Schwab. Education-finance Reform and the Distribution of Education Resources [J]. American Economic Review, 1998: 789－812.

[5] Gordon Nora. Do Federal Grants Boost School Spending? Evidence from Title I [J]. Journal of Public Economics, 2004, 88(9): 1771－1792.

[6] Baicker Katherine, & Nora Gordon. The Effect of State Education Finance Reform on Total Local Resources[J]. Journal of Public Economics, 2006, 90(8): 1519－1535.

[7] 梁文艳，胡咏梅.“新机制”实施前后农村义务教育财政公平性研究[J].教育研究，2013(8)：61－69.

[8] 卢珂.“新机制”对教育财政资源均衡配置的影响评价——基于配对模型的估计[J].北京大学教育评论，2014(1)：156－166＋192.

[9][18] 赵海利.“新机制”对地区间义务教育投入差距的影响研究[J].教育发展研究，2015(2)：61－68.

[10] 杨晋，哈巍，伍银多.财力性转移支付对县域义务教育支出的影响——基于西部县级数据的分析[J].教育学术月刊，2017(7)：13－22.

[11] 黄斌，苗晶晶，金俊.“新机制”改革对农村中小学公用经费的因果效应分析——基于准

实验研究设计[J].中国教育学刊,2017(11):38-46.

[12][17] 哈巍,刘叶."新机制"政策对教育支出的影响——基于中国农村省级面板数据的实证研究[J].教育经济评论,2018(7):45-63.

[13][16] 孙志军,杜育红,李婷婷.义务教育财政改革:增量效果与分配效果[J].北京大学教育评论,2010(1):83-100+190-191.

[14] 赵海利.义务教育专项转移支付与投入均衡——基于浙江省的数据分析[J].教育研究,2017(9):46-54.

[15] 杨晋,哈巍.新机制改革对义务教育经费支出水平及其结构的影响研究——基于中西部县级短面板数据的估计[J].教育发展研究,2017(8):46-55.

[19] 姚耀军.双重差分与三重差分模型:一个简明介绍[J].经济资料译丛,2019(1):24-28.

作者简介

刘　叶　辽宁师范大学教育学院讲师

哈　巍　北京大学教育学院副院长,长聘副教授,博士生导师

电子邮箱

liuye__mm@126.com

wha@pku.edu.cn

Chapter 5

有条件的现金转移支付资助承诺项目对贫困学生社会信任的影响研究*

易红梅　刘山山　何　婧

摘　要： 大量的研究发现，助学金项目显著提高了发展中国家贫困学生的入学率，提高了学生的学习成绩，促进了教育公平。但是，鲜有研究关注助学金项目对贫困学生社会信任的影响，相关的讨论也并没有得出一致结论。本研究基于2010—2016年对陕西和河北两省15个贫困县132所学校1 892名贫困学生的追踪调查，评估了一项高中助学金项目对我国农村贫困学生社会信任的影响。研究发现，助学金项目显著提高了贫困学生信任他人的可能性，增强了贫困学生对政府、银行等公共机构的信心；此外，成绩越好的学生更可能信任他人，对公共机构也更有信心，但同年级中年龄越大的学生信任他人和对公共机构有信心的可能性越小。定性访谈的结果揭示，该助学金项目提升贫困学生社会信任的途径可能有三个：第一，助学金提供的资助本身让贫困学生心存感激；第二，项目资助方从对贫困学生作出资助承诺到完全兑现承诺历时6年，亲历履约过程培养了贫困学生的社会信任；第三，项目为贫困学生创造了更多与他人交流的机会，为其建立社会信任提供了条件。本研究的发现为政府部门推行助学金政策提供了支持依据。

关键词： 助学金；承诺；社会信任；贫困学生

一、引言

教育公平，关乎国民整体素质的提高和社会稳定，深受党和国家的重

* 本文系国家自然科学基金优秀青年科学基金项目(71922001)和国家自然科学基金面上项目(71573246)的部分成果。

视。党的十九大报告指出，要“努力让每个孩子都能享有公平而有质量的教育”。李克强总理在作2019年政府工作报告时提出，要“发展更加公平更有质量的教育”。贫困生助学体系建设是实现教育公平的重要手段，对减轻贫困家庭经济负担，增加贫困学生受教育机会，促进教育事业发展具有重要意义。[1]

“有条件的现金转移支付”(conditional cash transfer，简称CCT)项目是发展中国家广泛采用的通过对贫困群体进行现金转移支付从而提升贫困人口人力资本，减少不平等，打破贫困代际传递的助学政策。[2]大量研究发现，CCT项目显著提高了发展中国家贫困学生的入学率以及贫困学生的学习成绩，促进了教育公平。但是，鲜有研究关注助学金项目对贫困学生社会信任的影响。

社会信任是社会资本的重要组成部分，[3][4][5]是指个人普遍意义上对他人或其他主体的信任，信任的对象可以是人，也可以是机构或者制度。[6][7]社会信任问题是社会科学领域的重要议题。[8][9]相关研究发现，个人的社会信任与自身所处的社会经济地位、受教育程度等因素密切相关，对促进个人发展、增加社会凝聚力和促进国家发展至关重要。[10][11][12][13]贫困学生所处的社会经济地位相对较低，他们的内心可能更为脆弱敏感，更容易产生自卑、抵触、不平衡等负面心理，在日常人际交往过程中也更容易焦虑和不安。这会影响他们社会关系的正常建立，甚至可能使他们面临严重的人际信任危机。[14][15]

但是，学术界目前关于CCT项目对学生社会信任的影响研究较少，而且没有得出一致的结论。在墨西哥、哥伦比亚和美国等国进行的一些研究发现，CCT项目有助于促进贫困群体的社交参与，改善其社会关系，增强其对相关机构的信心。[16][17][18][19][20]不过，在秘鲁进行的研究显示，CCT项目虽然提高了受助者对相关机构的信任，但是对受助者的社会参与状况没有显著影响，而且降低了未被资助群体对相关机构的信任。[21]

从影响机制来看，CCT项目可能通过三个途径对受助者的社会信任产生影响。第一，一些项目的特定参与条件(例如，要求受助者定期参加集会、课程）给受助者之间的交流创造了条件，增加了他们与他人和社会的接触。[22][23]第二，根据收入效应，CCT 项目提供的资助提高了受助者自主参加社交活动的经济能力，增加了他们参与社交活动的可能性。[24]第三，接受资助促进了受助者和相关机构的联系，加深了他们对相关机构的了解。同时，被选为资助对象并获得实际帮助，有助于受助者产生感恩心理，这种感恩的心态会形成正向的溢出效应，加深受助者与相关工作人员及相关机构的关系，增强受助者对社会和他人的信赖程度。[25][26]

目前，CCT 项目在我国仍处于探索阶段，它是否能够有效提高我国贫困学生的社会信任仍有待研究。本研究设计了一项特殊的 CCT 项目①，它特有的较长时期的承诺兑现行为是否会有助于受资助学生信任关系的建立值得我们探索。因此，本文的目标是评估 CCT 资助承诺项目对我国贫困学生社会信任的影响。首先，本文将描述样本学校七年级学生的社会信任现状，包括他们对他人的信任现状和对公共机构的信任现状。其次，本文将描述是否获得 CCT 资助承诺项目与学生社会信任之间的简单相关关系。最后，本研究将评估是否获得 CCT 资助承诺项目对学生社会信任的影响。本文的结论对政府部门完善助学体系建设具有决策参考价值。

本文第二部分介绍研究方案，包括研究设计、干预实施和数据收集；第三部分描述研究方法及模型估计策略；第四部分报告主要研究结果；第五部分进行总结并提出相应的政策建议。

二、 研究方案设计

1. 研究设计

本文使用的数据来自中国科学院农业政策研究中心和北京大学教育

① CCT 资助承诺项目通过承诺的形式提前告诉受资助者，当且仅当他们在未来某一时期接受更高层次的教育时，他们就能在未来上学期间获得确定金额的资助，它延长了承诺和资助之间的时间间隔，提前给受资助学生吃了一枚“定心丸”，避免其因对未来上学成本的担忧而过早放弃努力或在选择学校与专业时作出次优选择。

财政科学研究所联合开展的研究项目。2010 年 10 月,研究团队首先在陕西省和河北省选择了 15 个贫困县 132 所具有代表性的样本学校。样本学校七年级所有班级的全部学生都被纳入为研究对象,一共 473 个班级 19 797 名学生。研究团队从每个班级识别出班级中最贫困的 4 名学生,共 1 892 人(见图 1)。

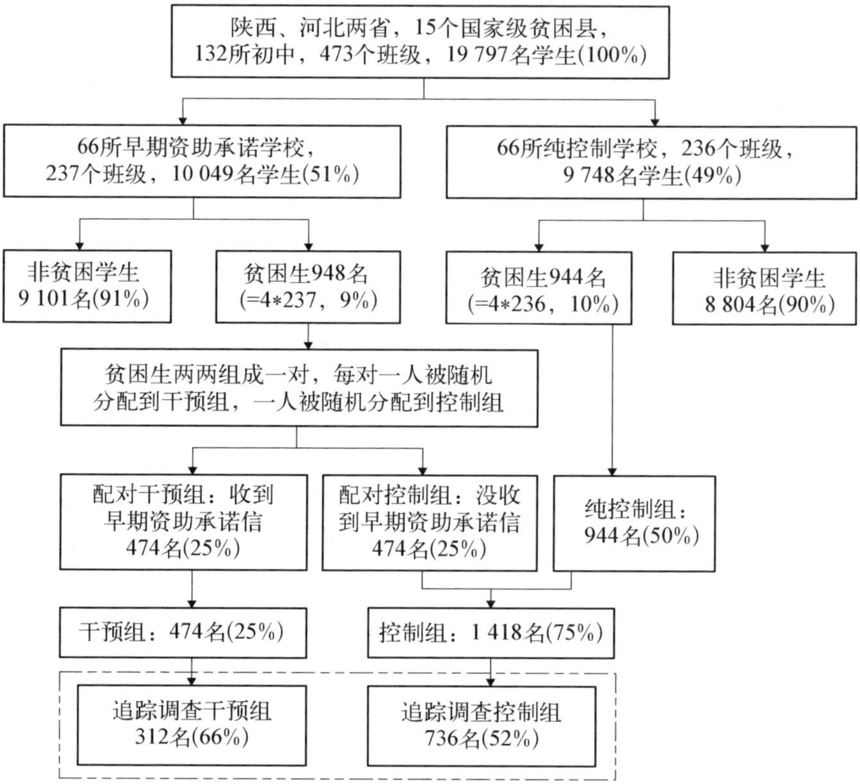

图 1 研究设计与样本追踪图

资料来源:作者调查。

团队将识别出的贫困学生随机分成了三组:纯控制组、配对控制组和配对干预组(见图 1)。其中,纯控制组有 944 名学生,配对控制组有 474 名学生,配对干预组有 474 名学生。配对干预组的学生收到了研究团队的 CCT 资助承诺项目研究团队的承诺书。承诺书指出,如果该生在三年后上了普高或者中职，研究团队将在该生高中阶段三年期间每年给予该生1 500元的资助。纯控制组的学生和配对控制组的学生则没有收到任何承诺，而且对 CCT 资助承诺项目并不知情。由于前期的研究中并没有发现 CCT 资助承诺项目产生任何溢出效应，[27][28]本研究中将把纯控制组和配对控制组合并来分析，以下简称控制组。①

通过随机分配，控制组的学生和干预组的学生在绝大部分个人特征、父母特征和家庭经济状况等方面并没有显著的差异（参见研究团队关于 CCT 资助承诺项目影响的另一篇文献）。[29]但是，干预组学生中男生更多，标准化数学测试成绩更好，母亲的健康状况更差。为控制这些差异，后面的模型估计将把基线特征作为控制变量加入模型中。

2016 年 12 月至 2017 年 2 月期间，研究团队进行了一次追踪调查，这也是本文结果变量的数据来源。2016 年底，样本学生已经就业或者正在上大学，地理位置分散，因此这次调查主要通过电话访谈和网络问卷的形式进行。这轮调查一共有 1 048 名样本学生（55%）完成了关于社会信任的相关问题。其中，干预组学生追踪到 312 人，追踪比例为 66%；控制组学生追踪到 736 人，追踪比例为 52%。和没有追踪到的学生相比，追踪到的学生年龄更小，计划初中毕业后上普高的比例更高，标准化数学考试成绩更高（见附表 1）。

2. CCT 资助承诺项目及其执行情况

2010 年 12 月，研究团队到 CCT 资助承诺项目学校，与学校负责人及干预组的每个学生签署了 CCT 资助承诺项目三方协议。协议中明确规定了资助条件、资助额度和资助发放的时间。根据 CCT 资助承诺项目协议，如果干预组的学生能够在 2013 年 9 月顺利升入高中，研究团队将在

① 关于样本学校选取、贫困生识别以及随机分配的详细信息参见：Yi Hongmei，Song Yingquan，Liu Chengfang，et al. Giving Kids a Head Start：The Impact and Mechanisms of Early Commitment of Financial Aid on Poor Students in Rural China［J］. Journal of Development Economics，2015，113(Suppl)：1－15.[24]

他们高中阶段的每学年开始之际，提供 1 500 元/人的现金资助，希望基本解决贫困学生上高中的学费问题。[①] 同时，为了避免对控制组的学生产生影响，协议的签署只有学校负责人、研究团队代表、学生和学生家长参与，研究团队对项目学校负责人及受资助学生明确强调，不能将自己受资助的信息告诉其他同学。协议一式三份，研究团队、项目学校和干预组学生各执一份。

CCT 资助承诺项目协议签署后，研究团队在 2011 年 2 月到 2013 年 6 月期间每学期定期联系干预组学生。定期联系的目的主要有两个：第一，提醒干预组学生 CCT 资助承诺项目合同持续有效，鼓励他们努力学习；第二，提醒干预组学生对 CCT 资助承诺项目严格保密，尽可能避免对其他同学造成影响。

2013 年 9 月，CCT 资助承诺项目开始兑现资助。在 2013—2015 年每年的 9 月份（每学年开学之际），研究团队都会致电上一次联系时仍旧在校的干预组学生，收集学生入学证明材料。在收到干预组学生所在学校开具的在学证明后，立即将 1 500 元汇到学生或学生家长的银行账户上。2015 年 9 月，研究团队完成了对干预组学生的最后一轮资助汇款。

3. 数据收集

2010 年 10 月，研究团队前往样本学校对学生进行了实地调查。每个样本学生首先接受了一项 30 分钟的标准化数学测试。接着，每个学生填写了一份学生问卷。学生问卷主要包括三个模块。第一模块收集了学生个人和家庭的基本信息，包括学生的年龄、性别、兄弟姐妹个数、父母受教育程度、父母身体健康情况以及父母有无外出打工经历。第二模块列出一份农村家庭常见资产清单，让学生一一核对自

① 关于 CCT 资助承诺项目对贫困学生高中完成情况的影响的评估参见下文：易红梅，何婧，张林秀．有条件的现金转移支付承诺对贫困学生高中完成情况的影响研究[J]．北京大学教育评论，2019，17(2)：149－166＋191－192.

己家是否有这些资产。基于这些信息，我们在每个班级确定了最贫困的 4 名学生①。第三模块询问了学生初中毕业后的打算：上普高，上中职，没有想好或者直接就业。

2016 年 12 月，研究团队对样本学生进行了一轮电话追踪调查，调查的主要目的之一是收集学生的社会信任现状。我们询问了学生以下两个问题："总体来说，您觉得大部分的人能够信任还是待人需要谨慎"（单选题，如果学生回答"大部分的人需要谨慎对待"，则认为该生不信任他人，取值为 0；如果学生回答"大部分的人可以相信"，则认为该生信任他人，取值为 1）。"您对以下几种社会机构的管理者是否有信心？ 1. 学校；2. 媒体；3. 银行；4. 政府"（单选题，如果学生回答"完全没有信心""比较没有信心"或"一般"，则认为该生对公共机构没有信心，取值为 0；如果学生回答"比较有信心"或"完全有信心"，则认为该生对公共机构有信心，取值为 1）。这几个问题直接取自美国综合社会调查（General Social Survey，简称 GSS）和世界价值观调查（World Values Survey，简称 WVS），它们的使用对象是 18 周岁及以上人群。自 20 世纪 80 年代以来，已有 40 多个国家采用了这些问题。在我国，高虹、陆铭（2010）[30]，李涛、黄纯纯、何兴强、周开国（2008）[31]分别将其作为度量城市居民和农村劳动力社会信任的指标，李凡（Fan Li）等（2017）[32]用其测量了贫困学生的社会信任。

2017 年底，研究团队在 2016 年追访到的学生中随机抽取了 58 名进行面对面的深度访谈。在深度访谈的学生中，有 27 名（47%）是干预组学生，31 名（53%）是控制组学生。深度访谈的主要内容之一是了解学生在上初中时是否获得过助学金（包括 CCT 资助承诺项目研究团队提供的资助），如果学生回答有，研究团队会进一步要求学生详细介绍具体是什么资助，学生和家人对此资助的态度及该资助对学生家庭的影响。此外，我们还询问了学生对现在的生活是否满意，如果陌生人遇到困难是否愿意

---

① 研究团队还请每个样本班级的班主任列出本班最贫困的四名学生的名单。研究团队将班主任排名与学生问卷收集的学生资产信息综合起来识别了每个班最贫困的四名学生。总体来说，班主任提供的排名和根据学生资产信息列出的排名一致率在 90%以上。

给他们捐款，以及认为这个社会是否公平等问题。

三、 研究方法

本文采用了描述性统计和多元回归分析相结合的方法。具体而言，针对第一、第二个研究目标，本文采用了描述性统计方法，进行均值比较和独立样本 t 检验；针对第三个研究目标，本文采用了多元回归分析的方法。随机干预试验（randomized controlled trial，简称 RCT）的设计确保本文采用普通的多元回归（Logistic）模型和简单线性回归模型就能识别出 CCT 资助承诺项目对贫困学生社会信任的影响。但是，考虑到 2016 年追踪调查中的样本损耗可能导致的结果偏误，本文除了报告普通多元回归模型的估计结果外，还将报告加权的多元回归模型估计结果。最后，为了保证结果的一致性和稳定性，本文还进行了稳健性分析。

1. 未加权的多元回归模型

本文采用 RCT 评估 CCT 资助承诺项目对中西部农村贫困学生社会信任的影响。RCT 通过随机分配保证干预组和控制组在干预之前不存在显著差异，从而通过比较两个组在评估时结果变量的差异就能识别出项目的影响，通常被认为是影响评估的“黄金准则”。为了提高估计的精度，构建回归模型时将控制学生的基线特征。在基本的回归模型中，纳入分析的样本仅包括基线和 2016 年追踪调查时回答了社会信任相关问题的样本学生。

本文关注的结果变量包括学生是否信任他人（二元变量，0 = 否，1 = 是）和学生是否对公共机构有信心（二元变量，0 = 否，1 = 是）。公共机构分别包括学校、媒体、银行和政府四类。为了简化指标和提高分析效率，本文采取了主成分分析法进行整合，将其变成一个连续型变量。

针对二元结果变量，本文采用普通的 Logistic 模型进行分析。具体模型设定如下：

$$Pr(Y=1 \mid X)=\pi(T, X) \quad (1)$$

$$g(X)=\ln\left[\frac{\pi(T, X)}{1-\pi(T, X)}\right]=\alpha+\beta T_i+\gamma X_{i0}+\varepsilon_i \quad (2)$$

其中，Y 表示学生是否信任他人；T_i 表示学生是否为干预组学生（0 = 控制组学生，1 = 干预组学生）；X_{i0} 包括学生基线个人特征、父母特征和家庭特征，具体为学生性别、年龄、初中毕业后的打算、数学成绩、父母受教育年限、父母是否外出打工、兄弟姐妹个数以及家庭资产价值；ε_i 是随机误差项。

对连续型结果变量，本文采用简单线性回归模型进行分析。具体模型设定如下：

$$Y_{it}=\alpha+\beta T_i+\gamma X_{i0}+\varepsilon_i \quad (3)$$

其中，Y_{it} 表示学生对公共机构有信心的主成分指标。结合特征值图和主成分方差累计贡献率，我们选择保留第一个主成分纳入回归模型，取值越大表示越信任。① T_i、X_{i0} 和前面一致，这里不再赘述。ε_i 是随机误差项。

2. 加权多元回归模型

本文将在分析中通过调整观察值的权重来矫正样本损耗的问题，这也是处理复杂抽样设计多期追踪调查数据中的非应答样本损耗的常用方法。[33]设置权重的具体操作包括三步：首先，通过学生的基线调查信息预测每位学生在追踪调查时被追踪到的概率；其次，对预测的概率进行排序，计算每个十分位内预测概率的均值；最后，用均值的倒数作为分析的权重。[34]

3. 稳健性分析

为了保证结果的稳定性和一致性，本文进行了稳健性检验。具体来说，我们利用两种不同的匹配方法生成新的子样本，进行多元回归分析。

第一种匹配的方法是依据试验最初的分组设计。在所有的 CCT 资

① KMO＝0.766，Barlett 球形检验 p 值<0.001，第一主成分特征值 2.38，解释了方差的 60%。

助承诺项目覆盖的学校里，每名干预组学生都有一名自己的配对控制组同学。现在，我们仅保留那些完成了社会信任相关调研问题并能够“成对”的学生（每一对学生中，只要有一人没有追踪上，两人都不纳入子样本）构成一个子样本，再次进行多元回归分析，以此作为稳健性检验。最终，我们得到 198 对（378 名学生）干预组和控制组学生的子样本。

第二种匹配的方法是利用倾向得分匹配的方法，基于基线特征为每个干预组学生找到一名最为接近的控制组配对学生。[35]我们根据样本数据，通过参数估计的方法计算每个个体的倾向得分，并依照倾向得分度量个体之间的距离，然后在控制组中为每一名干预组学生找到最接近的“配对”。在具体的操作中，我们只保留倾向得分重叠的部分，去掉那些倾向得分过高和过低的样本以提高匹配质量。通过 1∶1 匹配，我们得到一个包含 624 名学生的子样本。

四、 主要结果

1. 贫困学生社会信任现状分析的结果

总体来看，贫困学生信任他人的比例并不高。描述性统计结果显示（见表 1），仅 57%的贫困学生选择信任他人，对公共机构有信心的主成分得分均值为 −0.00。经过权重调整之后，这两个变量的均值均有所下降。此时，贫困学生选择信任他人的比例为 56%，对公共机构有信心的主成分得分均值为 −0.03。

表 1 贫困学生的社会信任现状

	信任他人	对公共机构有信心
未调整权重	0.57 (0.50)	−0.00 (1.54)
调整权重之后	0.56 (0.02)	−0.03 (0.05)

资料来源：作者调查。

我们将样本学生分成干预组和控制组比较社会信任现状。结果发现（见表2），和控制组的学生相比，干预组的学生在信任他人方面表现得更好，其信任他人的比例比控制组学生高9%，而且差异在统计上显著。此外，干预组的学生在对公共机构有信心方面也表现得更好。调整权重之后，依然得到相同的结论。

表2　干预组和控制组学生的社会信任比较

	控制组 (1)	干预组 (2)	差异 (3)=(2)−(1)
观察值个数	736	312	
未调整权重			
信任他人	0.54 (0.50)	0.63 (0.48)	0.09*** (0.03)
对公共机构有信心	−0.09 (1.53)	0.21 (1.56)	0.30*** (0.10)
调整权重之后			
信任他人	0.53 (0.02)	0.62 (0.03)	0.11** (0.03)
对公共机构有信心	−0.12 (0.06)	0.18 (0.09)	0.30*** (0.11)

资料来源：作者调查。

注：(1) ** $p<0.05$，*** $p<0.01$；(2) 所有的标准误都在学校层面进行聚类调整。

2. CCT资助承诺项目对贫困学生社会信任的影响研究

由于干预开始前干预组学生和控制组学生在性别、成绩等方面存在统计显著差别，两组均值的简单对比可能并不能反映CCT资助承诺项目与学生社会信任之间的因果关系。为此，本文采用了多元回归模型识别两者之间的因果关系。普通多元回归的结果如表3的（1）、（2）列所示，调整权重之后的回归结果如表4的（3）、（4）列所示。研究发现，获得CCT

资助承诺项目的贫困学生信任他人的可能性是未获得 CCT 资助承诺项目的贫困学生的 1.42 倍。根据表 3 的回归结果,我们还发现,成绩越好的学生信任他人的可能性更高,但年龄越大越不太可能信任他人。同时,CCT 资助承诺项目将学生对公共机构的信心显著提高了 0.27 个单位。类似地,成绩越好的学生对公共机构越信任,但是年龄越大对公共机构就越不可能信任。

表 3 CCT 资助承诺项目对贫困学生社会信任的影响

	未加权多元回归模型		加权的多元回归模型	
	信任他人(1)	对公共机构有信心(2)	信任他人(3)	对公共机构有信心(4)
CCT 资助承诺项目	1.42** (0.20)	0.27*** (0.10)	1.42** (0.21)	0.26** (0.11)
学生个人特征				
年龄	0.87** (0.06)	-0.12** (0.05)	0.89* (0.06)	-0.10* (0.06)
男生	0.97 (0.13)	-0.04 (0.10)	0.97 (0.13)	0.01 (0.10)
计划初中毕业后上普高	1.10 (0.31)	-0.03 (0.21)	1.22 (0.35)	0.05 (0.21)
计划初中毕业后上中职	0.76 (0.24)	-0.18 (0.24)	0.89 (0.29)	-0.11 (0.24)
目前还没有计划	1.16 (0.33)	-0.23 (0.21)	1.27 (0.37)	-0.14 (0.21)
标准化数学考试成绩	1.29*** (0.09)	0.11** (0.05)	1.28*** (0.09)	0.11** (0.05)
父母个人特征				
母亲受教育年数	1.00 (0.02)	-0.01 (0.02)	0.99 (0.02)	-0.01 (0.02)

（续表）

	未加权多元回归模型		加权的多元回归模型	
	信任他人(1)	对公共机构有信心(2)	信任他人(3)	对公共机构有信心(4)
父亲受教育年数	0.98 (0.02)	0.01 (0.02)	0.99 (0.02)	0.02 (0.02)
母亲健康状况良好	1.24 (0.20)	−0.05 (0.12)	1.27 (0.21)	−0.07 (0.12)
父亲健康状况良好	0.76* (0.12)	−0.07 (0.12)	0.77 (0.12)	−0.09 (0.12)
母亲曾外出务工	0.90 (0.13)	−0.16 (0.10)	0.89 (0.13)	−0.17 (0.10)
父亲曾外出务工	1.23 (0.21)	0.10 (0.13)	1.22 (0.22)	0.14 (0.13)
学生家庭特征				
兄弟姐妹个数	1.14 (0.09)	0.05 (0.06)	1.18* (0.10)	0.07 (0.06)
家庭资产价值	0.96 (0.02)	0.00 (0.02)	0.95* (0.02)	0.00 (0.02)
样本量	1 048	1 048	1 048	1 048

资料来源：作者调查。

注：表格中第(1)、(3)列报告的是比值比(odds ratio，简称 OR)，括号中报告的是标准差；* $p<0.1$，** $p<0.05$，*** $p<0.01$。

本研究基于匹配进行的稳健性分析得出类似结果。基于两种匹配样本进行的分析结果如表 4 所示。和基于未匹配样本进行的分析结果相比，匹配之后，CCT 资助承诺项目对“信任他人”和“对公共机构有信心”两个结果变量的影响仍然显著，并且系数变得更大。因此，可以认为，本文就 CCT 资助承诺项目对贫困学生社会信任的影响研究得出的结论具有稳健性。

表 4 CCT 资助承诺项目对贫困学生社会信任的影响(匹配后的样本)

	基于倾向得分方法的匹配样本		基于原始分组设计的匹配样本	
	信任他人(1)	对公共机构有信心(2)	信任他人(3)	对公共机构有信心(4)
CCT 资助承诺项目	1.62*** (0.26)	0.30** (0.12)	1.41** (0.24)	0.35** (0.16)
学生个人特征				
年龄	0.86* (0.08)	−0.14** (0.06)	0.87 (0.08)	−0.08 (0.07)
男生	0.88 (0.15)	0.02 (0.13)	1.05 (0.15)	−0.07 (0.12)
计划初中毕业后上普高	1.10 (0.40)	0.19 (0.27)	1.30 (0.53)	0.06 (0.25)
计划初中毕业后上中职	0.92 (0.38)	0.16 (0.30)	0.95 (0.41)	−0.13 (0.35)
目前还没有计划	1.19 (0.43)	−0.01 (0.27)	1.19 (0.49)	−0.07 (0.29)
标准化数学考试成绩	1.27*** (0.11)	0.06 (0.07)	1.43** (0.12)	0.11 (0.07)
父母个人特征				
母亲受教育年数	1.02 (0.03)	−0.03 (0.02)	0.99 (0.02)	−0.00 (0.02)
父亲受教育年数	0.96 (0.03)	0.02 (0.02)	0.99 (0.03)	−0.00 (0.02)
母亲健康状况良好	0.98 (0.21)	−0.11 (0.16)	1.04 (0.21)	−0.12 (0.15)
父亲健康状况良好	0.87 (0.18)	−0.08 (0.15)	0.64*** (0.13)	0.03 (0.15)
母亲曾外出务工	0.93 (0.17)	0.07 (0.13)	1.04 (0.22)	−0.15 (0.14)

（续表）

	基于倾向得分方法的匹配样本		基于原始分组设计的匹配样本	
	信任他人（1）	对公共机构有信心（2）	信任他人（3）	对公共机构有信心（4）
父亲曾外出务工	1.55* （0.35）	0.04 （0.17）	1.47** （0.28）	0.17 （0.17）
学生家庭特征				
兄弟姐妹个数	1.06 （0.11）	0.04 （0.07）	1.01 （0.11）	0.02 （0.08）
家庭资产价值	0.96 （0.03）	0.02 （0.03）	0.96 （0.03）	0.00 （0.03）
样本量	624	624	378	378

资料来源：作者调查。

注：表格中第（1）、（3）列报告的是比值比，括号中报告的是标准差；* $p<0.1$，** $p<0.05$，*** $p<0.01$。

3. CCT资助承诺项目对贫困学生社会信任的影响机制探讨

虽然不能进行实证检验，但我们通过深度访谈进一步理解了CCT资助承诺项目对学生社会信任产生影响的作用机制。在访谈时，我们询问了学生在刚开始收到CCT资助承诺项目研究团队的承诺合同时对CCT资助承诺项目的看法。一些学生明确表示，刚收到资助承诺合同时是半信半疑的，例如：

> 父母一开始以为你们的资助合同是假的。（学生编码：2201503）
>
> 当时觉得无所谓，拿到资助的时候有点开心。（学生编码：2303209）
>
> 开始觉得这种好事怎么能轮到我呢，从来没拿到过外来财，收到之后更是觉得要好好学习。（学生编码：2501014）

我们还询问了学生是否认为我们提供的资助有帮助，一些学生提及：

虽然钱不多，但肯定是能帮家里减轻一些经济负担。（学生编码：1509211）

作用虽然不大，但是总比没有强。（学生编码：1324335）

从这些访谈可以看出，研究团队如期兑现承诺、发放资助的行为，不仅给他们带来了一定的帮助，也提高了他们对他人和公共机构的信任。本文认为CCT资助承诺项目对贫困学生社会信任产生影响的机制主要表现在三个方面。

第一，干预组学生会因为被选为资助对象且获得实际帮助而对相关人员和机构心存感激，这有助于提高贫困学生的社会信任。道德情绪理论认为，感恩由道德行为产生，又会进一步激励和强化道德行为。[36]资助者对受助者提供帮助的道德行为，会激发受助者的感恩，从而使受助者对资助者甚至陌生人有更多的亲社会行为，进而提高贫困学生的社会信任。定性访谈的数据也进一步显示，CCT资助承诺项目显著增加了学生的其他亲社会行为。例如：对生活感到满意的干预组学生比例（85%）显著高于控制组学生（71%）；觉得社会公平的干预组学生比例（67%）也显著高于控制组学生（55%）；如果陌生人遇到困难，干预组学生（85%）比控制组学生（71%）更愿意给他们捐款。

第二，CCT资助承诺项目从作出承诺到兑现承诺历时6年，如期兑现承诺的过程和事实培养了贫困学生的社会信任。刘太刚和林孙俊（2013）[37]提出了“承诺—兑现”模型来阐释信任的生成机制，他们认为，信任的本质是信任主体对信任对象将会兑现承诺的心理预期，这种心理预期源于信任对象承诺—兑现的反复展现。CCT资助承诺项目长时间的资助行为使贫困学生亲历履约过程，培养了贫困学生的社会信任。

第三，CCT资助承诺项目兑现的过程为贫困学生创造和提供了一些与他人接触和交流的机会，帮助学生建立了社会信任。虽然我们对CCT资助承诺项目是否增加了学生与周围人群的交流并不清楚，但是每年在资助发放结束后，项目组经常会接到受资助学生打来的致谢电话，收到一些学生邮寄过来的花生等土特产品，甚至一些学生在学习生活中遇到问题时也会打电话咨询项目组。项目组与学生的互动对帮助学生建立社会信任具有积极意义。

五、 结论及政策建议

贫困学生由于其所处的社会经济地位和受教育程度相对较低，更容易产生自卑、抵触、不平衡等负面心理，这不利于他们社会信任关系的正常建立。有效提升贫困学生的社会信任，则有助于促进教育公平和维护社会稳定。因此，本文基于 2010—2016 年间对陕西和河北两省 15 个贫困县 132 所学校 1 892 名七年级贫困生的追踪调查数据，评估 CCT 资助承诺项目对贫困学生社会信任的影响。

分析结果发现，CCT 资助承诺项目有助于提高贫困学生信任他人的可能和对公共机构的信任。此外，成绩越好的学生更可能信任他人，对公共机构也更有信心，但是随着年龄的增加，学生信任他人和公共机构的可能性则越来越小。另外，定性访谈的结果揭示，该项目提升贫困学生社会信任的途径可能有三个：第一，助学金提供的资助本身让贫困生心存感激，提高了贫困学生的社会信任；第二，项目资助方从对贫困生作出资助承诺到完全兑现承诺历时 6 年，亲历履约过程培养了贫困生的社会信任；第三，项目创造和增加了贫困生与他人交流的机会，为其建立社会信任提供了条件。不过，这些机制有待实证研究进行验证。

根据上述发现，本文提出以下政策建议：

第一，政府要继续支持贫困学生助学体系建设，加大助学投入。虽然我们前期的研究发现，CCT 资助承诺项目对提高贫困学生的高中完成率没有显著影响，但是提供助学金可以显著提高贫困学生的社会信任，这对贫困学生建立正常的社会关系和维护社会稳定具有重要意义。因此，应该进一步提高贫困学生助学金的额度和覆盖率。

第二，政府应鼓励多主体的助学行为，构建多主体参与的资助体系。应充分发挥政府、企业、民间组织和个人等多方力量，这既有助于减轻财政压力，也可以增加学生和多维度的社会主体接触的机会，有助于帮助他们建立社会信任。

第三，丰富助学项目的内容。除了发放资金之外，助学项目也要注重和学生的良性互动。例如，定期电话回访跟进贫困学生的现状，及时了解他们的需求，适当提供必要的心理辅导，让他们感受到关爱。组织贫困学生参与公益活动，把感恩教育无形地融入活动之中，通过正向的教育引导，激发贫困学生融入社会、反哺社会的行为，逐步深化、培养贫困学生的社会信任。

第四，完善资助项目的管理工作。通过自身信誉的建立对贫困学生社会信任的形成产生示范效应，[38]促进贫困学生对社会信任的感知、体验和内化。

附表

附表 1　2016 年追踪到的学生和未追踪到的学生基线特征比较

	未追踪到的学生(1)	追踪到的学生(2)	差异(3)=(2)−(1)
观察值个数	844	1 048	
学生个人特征			
年龄	13.70 岁 (1.11)	13.42 岁 (0.98)	−0.28*** (0.05)
男生	0.47 (0.50)	0.50 (0.50)	0.03 (0.03)

（续表）

	未追踪到的学生(1)	追踪到的学生(2)	差异(3)=(2)−(1)
计划初中毕业后上普高	0.37 (0.48)	0.53 (0.50)	0.16*** (0.02)
计划初中毕业后上中职	0.16 (0.37)	0.12 (0.32)	−0.05*** (0.02)
目前还没有计划	0.38 (0.49)	0.29 (0.46)	−0.09*** (0.02)
标准化数学考试成绩	−0.23 (1.01)	0.02 (1.00)	0.24*** (0.05)
父母个人特征			
母亲受教育年数	5.26 (3.37)	5.27 (3.49)	0.01 (0.18)
父亲受教育年数	6.91 (2.88)	7.06 (2.90)	0.16 (0.15)
母亲健康状况良好	0.37 (0.47)	0.38 (0.48)	0.01 (0.02)
父亲健康状况良好	0.49 (0.49)	0.45 (0.49)	−0.04 (0.03)
母亲曾外出务工	0.47 (0.49)	0.49 (0.49)	0.02 (0.03)
父亲曾外出务工	0.78 (0.41)	0.80 (0.39)	0.03 (0.02)
学生家庭特征			
兄弟姐妹数	5.26 (3.37)	5.27 (3.49)	0.01 (0.18)
家庭资产价值	6.91 (2.88)	7.06 (2.90)	0.16 (0.15)

注：第一列和第二列括号中为标准差，第三列括号中为标准误；*** $p<0.01$。

附表 2 学生基线特征变量描述性统计

	均 值	方 差	最小值	最大值
观察值个数	1 892			
学生个人特征				
年龄	13.54	1.05	10.81	18.62
男生	0.49	0.50	0	1
计划初中毕业后上普通高中	0.46	0.50	0	1
计划初中毕业后上中职	0.14	0.34	0	1
目前还没有计划	0.33	0.47	0	1
标准化数学考试成绩	−0.09	1.01	−2.72	2.72
父母个人特征				
母亲受教育年数	5.27	3.44	0	20
父亲受教育年数	6.99	2.89	0	19
母亲健康状况良好	0.38	0.47	0	1
父亲健康状况良好	0.47	0.49	0	1
母亲曾外出务工	0.48	0.49	0	1
父亲曾外出务工	0.79	0.40	0	1
学生家庭特征				
兄弟姐妹数	1.01	0.81	0	5
家庭资产价值	3.69	2.66	0.00	17.36

资料来源：作者调查。

附表 3 匹配前后基线关键变量的标准化偏差

	样本	均 值		标准偏误(%)	误差消减(%)	t-test	
		干预组	控制组			t	p>t
学生个人特征							
年龄	匹配前	13.35 岁	13.44 岁	−10.20		−1.49	0.14
	匹配后	13.35 岁	13.45 岁	−10.60	−4.60	−1.31	0.19

（续表）

	样本	均值		标准偏误(%)	误差消减(%)	t-test	
		干预组	控制组			t	p>t
男生	匹配前	0.52	0.49	6.10		0.91	0.37
	匹配后	0.52	0.54	−3.80	37.10	−0.48	0.63
计划初中毕业后上普高	匹配前	0.54	0.53	2.00		0.29	0.77
	匹配后	0.54	0.51	5.10	−158.20	0.64	0.52
计划初中毕业后上中职	匹配前	0.11	0.12	−1.90		−0.28	0.78
	匹配后	0.11	0.13	−4.00	−112.70	−0.49	0.62
目前还没有计划	匹配前	0.29	0.29	−0.70		−0.10	0.92
	匹配后	0.29	0.29	−0.70	−1.10	−0.09	0.93
标准化数学考试成绩	匹配前	0.11	−0.02	13.20		1.92	0.06
	匹配后	0.11	0.07	4.00	69.60	0.50	0.62
父母个人特征							
母亲受教育年数	匹配前	5.50	5.18	9.00		1.34	0.18
	匹配后	5.50	5.24	7.40	17.50	0.94	0.35
父亲受教育年数	匹配前	7.15	7.03	4.30		0.65	0.51
	匹配后	7.15	6.83	10.60	−148.80	1.35	0.18
母亲健康状况良好	匹配前	0.34	0.40	−11.30		−1.67	0.10
	匹配后	0.34	0.32	4.60	59.10	0.60	0.55
父亲健康状况良好	匹配前	0.43	0.46	−5.90		−0.87	0.38
	匹配后	0.43	0.41	3.00	49.30	0.37	0.71
母亲曾外出务工	匹配前	0.50	0.49	1.30		0.20	0.84
	匹配后	0.50	0.49	2.00	−47.50	0.25	0.81
父亲曾外出务工	匹配前	0.80	0.81	−1.00		−0.15	0.88
	匹配后	0.80	0.83	−5.90	−466.80	−0.75	0.46

（续表）

	样本	均　值		标准偏误(%)	误差消减(%)	t-test	
		干预组	控制组			t	p>t
学生家庭特征							
兄弟姐妹数	匹配前	1.04	0.98	8.40		1.26	0.21
	匹配后	1.04	1.02	3.50	57.70	0.43	0.67
家庭资产价值	匹配前	3.68	3.73	-1.70		-0.25	0.80
	匹配后	3.68	3.57	4.20	-145.50	0.54	0.59

资料来源：作者调查。

参考文献

[1][25] 曲绍卫，王皓，时嘉琪.大国教育公平：中国学生资助政策改革四十年回顾与展望[J].教育经济评论，2018，3(6)：14-30.

[2] Fiszbein Ariel, & Schady Norbert R. Conditional Cash Transfers: Reducing Present and Future Poverty[M]. The World Bank, 2009.

[3] James J. Coleman. Foundations of Social Theory [M]. Cambridge, MA: Belknap, 1990.

[4][10] Putnam Robert D., Leonardi Robert, & Nanetti Raffaella Y. Making Democracy Work: Civic Traditions in Modern Italy[M]. Princeton University Press, 1994.

[5] Rothstein Bo, & Stolle Dietlind. The State and Social Capital: An Institutional Theory of Generalized Trust[J]. Comparative Politics, 2008, 40(4): 441-459.

[6] Welter Friederike. All You Need Is Trust? A Critical Review of the Trust and Entrepreneurship Literature[J]. International Small Business Journal, 2012, 30(3): 193-212.

[7] 史宇鹏，李新荣.公共资源与社会信任：以义务教育为例[J].经济研究，2016，51(5)：86-100.

[8] James S. Coleman. Social Capital in the Creation of Human Capital[J]. American Journal of Sociology, 1988, 94: S95-S120.

[9] Son Joonmo, & Lin Nan. Social Capital and Civic Action: A Network-based Approach [J]. Social Science Research, 2008, 37(1): 330-349.

[11] Narayan Deepa. Voices of the Poor: Poverty and Social Capital in Tanzania[M]. The World Bank, 1997.

[12] Porta Rafael La, Shleifer Andrei, & Vishny Robert W. Trust in Large Organizations [J]. American Economic Review, 1997, 87(2): 333-338.

[13] Leigh Andrew Keith. Trust, Inequality and Ethnic Heterogeneity [J]. Economic Record, 2006, 82(258): 268-280.

[14] 刘毅.试析高校贫困生的心理需要及精神资助途径[J].长春理工大学学报(社会科学

版),2008,21(6):127 - 130.

[15] 许振兴.贫困大学生人际信任危机及其对策研究[J].中国青年研究,2010(7):101 - 104.

[16][22] Adato Michelle. The Impact of Progresa on Community Social Relationships, F, 2000[C].

[17] Attanasio Orazio, Pellerano Luca, Reyes Sandra Polanía. Building Trust? Conditional Cash Transfer Programmes and Social Capital[J]. Fiscal Studies, 2010,30(2):139 - 177.

[18][23] Attanasio Orazio, Polania-Reyes Sandra, & Pellerano Luca. Building Social Capital: Conditional Cash Transfers and Cooperation[J]. Journal of Economic Behavior and Organization, 2015,118(5):22 - 39.

[19] Wood Alex M., Maltby John, Stewart Neil, & Joseph Stephen. Conceptualizing Gratitude and Appreciation as a Unitary Personality Trait[J]. Personality and Individual Differences, 2008,44(3):621 - 632.

[20] Kahne Joseph, & Bailey Kim. The Role of Social Capital in Youth Development: The Case of "I Have a Dream" Programs[J]. Educational Evaluation and Policy Analysis, 1999, 21(3):321 - 343.

[21] Luis A. Camacho. The Effects of Conditional Cash Transfers on Social Engagement and Trust in Institutions: Evidence from Peru's Juntos Programme (October 31)[J]. Discussion Paper 24/2014. German Development Institute, Bonn.

[24] 李强.里仁为美:论农村儿童成长环境对其人力资本的影响[D].西南财经大学,2012.

[26] 付进.受助后大学生的感恩和亏欠感及其影响因素——基于高校资助背景的研究[J].高教论坛,2016(2):9 - 13.

[27][32] Li Fan, Song Yingquan, Yi Hongmei, et al. The Impact of Conditional Cash Transfers on the Matriculation of Junior High School Students into Rural China's High Schools [J]. Journal of Development Effectiveness, 2017,9(1):41 - 60.

[28] Yi Hongmei, Song Yingquan, Liu Chengfang, et al. Giving Kids a Head Start: The Impact and Mechanisms of Early Commitment of Financial Aid on Poor Students in Rural China [J]. Journal of Development Economics, 2015,113(Suppl):1 - 15.

[29] 易红梅,何婧,张林秀.有条件的现金转移支付承诺对贫困学生高中完成情况的影响研究[J].北京大学教育评论,2019,17(2):149 - 166 + 191 - 192.

[30] 高虹,陆铭.社会信任对劳动力流动的影响——中国农村整合型社会资本的作用及其地区差异[J].中国农村经济,2010(3):12 - 24 + 34.

[31] 李涛,黄纯纯,何兴强,周开国.什么影响了居民的社会信任水平?——来自广东省的经验证据[J].经济研究,2008(1):137 - 152.

[33][34] Heeringa Steven G., West Brady T., & Berglund Patricia A. Applied Survey Data Analysis[M]. Chapman and Hall/CRC, 2017.

[35] Hirano Keisuke, Imbens Guido W., & Ridder Geert. Efficient Estimation of Average Treatment Effects Using the Estimated Propensity Score[J]. Econometrica, 2003, 71(4):1161 - 1189.

[36] Mccullough Michael E., Kilpatrick Shelley D., Emmons Robert A., & Larson David B. Is Gratitude a Moral Affect? [J]. Psychological Bulletin, 2001,127(2):249.

[37] 刘太刚,林孙俊.公信力的本质及生成机制——基于承诺—兑现模型的分析[J].福建论

坛(人文社会科学版),2013(11):164-170.

[38] 钟游,杨建科.青年学生社会信任的结构、影响因素与提升路径——基于陕西省高校大学生调查的实证分析[J].人文杂志,2015(11):123-128.

作者简介

易红梅(通讯作者) 北京大学中国农业政策研究中心、北京大学现代农学院副教授,博士生导师

刘山山 四川省成都市农业农村局政策研究室

何 婧 北京农商银行海淀新区支行

电子邮箱

hmyi.ccap@pku.edu.cn

Chapter 6

我国的基础教育公平吗

——基于国际比较的视角*

黄忠敬　秦一鸣　等

摘　要： 教育公平既要体现相同人群的平等对待(也称横向公平)，也要体现不同人群的差异对待(也称纵向公平)。本文着重研究基础教育的横向公平，强调均衡化公平或教育均衡发展，包括起点公平、过程公平和结果公平。从这三个维度确立测量的指标，搜集相关数据，选取中国、美国、日本、印度、芬兰等国家进行比较。研究发现：中国的基础教育公平处于五个国家中的中后位置；教育公平与国家经济社会的发展密切相关，尤其是人均国内生产总值(简称人均 GDP)对教育公平的影响显著；在教育公平的各项指标中，教育公平的过程指标变得越来越重要；五个国家除了共性的教育指标如生均经费、生师比，也体现出不同的特色指标如地区差异、族裔差异、种族分布，反映了各个国家历史、社会、文化因素对教育公平影响深远。

关键词： 教育公平；基础教育；国际比较；政策建议

我国的基础教育公平吗？要回答这个问题，首先要搞清楚什么是教育公平，教育公平的内容和实质是什么。在此基础上再进一步探索衡量教育公平的指标，进行统计评估。同时，还需要确立比较的参照系，即选取哪些国家作为比较的标杆。这是一项巨大的工程，有相当大的难度，但并非完全不可能。

---

* 本研究是国家社会科学基金“十三五”规划 2016 年度重大课题(课题号：VDA160002)的阶段性成果。由上海市高峰学科建设华东师范大学教育学项目资助。参与此课题研究的成员还有吕晓蕊、任君翔、王伟、林祥伟。

从现有文献研究成果来看，目前研究更侧重于教育公平的理论研究，体现了不同的学科视角，主要有：（1）政治哲学的视角。约翰·罗尔斯（John Rawls）在《正义论》（*A Theory of Justice*）中提出了“正义即公平”的理论，主张权利平等、机会均等、差异原则与弱势补偿的原则。[1]（2）社会学的视角，主要从阶级、种族与性别等方面展开研究。美国社会学家詹姆斯·科尔曼（James Coleman）的观点比较有代表性，他以“教育机会均等”这一概念来论述教育公平。科尔曼认为，“教育机会均等”包括进入教育系统的机会均等、教育机会均等、教育结果均等、教育对生活前景机会均等。[2]（3）经济学的视角，强调从成本与效率的关系来研究教育公平。[3]

也有一些成果开始关注教育公平的测试研究，用于测量教育公平的指标主要有入学率、生均经费、生师比、教育年限、毕业率、升学率，等等。有研究者认为，教育公平指标体系应包括总体教育水平差异指数、义务教育均衡指数、高中教育公平指数和高等教育公平指数；[4]有学者提出，要建立一套比较敏感而又重要的测量不同地区、不同学校发展程度的教育指标，即教育发展均衡系数；[5]有研究者从教育机会均衡指数、教育资源配置均衡指数、教育质量均衡指数和教育成就均衡指数四个方面分析中国基础教育的公平状况；[6]有研究者从受教育权和入学机会公平、公共教育资源配置公平、教育质量公平和群体间教育公平四个维度来测量教育公平，[7]等等。

少数学者开展了一些国际比较研究，国际组织的专家学者尝试用量化研究来讨论这一议题，进行教育公平的测量研究。世界银行（World Bank）、经济合作与发展组织（Organization for Economic Co-operation and Development，简称 OECD）等国际组织多年来将教育公平指标作为其统计体系的核心指标，联合国教育、科学及文化组织（United Nations Educational, Scientific and Cultural Organization，简称联合国教科文组织）教育发展指数也将教育公平作为重要内容。世界银行的专家托马斯（V. Thomas）等学者运用教育的基尼系数（Gini coefficent）测量了 85 个国家从 20 世纪 60 年代至 90 年代的教育不平等状况。[8]联合国教科文组织的专家歇尔曼（J. Sherman）从入学率、生均经费和生师比三个方面对 16 个国家的教育公平状况进行了比较，运用基尼系数和洛伦兹曲线（Lorenz curve）分析各项指标的差异程度，并分析影响教育公平的因素。[9] 欧盟（European Union）建立了一个包含 29 个数量与质量的关于教育公平指标的理论框架，来测量教育公平的背景性指标、过程性指标、内在结果、社会和政治影响。[10]

一、理论框架与指标构建

以上这些丰富的研究成果为本研究奠定了扎实的基础。根据罗尔斯的公平理论，既要体现相同人群的平等对待，也要体现不同人群的差异对待（其中包括对特殊人群的倾斜对待）。前者往往称为横向公平（horizontal equity），即均等化公平；后者称为纵向公平（vertical equity），即差异化公平。结合中国现阶段的基础教育公平状况，本课题研究的教育公平更强调横向公平，强调均衡化公平或教育均衡发展，包括起点公平、过程公平和结果公平。起点公平主要是指入学率、教育资源配置公平，以入学率、生均教育经费、财政教育支出占财政支出比例为指标；过程公平主要考察师生的状况，主要以生师比、学生辍学率（巩固率或缺勤率）、教师专业水平为指标；结果公平以升学率、学业成绩为指标（见表 1）。

表 1　基础教育公平的指标框架

一级指标	二　级　指　标
教育起点公平	入学率 生均教育经费 财政教育支出占财政支出的比例
教育过程公平	生师比 教师学历/教师合格率/教师接受专业培训比率 缺勤率/辍学率/巩固率
教育结果公平	升学率/反映成绩、学习水平的相关指标

以教育公平的指标框架为指引，通过数据分析来描述基础教育公平的事实情况，同时，教育公平不仅仅是教育自身的问题，它还受到外部环

境的影响，这些因素包括人口因素、经济因素、城乡差异等。在不同的经济水平和社会条件下，实现什么样的公平，达到什么程度的公平，与经济发展水平、人口分布等密切相关。因此，要充分关注教育公平与人口、经济发展水平和政治因素等的关系。通过对影响教育公平发展的外部因素的相关性分析，考察影响教育公平发展的外部因素。经济因素用人均可支配收入（或“人均收入”）来衡量，城乡差异用“人口密度”来代表，两者共同反映了区域特点对教育公平的事实影响。

教育公平指数指向的问题是：(1) 各指标离散程度是否有变化。公平观测点是变异系数(coefficient of variation)、基尼系数、洛伦兹曲线。(2) 影响教育公平的外部因素有哪些。发达地区是否比不发达地区有更好的机会和更多的资源？城市地区是否比农村地区有更好的机会和更多的资源？考察因素之间的相关系数(见表 2)。

表 2 基础教育公平指标的问题指向与公平测量点

一级指标	二级指标	指向问题	公平测量点
教育公平	入学率 生均教育经费 财政教育支出占财政支出的比例 生师比 教师学历/教师合格率/教师接受专业培训比率/缺勤率/辍学率/巩固率 升学率/反映成绩、学习水平相关指标	各指标的离散程度变化有多大？	变异系数 洛伦兹曲线 基尼系数
教育公平的外部环境相关度	人均可支配收入或人均收入 人口密度	1. 发达地区是否比不发达有更好的机会和更多的资源？ 2. 城市地区是否比农村地区有更好的机会和更多的资源？	相关系数

二、 研究对象与数据收集

本课题选取了亚洲的中国、日本、印度，欧洲的芬兰，北美洲的美国作为基础教育公平指数的研究对象。选取原则主要参考了世界银行对国家经济水平的四类划分，涵盖了高收入水平（芬兰、美国、日本）、中等偏上收入水平（中国）、中等偏下收入水平（印度）三类国家。此外，芬兰作为北欧教育的代表，之前已在数次的国际学生评估项目（Programme for International Student Assessment，简称 PISA）测试中备受瞩目，研究芬兰的教育公平状况对世界一流教育国家的公平情况具有参考意义；美国作为超级大国，教育公平与教育发展情况影响深远；日本作为中国的邻国，一向以优质均衡的基础教育闻名；印度是同中国实际情况最接近的国家，同为人口大国，经济正在迅速发展，同时印度和中国也是影响力持续增加的金砖国家代表。可以说，这五个国家的选取，充分考虑了国家的代表性、影响程度及对中国的参考意义。

由于各国教育统计数据的时间有一定延迟性，可获得的最新官方公布数据有年份上的差别，如若全部选择同一年份的数据进行比较分析，难度较大，原则上选取 2010—2014 年的数据作为研究的有效数据。此外，在指标的选取、确认过程中，也强调以下原则：（1）评价指标具有代表性。代表性是指标体系科学性的核心要求，选取具有代表性的关键指标，兼顾科学性、简明性，降低研究成本，提高研究效率。（2）数据搜集的可获得性。（3）指标口径的可比性。不同统计指标体系中的同一指标口径可能不一，为此就必须进行鉴别处理。（4）指标合成的可加性。在分析过程中需要对指标进行无量纲、标准化、指数化的处理。

需要指出的是，本研究针对国别之间的比较，主要是采用相对值进行比较，如基尼系数、相关系数等。由于每个国家教育统计测量点的概念不同，无法做到完全同一含义的指标相比较，因此课题采取的方法是比较国家内部之间的差异程度，如芬兰的生师比统计概念是指“学生 / 教职工”，而印度的生师比统计概念是“学生/教师”，但这两个国家内部各个省(邦)的统计概念是一致的，可以认为差异也是一致的。在这种情况下，我们仍可以在生师比这个指标上进行两个国家的比较。

三、研究结果与讨论

1. 中国基础教育的公平程度处于五个国家中的中后位置

衡量教育公平程度的指标是变异系数和基尼系数。变异系数是直接利用各项指标包含的信息，通过计算得到指标的权重。该方法是一种客观赋权的方法，用各项指标的变异系数来衡量各项指标取值的差异程度，消除各项评价指标的量纲不同的影响，适合本研究权重的定量计算。各项指标的变异系数公式如下：$V_i=\frac{\sigma_i}{\bar{x}_i}$ $(i=1, 2,\cdots, n)$。公式中，V_i 是第 i 项指标的变异系数(也称为标准差系数)，σ_i 是第 i 项指标的标准差，$\bar{x}_i$ 是第 i 项指标的平均数。各项指标的权重为：$W_i=\frac{V_i}{\sum_{i=1}^{n} V_i}$。

我们先计算各指标的变异系数，然后对指标进行归类，为了使每个国家在各个类别有相同的贡献度，同一个国家在同一类型中有多个指标的取变异系数的均值，例如，中国生师比基尼系数 =(小学生师比变异系数 + 初中生师比变异系数)/2。由此得出各国各类别变异系数。变异系数最低的是日本，其次是芬兰和美国，较高的中国和印度(见表3)。

表 3 五国基础教育公平指标各类别变异系数表

	入学率	教育经费	生师比	辍学率	毕业率
中国	0.001 586	0.565 483	0.158 591	—	0.014 282
美国	—	0.298 412	0.207 241	0.451 855	0.098 774
日本	0.021 172	0.133 788	0.123 595	—	0.003 258

(续表)

	入学率	教育经费	生师比	辍学率	毕业率
印度	0.107 559	0.681 674	0.709 769	0.474 959	—
芬兰	—	—	0.102 694	—	0.076 379

注：表中的缺失值用"—"表示，下同。

基尼系数也是一种变异系数，用于量化数据间的差异性。本文采用累计百分比计算的方法得出基尼系数，公式为：$G=\frac{\sum_{i=1}^{n}X_i-\sum_{i=1}^{n}Y_i}{100n-\sum_{i=1}^{n}X_i}$。其中，$X$ 为各等分累计百分比，Y 为各指标的累计百分比，n 为分位数。

从基尼系数来看，在入学率方面，各国的基尼系数都非常小，反映出基础教育阶段入学率已经达到了公平状态；在教育经费方面，印度和中国的基尼系数较大，反映出教育投入的不公平；在生师比方面，印度的基尼系数较大，反映出教师资源配置差距较大；在辍学率方面，美国和印度相当；各国的毕业率相对差距较小，说明比较公平。作为发展中国家的中国和印度，在教育过程公平方面有待提高，尤其表现在生师比上需要进一步提高(见表 4)。

表 4　五国基础教育指标基尼系数表

指标/国别	入学率	教育经费	生师比	辍学率	毕业率
中　国	0.000 8	**0.246 075**	0.090 45	—	0.007 5
美　国	—	0.152 98	0.101 33	**0.251 29**	0.051 17
日　本	0.011 63	0.075 384	0.070 28	—	0.001 6
印　度	0.061 8	**0.295 2**	**0.292 1**	**0.268**	—
芬　兰	—	—	0.051 24	—	0.035 54

通过对五个国家教育指标的基尼系数作加权处理，建立模型，算出反映教育公平指数 K 值，每个国家的教育公平指数 K 的计算公式为：$K=\sum_{i=1}^{5}\left(3\times p_i\times\frac{G_i}{P}-C_i\right)$。其中，$p_i$ 表示各个类别的权重，G_i 表示

该国在第 i 个类别的基尼系数均值，P 表示样本数据占的总权重，C_i 示该国在第 i 个类别的具有统计学意义的相关系数的均值。在此公式中，K 值越大，意味着教育公平程度越低；K 值越小，意味着教育公平程度越高，区域间的教育发展水平越均衡。五个国家的教育公平程度从高到低依次为日本、芬兰、美国、中国和印度（见表 5）。

2. 教育公平与国家经济社会水平的发展密切相关，人均 GDP 对教育公平的影响尤为显著

为了考察外部经济社会环境对教育公平的影响，结合指标的可获得性、代表性及可比较性，选取了人均 GDP 和人口密度作为影响教育公平的主要考察指标。通过人均 GDP、人口密度与教育公平各指标数据进行相关性分析，研究这些指标与经济水平、人口水平的趋同性或共振性程度，以此判断教育公平外部因素的影响程度。

以日本为例。通过教育公平与外部环境的斯皮尔曼相关分析的结果（见表 6）可以发现：人均 GDP 与教育投入费、小学生师比、初中生师比呈显著线性正相关，与小学生均教育事业费、中学毕业率呈显著线性负相关；人均收入与教育投入费、小学生师比、初中生师比呈显著线性正相关，与小学生均教育事业费、中学毕业率呈显著线性负相关；人口密度与小学生均教育事业费呈显著线性负相关，与教育投入费、小学生师比、初中生师比呈显著线性正相关。因此，可以认为教育公平的外部环境因素对教育公平有着较高的影响。

印度的分析数据显示（见表 7），高中学生学业考试通过率与人口密度呈低度正相关，与人均 GDP 呈较为显著的正相关；辍学率与人均 GDP 呈显著负相关，人均 GDP 越高的城邦，学生就读率和高中学业考试通过率越高，辍学率越低，尤其对于教育过程公平和教育结果公平而言，更加明显。人均 GDP 和教育过程公平的部分指标、教育结果公平指标有着较高的共振性，尤其是对辍学率、高中学业考试通过率有着重要的影响。整体来看，印度的数据反映出地区经济发展水平对学生学业的影响。

表 5　五国基础教育公平指数(K 值)

国别	指　标	入学率	教育经费	生师比	辍学率	毕业率	总　计	教育公平指数 K
	权　重	**0.030 8**	**0.396 9**	**0.307 7**	**0.219 0**	**0.045 5**	**1.000 0**	
中国	基尼系数	0.000 8	0.246 075	0.090 45	—	0.007 5	0.125 864 523	**0.364 755 165**
	相关系数	0.465	0.661 625	0.134	—	0.118 75	0.323 555 888	
美国	基尼系数	—	0.152 98	0.101 33	0.251 29	0.051 17	0.149 257 748	**0.286 502 892**
	相关系数	—	0.643 5	0	0	0.175 5	0.263 390 4	
日本	基尼系数	0.011 63	0.075 384	0.070 28	—	0.001 6	0.051 974 651	**0.018 498 951**
	相关系数	0	0.067	0.502 33	—	0	0.181 160 267	
印度	基尼系数	0.061 8	0.295 2	0.292 1	0.268	—	0.267 639 49	**0.791 188 687**
	相关系数	0	0	0	0.228 5	—	0.050 041 5	
芬兰	基尼系数	—	—	0.051 24	—	0.035 54	0.017 382 223	**0.147 623 994**
	相关系数	—	—	0	—	0	0	

表 6 日本基础教育公平与外部环境的相关性分析

		人均收入	人均 GDP	人口密度
小学生均教育事业费	显著性(双侧)	−0.402**	−0.386**	−0.123
	皮尔逊相关	0.005	0.007	0.409
初中生均教育事业费	显著性(双侧)	−0.246	−0.253	−0.008
	皮尔逊相关	0.095	0.086	0.957
小学生师比	显著性(双侧)	0.609**	0.563**	0.289*
	皮尔逊相关	0	0	0.049
初中生师比	显著性(双侧)	0.603**	0.654**	0.383**
	皮尔逊相关	0	0	0.008
小学入学率	显著性(双侧)	−0.087	−0.083	−0.009
	皮尔逊相关	0.562	0.577	0.953
中学入学率	显著性(双侧)	−0.028	0.02	0.246
	皮尔逊相关	0.853	0.896	0.095
中学毕业率	显著性(双侧)	−0.291*	−0.291*	0.177
	皮尔逊相关	0.048	0.048	0.233
教育投入费	显著性(双侧)	0.853**	0.609**	0.483**
	皮尔逊相关	0	0	0.001

注：* 在 0.05 水平上显著相关(双侧)，** 在 0.01 水平上显著相关(双侧)。

表 7 印度基础教育公平与外部环境的相关性分析

相关系数		教育起点公平		教育过程公平				教育结果公平
		生均教育经费	教育财政预算占财政总预算比	生师比	教师培训比例	辍学率	男女在校生比例	高中学业考试通过率
人口密度	皮尔逊相关	−0.136	0.200	0.155	0.280	−0.294	0.080	**0.354***
	显著性（双尾）	0.435	0.249	0.373	0.103	0.086	0.648	0.037
	N	35	35	35	35	35	35	35

（续表）

相关系数		教育起点公平		教育过程公平				教育结果公平
		生均教育经费	教育财政预算占财政总预算比	生师比	教师培训比例	辍学率	男女在校生比例	高中学业考试通过率
人均GDP	皮尔逊相关	0.175	−0.068	−0.117	0.315	**−0.551****	0.013	**0.458****
	显著性（双尾）	0.314	0.697	0.504	0.065	0.001	0.942	0.006
	N	35	35	35	35	35	35	35

注：* 相关性在 0.05 水平上显著(双尾)，** 相关性在 0.01 水平上显著(双尾)。

当然，这个结论不是绝对的，而是相对的。中国的研究显示，教育经费投入占比高的省份并不是经济最发达的，对教育的重视程度与当地经济水平并没有直接关系。这说明，教育公平还与政府对教育的重视程度密切相关。

3. 在教育公平的各项指标中，教育公平的过程指标变得越来越重要

比较而言，经济相对发达的国家更加关注教育过程公平和结果公平，而经济相对落后的国家仍然十分强调教育起点公平，教育经费不均仍然是影响基础教育公平的重要因素。芬兰在注重教育过程公平指标上具有代表性。学校“社工人均享有率”和“学习顾问人均享有率”是芬兰教育比较有特色的两个指标，也是显示教育过程公平的主要指标。这反映了芬兰在学校微观层面对促进学生发展的一系列咨询指导体系可谓多层次、立体化。这样的一系列措施成为真正关怀学生的成长和发展，真正服务个性化需求的保障。正是这一体系的存在，让因材施教成为常态，也让教育质量的提升有了着力点。此外，九年级以后的“额外教育”(additional education，即十年级)也在很大程度上凸显了芬兰教育的个性化“定制”特色，这一阶段的教育为有特殊需要的孩子量身打造，照顾那些需要接受特殊教育的学生。特殊教育是芬兰教育与关怀体系的重要元

素，其目的在于满足需要接受特殊教育学生的需求，在教育部门中建构教育与心理服务，而其基本理念则是尽早发现学生的学习困难及其社会、行为问题，以便能尽早提供个性化的妥当的专业协助，其目标是帮助、扶持学生拥有平等的教育机会，并且依其能力与同龄人一起完成学业。在2008—2009学年，有将近三分之一的公立学校学生参加了特殊教育；超过五分之一的学生参加了部分时制特殊教育，通常是为了处理较为简单的学习困难，例如，表达、阅读、写作或者学习数学与外语时的问题。在完成义务教育的16岁的学生里面，大约有一半的人曾经在求学期间接受过特殊教育。

芬兰在九年一贯制的综合学校建立了多层次立体化的学生帮助系统，即教师本人—教学助手—特殊帮扶教师—多学科互助小组。学生在学习中遇到困难，首先能得到教师的帮助，然后是教师助手在专职教师的指导下为学生提供学习帮助，如有需要，还可以寻求特殊帮扶教师和多学科互助小组的帮助。多学科互助小组是由来自校外的心理学家、社会工作者及各社会职能部门的人员组成，他们帮助学生解决广泛的家庭或社会问题。芬兰在高中还专设了学生顾问、学生指导员、学生辅导员，学生顾问熟悉学校、教学、学生情况，负责解答学生学习和生活中遇到的各种问题，每个学生都有权利就任何学习中的问题或学校的日常事务约见学生顾问。学校对咨询工作高度重视，许多校长、副校长兼任这项工作。

4. 国家之间除了共性的教育指标，也体现出不同的特色指标，反映了各个国家历史、社会、文化因素对教育公平影响深远

共性的教育指标主要是指入学率、生均经费、生师比、毕业率等，特色指标主要是指地区差异、族裔差异和种族分布等。

中国的教育公平在地区差异方面比较突出。我们以“东中西”部为分组变量，考察这三地在教育公平各项指标上是否存在差异。在生均教育经费上，各阶段生均教育经费呈现东部最高、西部次之、中部最低的分布，差距随着教育阶段的上升而拉大。各阶段生均教育经费最低值差异不大，东部地区的均值约为西部的1.5倍、中部的2倍，小学生均教育经费极大值放大到东部地区约为西部的2倍、中部的3倍，初中生均教育经费极大值放大到东部地区约为西部的3倍、中部的4倍，高中生均教育经费极大值放大到东部地区约为西部的3倍、中部的5.5倍。由此可见，生均教育经费在东、中、西部之间还是存在较大的差距，特别是最大值差距非常明显（见表8）。在生师比和教师学历方面，各阶段生师比不存在明显差距，整体而言，东部生师比略低于中西部；教师学历存在明显的差距，东部地区的小学、初中教师本科比例和高中教师研究生比例都要明显高于中西部地区；各阶段毕业率相近，不存在明显差距。

表8 中国生均教育经费东、中、西部地区差异

指　　标	地区	N	均　值	标准差	极小值	极大值
小学生均教育经费	东部	11	13 746.61	7 827.99	5 948.77	31 501.72
	中部	8	7 545.28	1 825.03	4 773.71	10 307.29
	西部	12	9 948.73	3 173.17	6 123.95	16 612.18
	总数	31	10 676.12	5 583.67	4 773.71	31 501.72
初中生均教育经费	东部	11	19 948.18	12 276.81	9 141.61	48 875.13
	中部	8	10 479.85	1 600.25	8 036.97	13 179.61
	西部	12	11 664.67	3 219.75	7 084.55	16 856.50
	总数	31	14 298.22	8 544.33	7 084.55	48 875.13
高中生均教育经费	东部	11	23 314.08	16 205.86	10 037.58	59 251.14
	中部	8	10 849.13	1 092.76	8 510.92	11 784.26
	西部	12	12 929.99	3 414.74	9 774.87	20 412.38
	总数	31	16 077.67	11 070.29	8 510.92	59 251.14
财政教育支出占财政支出的比例	东部	11	0.179 5	0.024 6	0.128 8	0.209 3
	中部	8	0.172 9	0.020 5	0.148 8	0.209 9
	西部	12	0.152 5	0.032 8	0.098 9	0.193 8
	总数	31	0.167 3	0.029 1	0.098 9	0.209 9

印度在种姓不公平方面比较典型。作为一个广阔的多族群国家，印度体现了宗教、语言、社会团体、种姓和部落的多样性，以及大面积贫困、文盲和严重的地区间不均衡等现实问题，教育公平问题显得尤为突出。最为典型的是印度处境不利群体的教育问题，这些群体主要包括表列种姓（Scheduled Castes，简称 SCs）、表列部落（Scheduled Tribes，简称 STs）和其他落后阶层。表列种姓和表列部落是印度因历史原因形成的、处于印度主流社会之外的、印度宪法规定的两类社会弱势群体的总称。2001 年印度人口普查数据表明，印度人口为 102 873 万，表列种姓为 16 663 万，比例为 16.2%；表列部落为 8 432 万，比例为 8.2%。两类人合计占印度全国总人口的 24.4%。教育公平在种姓上差距明显。以辍学率为例，表列种姓和表列部落与整体人群比较，辍学率仍较高，但表列种姓人群和整体人群的差距较小，这与近年来一直推行的种姓保留政策等政府努力息息相关。而表列部落的整体教育水平较差，一至五年级学生辍学率达到 40%，部落学生的教育问题，尤其是按时接受初等教育问题，仍然十分严峻。

美国在种族方面的教育公平问题比较严重。本研究收集了美国 50 余个州和地区的辍学率和毕业率数据，并绘制了这两个指标的雷达图（见图 1、图 2）。

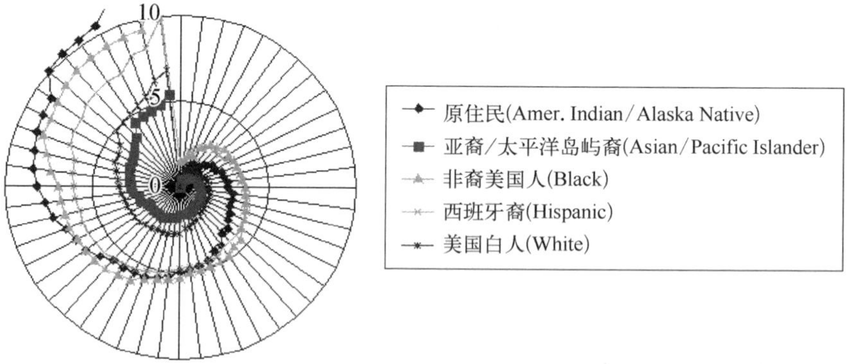

图 1　美国各族裔九至十二年级学生辍学率雷达图

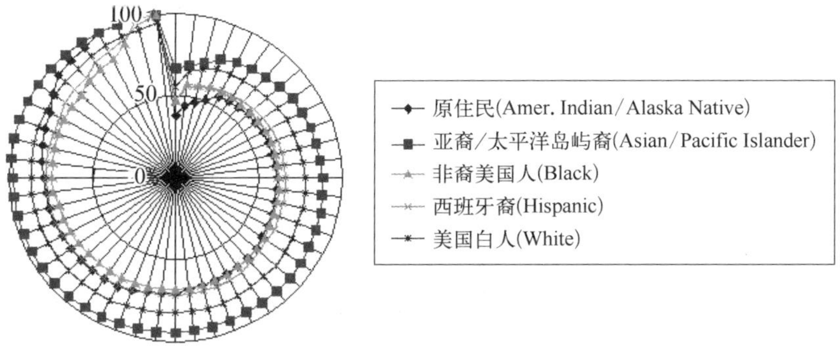

图 2 美国各族裔学生毕业率雷达图

就辍学率而言，雷达图中央数据为 0，即辍学率为 0%，最外圈为 10，即辍学率为 10%，曲线越向外，说明辍学率越高。图 1 显示，亚裔/太平洋岛屿裔和美国白人的辍学率曲线在雷达图的正中央，说明这两个族裔的学生辍学率最低，而非裔美国人、西班牙裔和原住民的辍学率曲线都在雷达图外围，极大值出现在原住民族裔。

对于毕业率而言，雷达图中央数据为 0，即毕业率为 0%，最外圈为 100，即毕业率为 100%，曲线越向外，说明毕业率越高，越向内，说明毕业率越低。和辍学率相反，亚裔/太平洋岛屿裔以及美国白人的毕业率曲线在最外圈，说明这两个族裔的毕业率最高，其余三个族裔相对在雷达图内侧，说明毕业率低，极小值也出现在原住民族裔。

四、 研究启示与建议

1. 起点公平仍然是中国教育公平政策需要关注的首要问题

教育资源配置是制约教育过程公平的重要因素，是支撑国家长远发展的基础性、战略性投资，是发展教育事业的重要物质基础，尤其是保障教育过程公平、教育结果公平的物质支持。生均教育经费和师资水平直接影响教育质量，最终体现为地区间学生综合素质的差距。在我国教育资源分配的过程中，依旧存在东、中、西部在生均教育经费、生师比和教师学历等方面显著的差距，向中西部倾斜的各项政策并没有收到明显成效。同时，仅依靠支教、扶贫、结队和国家专项经费的调拨等措施还远远不能解决教育资源分配不均这一问题，中西部地区教师的培养仍需要更多的投入。

作为发展中的人口大国，在国家经济发展水平有限的情况下，应当切实保护各类群体的受教育权利，并适度向弱势群体倾斜，保障弱势群体的受教育权利，重新分配教育资源在各个人群之间的配置，致力于实现有质量的公平。因此，在目前基础教育发展总体均衡的情况下，应当将重心倾向教育资源的宏观调控，缩小教育资源在地区间的差距。

2. 重视教育过程公平

我国教育公平的重心正在从以资源配置为标志的起点公平，转向以平等对待为特征的过程公平。也就是说，在逐步保障机会公平的前提下，要高度重视教育的过程公平和结果公平。这就需要聚焦学校内部教育过程中的学校管理、课程设计、课堂教学、师生交往和同伴交往等方面。一方面，要对所有学生平等对待，要有教无类、一视同仁；另一方面，对不同的学生也应因人而异，做到因材施教，对有特殊需要的学生还要倾斜对待。目前，要重点关注随迁子女和留守儿童这两个群体，适当给予政策的倾斜。同时，也需要关注创新拔尖人才的培养，对于天才和有天赋的儿童给予专项资助。防止校园内的欺凌行为，杜绝对后进生的歧视和性别歧视等。

3. 在终身教育框架下汇集社会的教育力量

没有人怀疑教育与社会的相互作用，但人们更多地强调教育公平是社会公平的基础，强调教育公平对社会公平的促进作用，而忽视了社会公平对教育公平的制约作用，以及社会教育对学校教育的影响。在世界上教育质量得到公认的国家，比如芬兰、新加坡等国家，社会建设对教育的作用明显，功不可没。这就说明，学校教育不是孤岛，不能独立地来评估学校教育的水平，更要注重社会的教育力量。要从终身学习的视角来思考教育公平的措施，拆除学校教育与校外教育、社会教育和家庭教育之间的壁垒，建立立体网状的通道。要超出制度化教育的传统认知，关注非正规教育和非正式教育以及泛在学习，真正构建起学习型社会的教育体系和具有教育性的社会体系。在这种理念之下，教育不仅是教育内部的事情，而且是全社会的事情；教育不仅是教育本身的责任，也是全社会的责任。

参考文献

［1］［美］约翰·罗尔斯.正义论［M］.何怀宏，等译.北京：中国社会科学出版社，2009.

［2］张人杰.国外教育社会学基本文选［C］.上海：华东师范大学出版社，1989.

［3］杜育红.教育发展不平衡研究［M］.北京：北京师范大学出版社，2000.

［4］杨东平，周金燕.我国教育公平评价指标初探［J］.教育研究，2003(11)：30－33＋74.

［5］袁振国.建立教育发展均衡系数　切实推进教育均衡发展［J］.人民教育，2003(6)：11－13.

［6］翟博.教育均衡发展指数构建及其运用——中国基础教育均衡发展实证分析［J］.国家教育行政学院学报，2007(11)：44－53.

［7］王善迈.教育公平的分析框架和评价指标［J］.北京师范大学学报(社会科学版)，2008(3)：93－97.

［8］Thomas，V.，Wang，Y.，& Fan，X. Measuring Education Inequity：Gini Coefficients of Education. Policy Research Working Paper 2525［EB/OL］.2001［2015－10－15］. http：//www.worldbank.org/devforum/forum qog3.html.

［9］Sherman，J.，& Poirier，J. Education Equity and Public Policy：Comparing Results from 16 Countries［EB/OL］.2007［2015－10－15］. Http：//www.uis.unesoc.org.

［10］Hutmacher，W.，Cochrane，D.，& Bottani，N.（Eds.）. In Pursuit of Equity in Education：Using International Indicators to Compare Equity Policies［M］. New York，NY：Springer，2001.

作者简介

黄忠敬　华东师范大学教育学系教授，教育部人文社会科学重点研究基地基础教育改革与发展研究所研究员

秦一鸣　华东师范大学教育学系博士研究生

电子邮箱

zjhuang@dedu.ecnu.edu.cn

Chapter 7

教师能动性：内涵、维度与测量*

桑国元　叶碧欣　黄嘉莉

摘　要： 教师能动性对教师专业能力的发挥、学校变革和教育教学改革的成功具有重要作用。教育环境的不断变化亦使教师能动性的实证研究意义愈发凸显。基于哲学、社会学、心理学视角下的能动性理论框架，参考经济合作与发展组织（Organization for Economic Co-operation and Development，简称 OECD）教学与学习国际调查（Teaching and Learning International Survey，简称 TALIS）问卷，编制教师能动性量表。通过分层整群抽样对 13 所初中学校教师（$n=592$）的能动性水平进行调查。探索性因素分析结果揭示了教师能动性的五个维度：教学效能、角色责任、专业认同、自主调整以及决策参与。各维度信度在 0.81—0.91 之间，总量表信度为 0.89。验证性因素分析结果显示，教师能动性的五因子结构模型各项拟合指数均达到良好指标要求。教师能动性量表具有良好的信度与效度，可为教师能动性测量与研究提供有效的工具支持。

关键词： 教师能动性；教师专业能力；教师能动性量表

一、引言

教师作为教育场域中的能动个体，对教学有效性的提升、学校变革的成功，乃至公平而有质量的教育目标实现具有关键作用。一项新的教育政策或教育改革的落实在很大程度上取决于教师的学习力、教学力与领导力等多种因素共同组成的一种"能动的状态"，以此推动教师在教育教

* 本文是北京市教育科学规划重点课题"集团化背景下北京市中小学教师资源共建共享机制研究"（项目号：BFAA19047）的阶段性研究成果。

学工作中的创造性实践。[1]能动性（agency）是一种主体的决定、选择与行为历程的状态。[2]教师能动性（teacher agency）是教师凭借专业能力在教育教学中作出决定和选择，通过采取专业行动对教育事件施加影响，并最终取得成效的一种行动状态。由于个体专业能力、对外在环境感知的条件，以及能够掌握的资源程度不同，每位教师展现出来的行动状态也因人而异。教师能动性与教师的教育教学、专业发展、生涯规划等息息相关，[3]并会直接影响教师的工作满意度[4]、幸福感[5]与组织承诺[6]等。进一步理解教师能动性，在实践层面不仅有利于认识教师的工作生活状态，转化教师的个人实践，还有利于在特定发展阶段和情境下维持、保护教师的自我定位和心理安全。[7]在理论层面上，诸多关于能动性、教师能动性的研究还处于思辨层面，缺乏严谨的实证研究。

伴随着全球教育和课程改革的浪潮，国际学术界关于教师能动性的研究呈上升趋势。研究者关注的焦点集中在教师能动性在教育教学工作中的表征形态以及如何营造有利于发挥教师能动性的支持环境。主流观点认为，教师能动性源自能动力（个体因素：承诺、价值、角色、信念等）与能动的空间（情境因素：社会改变、角色期待、社会关系等）的互动。[8]在中国语境下，关于教师能动性的研究主要围绕专业发展能动性（张娜，2012）[9]、职业能动性（陶丽，2018）[10]、能动性与身份认同的关系（高雪松，等，2018；黄景，2010）[11][12]等主题展开，着重探讨教师能动性的内涵、特征与践行方式。

本研究致力于在梳理教师能动性的概念内涵的基础上，探索教师能动性的理论框架与测量维度，并编制教师能动性自陈量表，以期为理解教师能动性，提升教师教学质量，提高教师工作效能、幸福感与满意度提供实证依据，并为今后的教师能动性研究提供有效的工具支持。

二、理论基础

理论有利于概念的清晰化，并帮助我们确定预测现象的边界。在进行量表开发之前,首先需要明晰能动性的定义。能动性在理论层面上是一个统整性的概念,多元学科视角为能动性的概念界定提供了丰富的理论张力。

在哲学视角中,能动性被视为一种自觉自由的实践能力,即意识到自己行为自由且行为不被外在力量阻碍,[13]是个体对周围环境作出合适反应,进而采取相应行动的特性。[14]在心理学视角中,能动性被认为是一种有意图的行动,效能信念(efficacy beliefs)是能动的基础。[15]班杜拉(Bandura)认为,能动性分为个人能动性、替代能动性和集体能动性,而知识(knowledge)、前瞻(forethought)、自我反馈(self-reflectiveness)和自我调节(self-reactiveness)是能动性的重要组成要素。[16]在社会学视角中,行动者具有受社会结构的使动与制约双重影响的特征。[17]能动性一方面是指个体在社会结构内表现出的重复性行为,另一方面是指在社会结构内不断产出新的行动,形成另一种行为规律。能动性不仅受到行动时意图的影响,也受行动的能力、行动的资源与规则的影响。[18]尽管不同学科视角对能动性的关注点有所侧重,但仍然可以看出能动性在本质上关注的是行动。因此,行动的意愿、行动的方式以及行动的结果都应当纳入能动性的结构要素中。

回顾国内外关于教师能动性的内涵研究,大致可以归纳为三个层面:第一,情感层面。教师能动性是一种积极、努力、主动的心理状态以及对幸福的感受力。[19]持这种观点的学者倾向于关注教师的情感层面,他们认为,道德与责任是能动性的内源动力,教师能动性体现为教师对教师职业的认同和承诺。[20]这类观点反映了"意图"在能动性中的重要作用。第二,能力层面。教师能动性体现为对教育教学成功结果的主观评估,是教师基于专业知识明确目标,并基于目标开展成功实践的一种能力,[21]也是教师自信水平的彰显。第三,权力层面。教师能动性实质上是一种教师自主(autonomy)。权力是教师行动的基础,[22]包括自主行为权力(invisible power)与外界赋权(visible power)。[23]前者体现在教师基于教学角色主动、持续地思考自己所处的教学情境和自身教学行为，并不断调整方法、作出改变以解决问题；后者是指教师在现有教育政策和改革背景下借助合法的赋权有所作为，在课程与教学革新中展现出积极性行为。[24]

尽管教师能动性具有较为复杂的概念内涵，但国内外已经有学者尝试利用量化方法对此进行研究。潘蒂奇（Pantić）等人在研究教师的社会公正行为时，认为能动性体现在教师的信念和情境实践中，并从意志（purpose）、能力（competence）、自主（autonomy）、反思（reflexivity）、关系与情境（relationships and context）、结构与文化（structure and culture）等维度进行测量。[25]拉斯基（Lasky）在研究教师参与学校改革的过程中将能动性作为研究重点，从教师的个人能力（capacity）、信念（beliefs）、专业效能（professional effect）、情感（emotion）、抗压程度（vulnerability）以及社会和学生等维度测查教师的能动性水平。[26]普里斯特利（Priestley）和比斯塔（Biesta）等人在研究教师参与课程改革时，从生态学视角对教师能动性展开研究，测量维度包含信念、价值、语言、关系、角色、权力、资源、目标意识等。[27]此外，我国的张娜、王雁等人也开展了关于教师专业发展能动性[28]，以及全纳教师能动性的测量研究[29]。总体来看，关于教师能动性的测量多用于教育教学改革、教师专业发展等方面的研究中。

鉴于以上理论和研究，本研究中的教师能动性是指教师凭借专业资本和自主权力与环境不断互动的过程，体现在教师在教育教学和专业发展中有成效的判断、反思、调整、创造等行动中，并且在这个过程中，教师需要付出意志努力。因此，关于教师能动性的测量将从能力、情感和权力三个层面选取测量项目。其中，能力层面是教师能动性的基础，体现在教师对教学知识、教学策略与教学方法的掌握以及顺利完成教学任务的信心程度；情感层面是教师能动性的前提，它是教师对教育事业的情感态度与价值观的融合，体现在教师对教育教学工作的责任感与认同感中；[30]权力层面强调教师综合运用自主权与外界赋权作出有成效的行动，是能动性的表征形态。

三、研究方法

1. 研究对象

本研究选取云南省某特定县域作为研究区域，对该区域内13所初中学校教师进行调查，以保证自然与人文环境的相同脉络，消除潜在的区域差异。本次调查共发放问卷700份，回收607份，剔除无效问卷15份后，有效问卷为592份，有效问卷回收率为84.57%，符合回收率70%“非常好”的标准。[31]在有效样本中(592人)，男性教师261人(44.09%)、女性教师331人(55.91%)；少数民族教师491人(82.9%)、汉族教师101人(17.1%)；二级教师200人(33.9%)、一级教师275人(46.5%)、高级教师84人(14.2%)，其他职称教师33人(5.5%)；硕士研究生学历3人(0.5%)、本科学历501人(84.6%)、专科学历及以下学历教师88人(14.9%)。教师平均年龄为38.84岁(21—56岁)，平均教龄为16.27年(1—37年)。

2. 量表开发

量表开发经历了田野调查—文献分析—测量与修正三个阶段。在田野调查中，通过参与式观察记录教师的生存境遇及其在教育教学现场的表现，围绕教师的专业发展情况开展深度访谈，通过扎根的方法建立社会支持视角下的教师专业自主发展框架，将能动性作为教师专业自主发展与社会支持间的重要中介。[32]在文献分析阶段，运用多学科理论诠释能动性的理论概念，并获得由能力、情感、权力三层面组成的教师能动性框架。针对教师能动性的理论概念，从OECD 2013年TALIS①中的教师问卷中选取部分题项。TALIS问卷包括学校领导、教师专业发展、教师评价与支

① TALIS是OECD继国际学生评估项目(PISA)后开展的又一项大型国际教育研究项目，旨在了解各国教师专业发展、教学理念与实践、教师工作环境、教师评价与反馈等方面。2013年，38个国家和地区(包括上海)参与了TALIS第二轮调查，调查地点以初中为主，小学与高中为辅，由样本学校的教师和校长填写。为配合教学与学习国际调查，本研究的调查对象也以初中教师为主。

持、教师工作满意度、学校环境等维度。根据教师能动性的理论概念及研究目的，选择该问卷中有关教学效能（能力）、教师职业满意度（情感）、教师环境满意度（情感）、教师合作与支持（权力）、参与学校决策（权力）等题项。此外，本研究参考了贺文洁等人的调查问卷中有关工作满意度、自我效能感、建设性参与、学习能动性等题项，[33]初步明确教师能动性量表题项。本研究还邀请五位教师教育领域的专家学者对量表题项的概念意义、句法、语意等进行考察和评价，确保问题表述的明确性。

教师能动性量表包含两部分。第一部分为背景变量，包括性别、年龄、教龄、民族、职称、学历等；第二部分为教师能动性量表，共计 26 题，采用李克特五级计分量表，分为非常符合、基本符合、不确定、基本不符合、非常不符合，依序记 5—1 分，分值越高，符合程度越高。

3. 数据分析

本研究利用 SPSS 25.0 与 Mplus 1.4 进行问卷资料录入与分析。为避免可能产生的处理误差，本研究先由录入者根据问卷回应结果进行核实录入，再由一位研究者确认录入数据的正确性。为避免受试者填答时的思维定势或不诚实回应的可能，在发放问卷时设有反向叙述题项。

在丰富和发展理论的过程中，本研究通过探索性因素分析建立模型，然后利用验证性因素分析检验和修正模型。由于两种因素分析不能使用同一数据，否则验证性因素分析只能实现数据拟合而非检验结构的功能，[34]本研究将样本随机分成两组，通过多元方式检验教师能动性量表的信度和效度。在效度上，本研究采取交叉效度，以一半样本建立最佳模型，另一半样本验证该模型，通过独立样本 t 检验、相关分析、探索性因素分析与验证性因素分析，对量表的区分效度、内容效度与效标关联效度进行检验；在信度上，本研究进行内部一致性信度（Cronbach's alpha）分析。

四、研究结果

首先采用临界比值法进行项目分析，对 592 个样本数据的得分总和进行从高到低排列，划分为高分组（前 27%）和低分组（后 27%），利用独立样本 t 检验比较两组在每个题项上的平均得分差异。结果显示，所有题项均达到显著性水平（$p<0.001$），代表该量表所有题项均具有良好的区分度。为进一步探索量表的结构效度，实现验证性因素分析对理论结构的检验功能，我们对 592 个样本进行了随机分半，分别展开探索性因素分析与验证性因素分析。

1. 探索性因素分析

对第一部分的分半随机样本（$n = 296$）进行探索性因素分析，以探索教师能动性的若干潜在因素。结果显示，KMO 值为 0.88，Bartlett’s 球形检验在 0.001 水平上显著，表明该样本数据适合进行因素分析。我们采用主成分分析法抽取因素，为了调整题项在各因素之间的负荷量大小，使用最大方差法进行旋转，在删除有交叉载荷题项后选择因素载荷大于 0.6 的题项，以便更有效地解释每个因素，最终提取出五个因素，累计解释量为 65.7%（见表 1）。根据各因素包含的题项内容进行命名，依次为：(1) 教学效能（teaching efficacy，简称 TE），关注教师教学知识和技能的掌握以及对自我教学效果的认识与评价；(2) 角色责任（role obligation，简称 RO），指教师作为不同角色个体应承担的责任，按照责任对象划分为对个人的责任以及对他人的责任，包括学生和同事；(3) 专业认同（professional identity，简称 PI），指教师在从事专业性工作中逐渐形成的对自身及工作价值的肯定程度；(4) 自主调整（self-adjustment，简称 SA），指教师在不同情境下灵活解决问题的表现，反映教师在教育教学过程中的反思、调整与创新水平；(5) 决策参与（decision participation，简称 DP），指教师在学校制度建设、课程选择、课堂教学等专业性领域参与决策和管理的程度。

表 1　教师能动性量表探索性因素分析结果(*n*=296)

量　表　项　目	因素 1	因素 2	因素 3	因素 4	因素 5
Factor 1：教学效能 alpha = 0.91，mean = 4.49，variance explained：19.9%					
TE1 我对所教授的学科知识非常清楚	0.84				
TE2 我能熟练教授学科知识上的重难点，让学生了解内容	0.82				
TE3 我能够轻松解答学生提出的疑难问题	0.83				
TE4 我会根据学生的水平和特点选择合适的教学策略施教	0.79				
TE5 我能够使用适当的评价方法评估学生的学习	0.74				
TE6 我会从多个方面评价一个学生，而不仅是学习成绩	0.75				
TE7 我在教学中喜欢改变或尝试不同的教学方法	0.72				
Factor 2：角色责任 alpha = 0.87，mean = 4.51，variance explained：17.9%					
RO1 我关心学生的全面发展		0.73			
RO2 我绝对不会放弃成绩差的学生		0.71			
RO3 我会去了解品行不好的学生的问题所在		0.73			
RO4 身为教师，我的角色是辅助学生发现探究		0.75			
RO5 身为教师，我要持续探究课程与教材内容		0.75			
RO6 身为教师，我必须不断学习		0.65			
RO7 身为教师，我有责任帮助同行同事发展		0.61			
Factor 3：专业认同 alpha = 0.81，mean = 3.90，variance explained：10.4%					
PI1 我认为教师深受家长的敬重			0.68		
PI2 我感到(乡村)教师这份工作很愉快			0.84		

（续表）

量表项目	因素1	因素2	因素3	因素4	因素5
PI3 我感受到了做(乡村)教师的幸福			0.87		
Factor 4：自主调整 alpha = 0.78，mean = 4.36，variance explained：8.0%					
SA1 当工作中遇到问题时，我能很快搜集相关信息并解决				0.82	
SA2 我会把学到的新教学方法在课堂上试验求证				0.74	
SA3 我能根据新出现的状况灵活调整自己的行为				0.60	
Factor 5：决策参与 alpha = 0.79，mean = 3.60，variance explained：9.5%					
DP1 我会就学校相关政策发表意见					0.90
DP2 我会就有关学校的课程和教学的事情发表意见					0.80
DP3 我主动争取参与我校的管理决策					0.76

注：总信度(overall alpha)为0.88；累积解释量(total variance explained)为65.7%。

2. 验证性因素分析

对第二部分的分半随机样本(n = 296)，利用Mplus 1.4进行验证性因素分析，用以测验教师能动性量表的结构效度，检验观测指标是否能有效反映潜在因素。将通过探索性因素分析结果，结合理论提取的五个维度作为教师能动性量表的初始模型，尽管在探索性因素分析中删除了部分题项，但每个维度仍然保留至少三个题项，这在验证性因素分析中是可以被接受的。[35]本研究的验证性因素分析选取比较拟合指数(简称CFI)、Tucker-Lewis指数(简称TLI)、近似误差均方根(简称RMSEA)和标准化残差均方根(简称SRMR)作为拟合评价指标，[36]各指标的临界参考值分别为CFI>0.9，TLI>0.9，RMAEA<0.08，SRMR<0.08。[37][38]经过多

次反复的检验和修正，确定最优拟合模型[$\chi^2 = 505.69$（$p < 0.001$，$df = 220$）]，拟合优度指标如下：$\chi^2/df = 2.30$，CFI = 0.92，TLI = 0.91，RMSEA = 0.068，SRMR = 0.05，具体载荷情况如表 2 所示。

表 2　教师能动性量表的验证性分析拟合指数

χ^2	df	χ^2/df	CFI	TLI	RMSEA	SRMR
505.69	220	2.30	0.92	0.91	0.068	0.05

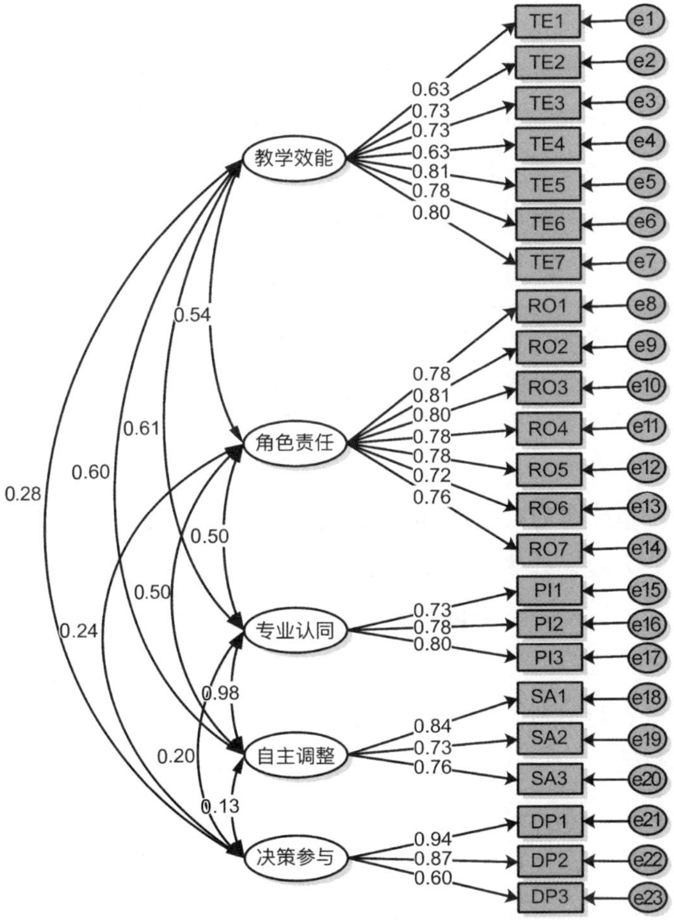

图 1　教师能动性量表验证性因素分析图

图 1 中的 TE1—TE7、RO1—RO7、PI1—PI3、SA1—SA3 以及 DP1—DP3 代表样本教师在 23 个题项上的反应(即观察变量)。在经过验证性因素分析的最优拟合模型中,所有观察变量的载荷均在 0.60—0.94 之间。

3. 信度和效度检验

验证性因素分析完成后,量表中的 23 个题项得以保留。为确认终版量表的可用性,利用整体样本再次对量表的信度和效度进行检验。

(1) 信度检验

采用内部一致性信度对教师能动性量表的信度进行检验。结果显示,总量表的内部一致性信度为 0.89,各维度的信度系数均在 0.8 以上,其中教学效能为 0.91,角色责任为 0.87,专业认同为 0.82,自主调整为 0.81,决策参与为 0.82,说明该量表具有较高的信度,测量结果可信(见表 3)。

表 3 教师能动性量表内部一致性系数($n=592$)

教学效能	角色责任	专业认同	自主调整	决策参与	总量表
0.91	0.87	0.82	0.81	0.82	0.89

(2) 效度检验

效度是指测量的有效性,即准确测出预测的心理或行为特质的程度,通常可以分为内容效度、效标关联效度和结构效度。项目分析与因素分析的结果已经证实了量表的结构效度,此处主要对量表内容效度和效标关联效度进行检验。

本次量表的编制过程遵循以下程序:(1) 在大量分析、整理国内外相关研究的基础上,确定量表维度的初步构想;(2) 量表的题项选取自国际权威的 TALIS 教师问卷,并结合实际情况进行适当修订;(3) 邀请五名教师教育领域的专家学者对量表进行考查和评价。以上措施在一定程度上保证了教师能动性量表的内容效度。本研究利用相关分析检验量表的效标关联效度,问卷各维度间的相关系数在 0.08—0.55 之间(见表 4),其中自主调整和角色责任的相关性最高，各维度与总量表的相关系数在0.54—0.78之间，表明问卷具有良好的效标关联效度。

表4 教师能动性量表各维度与总分的相关($n=592$)

	教学效能	角色责任	专业认同	自主调整	决策参与
教学效能	1				
角色责任	0.44**	1			
专业认同	0.19**	0.33**	1		
自主调整	0.44**	0.55**	0.30**	1	
决策参与	0.08	0.25**	0.32**	0.27**	1
总 量 表	0.71**	0.78**	0.60**	0.70**	0.54**

注：** $p<0.01$（双侧检验）。

五、讨论与结论

本研究基于融合多元学科对能动性的内涵理解，提出教师能动性的内涵并编制教师能动性量表，为我国教师能动性的实证研究提供可靠的工具支持。

1. 教师能动性量表开发过程的科学性

本研究参考OECD 2013年TALIS教师问卷与贺文洁等人2018年的教师能动性调查问卷，从能力、情感与权力三个维度选取测量项目，初步编制包含23个题项的教师能动性量表。通过分层整群抽样，以13所中学的592名教师为样本进行项目分析与探索性因素分析，结果显示量表的23个题项均具有良好的区分度。经探索性因素分析，23个题项分布在教学效能、角色责任、专业认同、自主调整和决策参与五个独立因素上，每个因子下的题项负荷在0.60—0.94之间，累计解释量为65.7%。验证性因素分析结果($\chi^2/df=2.30$，CFI $=0.92$，TLI $=0.91$，RMSEA $=0.068$，SRMR $=0.05$)能有效支持由探索性因素分析得出的五因素模型。验证后的总量表的内部一致性信度为0.89，教学效能、角色责任、专业认同、自主调整和决策参与分量表信度分别为0.91、0.87、0.82、0.81、0.82。综上所述，该量表的开发过程具有较高的科学性，量表具有良好的信度与结构效度，可以作为教师能动性的测量工具。

2. 关于教师能动性结构的探讨

基于理论论证和数据探索，最终将“教学效能”“角色责任”“专业认同”“自主调整”“决策参与”确定为教师能动性的五个结构要素，旨在强调能动性作为一种复合性素养体现在教师的知情意行之中。

研究结果证实了教学效能在教师能动性中的重要作用。教学效能是教师专业信心的体现，是教师对自我能够有效完成教学工作的一种预期，它与教师对专业知识和专业技能的掌握程度以及自信水平有直接联系。效能感是影响能动性的重要因素之一，个体效能感的高低将直接影响其能动性水平。[39]教师的效能感会影响教师作为能动者的主动与创新行为，效能感强的教师更愿意接受新的教学思想，尝试新的教学方法以更有效地满足学生的需求。[40]

在教师能动性的情感层面，包含“角色责任”和“专业认同”两个维度。能动性是一种带有道德责任的信念，[41]教师的能动性包含教师对环境以及他人的责任。[42]教师角色的复杂性使其责任范围广泛，本研究关注了教师对学生、自我以及同事的角色责任。相关研究表明，对学生的责任被多数教师认为是首要责任，[43]当教师把教育视作为一种狭义的技术性工作（如传递知识）时，其能动性会受到限制，而专业角色则有利于教师展现规范与标准行动，并灵活、创造地开展行动。[44]另外，本研究将专业认同纳入教师能动性的结构要素中。专业认同与能动性之间有着密不可分的联系，教师的专业认同程度和对职业身份的构建会影响教师对教学、自身发展方向以及精力分配等方面的能动选择与践行，能动的教育教学和专业发展行为也使教师的专业认同逐渐增强。[45]教师的专业认同在深层次上影响着教师的教育教学行为与价值判断，同时也是教师有效开展专业实践，积极投入改革实践活动的重要保障。[46]

自主调整是教师能动性的专业实践形式之一。能动者不仅要善于思考和计划，更需具备选择行动路线并执行的能力。[47]自主调整是个体获取资源和支持，并改善实践的过程。教师基于个人的知识、经验与观察，并适时借助他人或工具的支持回应当前的困境与问题是能动性的一种重要体现，整个过程蕴含教师的反思与调整。基于此，我们主张教师开展行动研究，面对真实的困境时，采用积极干预的方式对所处的社会文化场域进行批判性反思，寻找合适的解决之道并创造实用的知识。[48]另外，能动性关注行动的结果，有效的行动在一定程度上取决于解决问题的程度。[49]为了灵活地解决不同情境下的实际问题，教师需要在整个职业生涯中保持和发展持续学习力与批判反思力。数据分析结果显示，“角色责任”与“自主调整”维度间存在显著正相关，这表明自主调整是教师承担角色责任的体现，较高的责任意识有利于促进自主调整。

此外，“决策参与”也是教师能动性的重要实践形式之一。能动者（agent）是指“行使权力或造成某种效果的人”，个体“改变”既定事态或事件进程的能力是行动的基础，[50]因此在考察能动性时，“权力因素”不容忽视。“决策参与”是教师权力的重要体现，教师可以通过参与决策获取资源与支持，以实现有利于教育教学的合理诉求，其实质上是一种“赋权增能”。教师能动性量表中的“决策参与”维度关注了教师在课程、教学、学校管理等方面的决策意愿与参与程度。相关研究表明，高能动性往往伴随着高自主权，[51]教师参与学校的政策制定和决策有助于营造信息流畅、和谐融洽的工作环境，进而提高教师的工作热情和职业满意度，[52]并使教师的专业性得到提升。[53]需要指出的是，并非所有的决策参与都能起到积极作用，一般而言，当教师与决策结果存在直接利害关系或是教师具备决策所需的知识经验时，教师参与决策才能真正实现“增能”。

3. 研究局限与展望

本研究仍然存在一定的局限性，需要在未来的研究和使用中加以解决并注意：首先，由于本次研究对象为特定县域的乡村教师，因此在个别题项内容的设置上存在一定的特征性（如 PI3、PI4），今后应该在更广泛的背景下评估教师能动性量表的适用性；其次，我们将原始研究样本随机分成两个子样本进行量表工具的开发和验证，因此两个子样本之间并非完全独立，在今后的研究中可尝试将量表放置于一个独立的样本中进行再次验证。此外，本项研究侧重于探讨能动性的主体方面，关注教师作为能动者的主观意愿与理性能力，未来关于能动性的研究需要对与能动性相关的“客观结构”（即能动者所处的环境）给予同等关注。个体嵌入的社会结构作为一种资源会时刻影响行动，因此关于能动性的研究既需要自上而下地去分析社会的结构，也需要了解个人生活经验的具体细节，以便更好地理解建构以及体验这些关系的方式。[54] 换言之，所有的能动行为都是在结构中进行结构与解构的过程，伴随着教师所处的学校、地区乃至社会情境中的资源与关系的变化，教师能动性会不断地变化和调整。

在量表编制过程中，还需要考虑量表结构的普遍性或特定性问题。教师能动性既可以作为普遍性很强的结构用来解释跨越多种情境的一般行为，也可以作为一种具体的结构用来预测教师在某种情境下的特定反应。本量表侧重于关注教师能动性的一般性特征，在未来的使用过程中，可根据特定的教师群体和教师工作情境进行补充和修订，以更好地实现教师能动性量表的目标功能。

参考文献

[1] Pyhältö, K., Pietarinen J., & Soini T. Do Comprehensive School Teachers Perceive Themselves as Active Professional Agents in School Reforms? [J]. Journal of Educational Change, 2012, 13(1): 95 - 116.

[2] Billett, S. Learning through Work: Exploring Instances of Relational Interdependencies[J]. International Journal of Educational Research, 2008, 47 (4): 32 - 47.

[3][23] Priestley, M., Biesta, G., & Robinson, S. Teacher Agency: An Ecological Approach[M]. London and New York: Bloomsbury, 2015.

[4][29] 贺文洁，李琼，穆洪华.学校文化氛围对乡村教师工作满意度的影响：教师能动性的中介作用[J].教师教育研究，2018(3)：39 - 45 + 128.

[5] Pantić, N. A Model for Study of Teacher Agency for Social Justice[J]. Teachers and

Teaching，2015，21(6)：759－778.

［6］ Ketelaar，E.，Beijaard，D.，Boshuizen，H. P. A.，et al. Teachers' Positioning towards an Educational Innovation in the Light of Ownership，Sense-making and Agency［J］. Teaching and Teacher Education，2012，28(2)：273－282.

［7］ 操太圣，乔雪峰.能动性与教师本体性安全［J］.全球教育展望，2011，40(5)：45－49.

［8］ Biesta，G.，Priestley，M.，& Robinson，S. The Role of Beliefs in Teacher Agency［J］. Teachers and Teaching：Theory and Practice，2015，21(6)，624－640.

［9］［24］ 张娜.教师专业发展能动性量表的研制［J］.心理研究，2012，5(3)：78－81.

［10］ 陶丽，李子建.课程改革背景下教师专业身份的理解与建构——基于师生互动的视角［J］.教师教育研究，2018，30(3)：79－85.

［11］ 高雪松，陶坚，龚阳.课程改革中的教师能动性与教师身份认同——社会文化理论视野［J］.外语与外语教学，2018(1)：19－28＋146.

［12］ 黄景.教师身份·教师能动·教师自主：二十年从教经历的反思［J］.教育学术月刊，2010(8)：27－31.

［13］ 王小伟.能动性与格沃思道德哲学［J］.世界哲学，2018(1)：122－130.

［14］ 陈德中.能动性、反思性与政治——威廉斯与韦伯［J］.现代哲学，2018(5)：75－85.

［15］ Bandura，A. Toward a Psychology of Human Agency［J］. Perspectives on Psychological Science，2006，1(2)：164－180.

［16］［47］ Bandura，A. Social Cognitive Theory：An Agentic Perspective［J］. Annual Review of Psychology，2001(52)：1－26.

［17］ 刘姝曼.结构与能动性的关系探讨［J］.华人时刊旬刊，2015(9)：213－214＋239.

［18］［50］ Giddens，A. The Constitution of Society［M］. London：Polity Press，1984.

［19］［21］ Eteläpelto，A.，Vähäsantanen K.，Hökkä P.，et al. What Is Agency? Conceptualizing Professional Agency at Work［J］. Educational Research Review，2013，10(4)：45－65.

［20］ Anne Edwards. Recognizing and Realizing Teachers' Professional Agency［J］. Teachers and Teaching，2015，21(6)：779－784.

［22］ 操太圣，乔雪峰.能动性与教师本体性安全［J］.全球教育展望，2011，40(5)：45－49.

［23］ Vongails-Macrow，A. I，Teacher：Re-territorialization of Teachers' Multi-faceted Agency in Globalised Education［J］. British Journal of Sociology of Education，2007，28(4)：425－439.

［24］［26］ Lasky，S. A Sociocultural Approach to Understanding Teacher Identity，Agency and Professional Vulnerability in a Context of Secondary School Reform［J］. Teaching and Teacher Education，2005，21(8)：899－916.

［25］ Pantić，N. An Exploratory Study of Teacher Agency for Social Justice［J］. Teaching and Teacher Education，2017，66：219－230.

［29］ Wang，Y.，Mu，G. M.，& Zhang，L. Chinese Inclusive Education Teachers' Agency within Temporal-relational Contexts［J］. Teaching & Teacher Education，2017，61：115－123.

［30］ 陶西平.教师的专业情意［J］.中小学管理，2007(7)：54.

［31］ Babbie，E. R. The Practice of Social Research (13th ed.)［M］. Belmont，CA：Wadsworth Cengage Learning，2013.

［32］ 桑国元，叶碧欣，黄嘉莉.社会支持视角下的乡村教师专业自主发展——基于云南省 H 中学的田野研究［J］.教师发展研究，2019，3(2)：87－94.

［34］侯杰泰.结构方程模型及其应用［M］.北京：教育科学出版社，2004.

［35］Hair，J. F. Multivariate Data Analysis（7th ed.）［M］. Beijing：China Machine Press，2011.

［36］Christian Geiser. Data Analysis with Mplus［M］. New York：The Guilford Press，2013.

［37］Browne，M. W.，& Cudeck，R. Alternative Ways of Assessing Model Fit［J］. Sociological Methods and Research，1992，21(2)：230－258.

［38］Hu，L.，& Bentler，P. M. Cutoff Criteria for Fit Indexes in Covariance Structure Analysis：Conventional Criteria Versus New Alternatives［J］. Structural Equation Modeling：A Multidisciplinary Journal，1999，6(1)：1－55.

［39］Eteläpelto，A.，Vähäsantanen，K.，Hökkä，P.，et al. What Is Agency? Conceptualizing Professional Agency at Work［J］. Educational Research Review，2013，10(4)：45－65.

［40］Pyhältö，K.，Pietarinen，J.，& Soini，T. Comprehensive School Teachers' Professional Agency in Large-scale Educational Change［J］. Journal of Educational Change，2014，15(3)：303－325.

［41］Greene，M. Landscapes of Learning［M］. New York：Teachers College Press，1978a：248.

［42］Van Lier，L. Agency in the Classroom［M］. In Lantolf，J. P.，& Poehner，M. E. (Eds.)，Sociocultural Theory and the Teaching of Second Languages. London：Equinox，2008.

［43］Fischman，W.，Dibara，J. A.，& Gardner，H. Creating Good Education Against the Odds［J］. Cambridge Journal of Education，2006，36(3)：383－398.

［44］Sexton，D. M.Student Teachers Negotiating Identity，Role，and Agency［J］. Teacher Education Quarterly，2008，35(3)：73－88.

［45］Ruohotie-Lyhty，M. Struggling for a Professional Identity：Two Newly Qualified Language Teachers' Identity Narratives during the First Years at Work［J］. Teaching and Teacher Education，2013，30：120－129.

［46］李彦花.教师专业认同与教师专业成长［J］.课程·教材·教法，2009，29(1)：78－83.

［48］陈向明.行动研究对一线教师意味着什么［J］.教育发展研究，2014，33(4)：3.

［49］Reynolds，M.，& Salters，M. The Reflective Teacher and the Teacher Training Agency［J］. Journal of Further & Higher Education，1998，22(2)：193－200.

［51］Ketelaar，E.，Beijaard，D.，Boshuizen，H. P. A.，et al. Teachers' Positioning towards an Educational Innovation in the Light of Ownership，Sense-making and Agency［J］. Teaching and Teacher Education，2012，28(2)：273－282.

［52］李如海.美国"教师参与决策研究"述评［J］.江西教育科研，1997(6)：69－70.

［53］操太圣，卢乃桂.教师赋权增能：内涵、意义与策略［J］.课程·教材·教法，2006(10)：78－81.

［54］乔恩·威特.社会学的邀请［M］.林聚任，等译.北京：北京大学出版社，2017：2－3，155.

作者简介

桑国元 教育部普通高校人文社会科学重点研究基地北京师范大学教师教

育研究中心教授，博士生导师；青海师范大学高原科学与可持续发展研究院讲座教授

叶碧欣（通讯作者） 北京师范大学教育学部教师教育研究所博士研究生

黄嘉莉 教育部普通高校人文社会科学重点研究基地北京师范大学教师教育研究中心教授

电子邮箱

bixin58@mail.bnu.edu.cn

Chapter 8

中小学教研员专业素养：发展水平与提升路径

——基于自评和他评数据的分析验证*

刘　志　吴春琼

摘　要： 教研员专业素养的提升是其专业发展的核心。为明确教研员专业素养的内涵结构，本文基于已有研究基础，建构了评价教研员专业发展的工具量表，以 723 份教研员自评问卷和 1 971 份中小学教师对教研员的他评问卷为样本，调查发现，教研员专业素养结构可以划分为专业知识、专业技能、专业领导和专业品格四个维度。进一步的数据分析显示，教研员专业素养在所在工作区域、工作学段以及学历上存在显著差异。在一线教师眼中，他们整体上肯定了教研员的专业素养，但对教研员专业领导方面的评价表明，其认可度不高。因此，教育行政部门需要健全教研员准入机制，完善教研员培训体系；教研员自身也应通过保持专业自主发展、创新教研工作方式等途径来提升其专业素养。

关键词： 教研员；专业素养；现状；路径

一、问题的提出

我国基础教育教研制度的创立和发展是为了适应中小学教育发展需求，具有中国特色。中国基础教育质量的快速提升与有一支教育观念先进、实践经验丰富、理论基础扎实、研究能力突出的教研员队伍是分不开的。[1]教研员是进行教学研究的人员，承担着教学研究、指导和专业服务的职能，是我国教育行政部门中重要的专业指导队伍。[2]教研员的工作成

* 本文系华东师范大学“优秀博士生学术创新能力提升计划”、国家教育宏观政策研究院“教研员专业素养的调查研究”(201902008S)课题的阶段成果。

为保证课程教材教学改革，提高教育教学质量，促进教师专业化发展的核心支撑力量，[3]教研员在我国基础教育发展的进程中发挥着不可替代的作用。[4]2019 年 7 月，中共中央、国务院发布《关于深化教育教学改革全面提高义务教育质量的意见》，指出："发挥教研支撑作用。明确教研员工作职责和专业标准，健全教研员准入、退出、考核激励和专业发展机制。"2019 年 11 月，教育部出台《关于加强和改进新时代基础教育教研工作的意见》，进一步强调教研工作对推动新时代基础教育改革的重要专业支撑作用，明确了要严格专业标准，促进教研员的专业发展，使教研员的专业角色和发展方向更加聚焦，教研员专业素养发展的重要性和急迫性也再次得到凸显。

近年来，随着新时期对教研员提出的新要求和我国政府越来越强调教研员专业发展的重要性，学界对教研员的研究也逐渐增多。有学者基于中国知网（CNKI）文献，通过词频分析法和共词聚类法得出我国教研员研究领域的五大热点，分别是"教学研究与课程领导、促进教师专业发展研究、教研员能力结构与专业发展、教研员教育科研、教研相关制度"。[5]

对教研员专业素养的研究，明确其专业角色的定位和职能是明确其专业发展方向的前提。学者们对教研员角色定位各有建构，如"专业的课程领导者"[6]、"教育研究引领、教师发展引领、教学督导引领、教育交流引领"的教学引领者[7]、教育政策执行者等，虽然出发点不同，但无一例外都是在中小学的学科发展中发挥"专业引领"的作用。[8]角色定位的不断更新反映了我国不同时期对教研队伍要求各有侧重。有学者认为，在新形势下，基于标准的课程改革时代需要教研工作创新转型，需要教研员重塑自身的专业素养。[9]张伟提出，教研员应具备顺应改革形势、统观全局、专业引领、促交流共享、守规范公正等专业素养。[10]毕景刚等从"教育教学研究、教学方法实践、教学引领示范、协调与沟通"四个职能入手，构建了"专业态度、专业知识、专业能力和专业自主性"四个维度的教研员职业素养。[11]北京市海淀区教师进修学校则尝试以更具体的指标来概括教研员专业素养，自主研制教研员专业素养标准，确定专业精神、专业知识和专业能力三个维度10项指标的教研员素养框架。[12]可以看出，由于教研员还未设立专业标准，近年来围绕教研员专业标准对专业素养的研究更加具象化、指标化，这说明明确教研员专业素养的结构在一定程度上能够促进教研员专业标准的建立。

综上所述，目前的研究大多从理论和思辨的视角来探讨教研员的角色、素养等，虽具有一定的指导意义，但缺乏数据支持。对教育行政部门和教研机构来说，如何选择教研员，教研员应该具有什么样的素质，没有较为合适的参考依据。[13]基于此，为推进新时代高素质教研员队伍的建设，本研究聚焦教研员的专业素养，试图在理论建构的基础上，通过量化的方法对教研员的专业素养的发展水平和提升路径进行深入探讨和科学研究，以促进教研员专业标准的建立，为教研员的培养、评价等方面提供参考依据。

二、 研究设计与方法

1. 研究设计

(1) 研究工具编制

本研究使用《中小学教研员专业素养发展的自评量表》和《中小学教师对教研员专业素养发展水平的评价量表》作为测量工具。编制问卷的第一步从文献梳理开始，明确教研员的角色定位和职能是文献梳理和理论模型建构的前提。

首先，我国中小学教研员在成为教研员之前，绝大多数是在中小学任教的优秀教师，在成为教研员之后，其工作聚焦于教与学的管理与改进，他们是中国教育质量保障系统中的教学领导者，发挥学科专业引领的作用，成为“一线教师的教师”，即专家型教师或教师领导者。[14]因此，专业领导应该是体现教研员专业素养的内涵之一，也是其职业独特性的体现之一。

其次，具备专业知识和技能是能够进行专业领导的必要条件，这也是教研员成为教师领导者必须具备的专业素养。专家型教师或教师领导者应具备良好的专业素养，斯滕豪斯（L. Stenhouse）认为，专家型教师能使教学变得容易，但前提是他具备很多专业技能、知识和能力。[15]教研员除了要掌握系统的学科知识外，还要掌握科学研究教师的"教"、学生的"学"、教学质量监测评价的理论和方法。这些构成了教研员专业素养中的基础成分。[16]专业技能是建立在专业知识基础上的专业核心要素，[17]这也是提高教研员自信心的途径。

最后，专业品格是新时代教研员专业性的重要体现。良好的专业品格能更好地促进别人的成长，也能促进自身专业能力的提升。[18]教研员作为促进中小学教师专业发展，提高基础教育教学质量的群体，具有更为典型的专业品格——探究性。[19]探究意味着不断研究，国家赋予教研员研究、指导和服务的基本职能，研究居于基本职能之首，也是核心所在。

通过对中小学教研员的角色定位的文献梳理，发现对教研员素养的讨论内容基本离不开知识、技能、个人品质以及专业引领等关键词。

在梳理文献的基础上，我们又对 8 位教研员进行深入访谈，了解他们认为教研员自身专业发展需要具备的关键素质是什么，并对其访谈内容进行编码。罗生全教授 2017 年编制的《教研员胜任力量表》[20]与本研究具有相似之处，查阅其量表及胜任特征表有利于把握教研员的核心特质。在参考以上资料的基础上，结合毕景刚、罗滨等人制定的教研员素养框架，确定了专业知识、专业技能、专业领导和专业品格四个维度作为本研究问卷的框架。对问卷进行专家评定，由 3 位关注教研员研究领域的专家和 2 位擅长量化研究的专家对问卷内容关联度及问题表述等方面提出建议和评定，最后对上海市的 184 位中小学教研员进行试测，对问题表述和题量等进行评估，并用 SPSS 23.0 对试测数据进行信度和效度分析。

（2）研究工具的信度和效度检验

《中小学教研员专业素养发展的自评量表》共包含四个维度，分别是专业知识（如"我系统掌握本学科的专业知识""我熟知做好教学质量监测的理论和方法"等）、专业技能（如"我熟练诊断教师教学过程中出现的问题”“我熟练整合各方资源开展教研工作”等)、专业领导(如“我积极为一线教师搭建锻炼提升的平台”“我致力于提升本学科教师的专业化水平”等)、专业品格(如“我通过自主学习促进专业发展”“我在工作实践中善于反思总结”等)。考虑到本研究是对教研员专业发展评价体系的探索性研究,若指标过少,可能会导致相应变量的信度系数降低,因而初始问卷中教研员自评量表共包含 32 个量句(题项)。问卷采用李克特六分量表的形式,从 1(完全不符合)到 6(完全符合)。进而对改编问卷进行探索性因素分析和信度与效度分析,以明确教研员专业素养的结构。

探索性因素分析。为了检验调查数据是否适合作因素分析,对教研员自评量表数据进行了 Bartlett 球形度检验,检验值分别为 11 441.73 ($p<0.001$),说明两份量表各个项目间有共享因素的可能性。同时,样本适当性度量值 KMO 分别为 0.958,信度极好,表明数据样本适宜作因素分析。在此基础上对问卷进行主成分分析,对因素分析结果进行最优斜交旋转,同时结合碎石图,抽取出 4 个公因子,累计方差贡献率分别为 72.59%,具体结果见表 1。

如表 1 所示,在四因素模型的预设下,教研员自评变量经过多次主成分分析,剔除同时包含两个成分、不符合变量含义以及影响信度水平的指标后,原来指标量句 32 个减少为 20 个。

表 1 教研员自评指标主成分分析(斜交旋转)的因子载荷值

指标		1	2	3	4
1	我熟练诊断教师教学过程中出现的问题	0.913			
2	我熟练设计各教学单元完整的课程方案	0.879			
3	我熟练整合各方资源开展教研工作	0.835			
4	我在听评课过程中作适切的评价反馈	0.831			
5	我工作中熟练运用信息化工具软件	0.775			
6	我熟练开展本学科教师的专业培训	0.434			

（续表）

指标		1	2	3	4
7	我通过自主学习促进专业发展		0.939		
8	我在工作实践中善于反思总结		0.930		
9	我通过参与研究提高专业技能		0.890		
10	我从事教研员工作能实现人生价值		0.824		
11	我在工作中克服思维定势避免思维僵化		0.522		
12	我系统掌握本学科的专业知识			0.923	
13	我系统掌握科学研究的规范			0.916	
14	我熟知做好教学质量监测的理论和方法			0.802	
15	我熟知学生“学”的理论和实践			0.738	
16	我组织指导教师申报、开展课题研究				0.943
17	我经常组织教师参加学科沙龙和教学研讨				0.930
18	我能自如地应对上下级人际关系				0.768
19	我致力于提升本学科教师的专业化水平				0.715
20	我积极为一线教师搭建锻炼提升的平台				0.368
特征值		10.14	2.01	1.20	0.81
被解释的方差(%)		53.35	8.67	6.30	4.27

注：(1) 因子负荷的绝对值大于 0.3 的变量为显著变量；(2) 根据分组指标的含义，将第一个主成分定义为“专业技能”，第二个主成分定义为“专业品格”，第三个为“专业知识”，第四个为“专业领导”。

信度分析。本研究主要对量表的同质性信度和分半信度进行分析，所得系数具体参照表 2。通过表 2 可知，教研员专业素养量表在整体上的同质性克龙巴赫 α 系数(Cronbach’s alpha) 为 0.951，专业知识、专业技能、专业领导和专业品格四个因子的 α 信度系数为 0.814—0.869，均高于 0.80。分半信度采用斯皮尔曼-布朗相关系数计算，得出总量表的分半信度系数为 0.908，各因子的分半信度系数为 0.840—0.932。因此，该量表具有较高的内部一致性。

表 2 教研员专业素养自评各维度的内部一致性信度

因　　素	内部一致性系数	分半系数
专业知识	0.831	0.873
专业技能	0.839	0.903
专业领导	0.869	0.840
专业品格	0.814	0.932
总 量 表	0.951	0.908

效度分析。经过前期文献梳理、访谈编码等制定问卷并多次修改，问卷的内容关联度、表述准确性以及题目分布合理性等方面均得到多位同行、教育学及心理学等专家的认可，证明量表具有较好的内容效度。

结构效度则采用验证性因素分析来检验。由表 3 可知，本量表各因子之间存在显著相关，相关系数为 0.775—0.862；量表各因子与总分之间存在极其显著的相关，相关系数为 0.915—0.936，而且总分与分维度之间的两两相关系数均高于各分维度之间的相关系数。这说明各因子之间既相互独立，又相互促进，能够反映总量表要测查的内容，表明量表具有良好的效度。

表 3 教研员自评量表各维度之间及其与总分间的相关性统计结果

	专业知识	专业技能	专业领导	专业品格
专业知识	1			
专业技能	0.862***	1		
专业领导	0.781***	0.791***	1	
专业品格	0.775***	0.783***	0.843***	1
总 量 表	0.936***	0.915***	0.919***	0.926***

注：*** $p<0.001$。

为进一步说明本研究改编的教研员专业素养量表能够解释“专业素养”这一概念内涵，且能在多大程度上解释这一内涵概念，用 AMOS 检验由专业知识、专业技能、专业领导和专业品格构成的教研员专业素养问卷的结构效度（见表 4）。

表 4　教研员专业素养自评量表的验证性因素分析拟合指数

拟合指数	X^2	df	X^2/df	GFI	CFI	NFI	IFI	RMSEA
数　值	781.41	210	3.721	0.940	0.963	0.890	0.854	0.016

由表 4 可见，模型的绝对拟合指数（GFI）、赋范拟合指数（NFI）、比较拟合指数（CFI）、递增拟合指数（IFI）四种评价指标均在 0.85 以上（>0.8），渐进残差均方（RMSEA）为 0.016（<0.08），表明该模型拟合指数良好。综上，证明该量表具有良好的结构效度。

2. 数据来源与处理

（1）数据来源

本研究采用问卷调查法，采用随机抽样方式。第一次测试对上海地区的教研员进行试测，共收集教研员自评量表有效问卷 184 份。正式问卷的发放省份扩展到北京、天津、重庆、西藏、广西、黑龙江、山东、江苏等 15 个省（区、市），在区域分布上具有一定的广泛性，共收回教研员自评量表有效问卷 723 份（回收有效率为 95.6%）。关于教研员的抽样，研究者考虑了性别、年龄、学历、工作学段、任教学科、教学年限、工作区域等因素，力求达到较为科学和普遍地抽样。具体样本信息如表 5 所示。

表 5　调查样本的基本情况

维　度	类　别	数量（人）	百分比（%）
性　别	男	255	35.3
	女	468	64.7
年　龄	30 岁及以下	110	15.2
	31—40 岁	234	32.4
	41—50 岁	280	38.7
	50 岁及以上	99	13.7

（续表）

维　度	类　　别	数量(人)	百分比(%)
学　历	高中及以下(含中师)	61	8.4
	大　专	134	18.5
	本　科	461	63.8
	硕　士	57	7.9
	博　士	10	1.4
工作学段	小　学	406	56.2
	初　中	176	24.3
	高　中	141	19.5
教学年限	5 年以下	157	21.7
	5—10 年	148	20.5
	10—15 年	107	14.8
	15—20 年	122	16.9
	20 年以上	189	26.1
工作区域	城　区	297	41.1
	郊　区	94	13.0
	乡　村	332	45.9

（2）数据处理

数据处理中，探索性因素分析采用主成分分析，因子旋转采用最优斜交法，影响因素采用相关分析和差异分析。计算工具为 SPSS 23.0，并根据因素分析结果进行理论分析。

三、 研究结果

1. 教研员专业素养的实然分析

通过对教研员自评问卷进行描述性统计和方差分析，发现教研员的专业素养在工作区域、工作学段以及年龄和学历方面存在显著差异。

（1）城区教研员的专业素养优于郊区和乡镇教研员

目前，对农村地区或者民族地区等欠发达地区教研员的研究和关注较少，以“区县教研员”或者“民族地区教研员”为关键词在中国知网上进行搜索，相关文章记录不足 20 条，说明对欠发达地区教研员关注不足。因此，本研究将工作区域作为三分类别变量，以专业素养四维度作为因变量，采用 ANOVA（analysis of variance）检验，结果见表 6。

表 6 城乡与教研员自评各维度 ANOVA 检验

维　度	工作区域	平均数	标准差	F 值	*p* 值	事后检验
专业知识	城区	20.49	3.08	6.387	0.000	1>2>3
	郊区	20.38	2.29			
	乡镇	19.94	1.97			
专业技能	城区	30.69	4.84	8.570	0.000	1>2>3
	郊区	30.31	3.54			
	乡镇	29.46	3.09			
专业领导	城区	25.65	4.19	10.773	0.000	1>2>3
	郊区	25.36	2.90			
	乡镇	24.85	2.56			
专业品格	城区	25.70	4.00	8.297	0.000	2>1>3
	郊区	25.71	3.07			
	乡镇	24.85	2.34			

注：事后检验 1 表示城区，2 表示郊区，3 表示乡村。

通过以上数据分析发现，工作区域的不同在教研员的专业知识、专业技能、专业领导和专业品种四个维度上均有极其显著的差异（$p<0.001$）。且根据进一步事后检验数据可知，除了专业品格，城区的教研员在专业知识、专业技能和专业领导等方面的自我评价程度更高。同时，城区教研员在四个维度上的平均值得分也均高于郊区和乡镇教研员，即城区的教研员在学科知识的掌握上、对教师教学出现问题的诊断和指导上，以及引领

学科教师的专业发展等方面都优于郊区和乡镇的教研员。同样地，通过事后检验也证明，郊区教研员整体素养水平优于乡镇教研员。也就是说，不同地区教研员的专业素养显现出城区＞郊区＞乡镇的特征。这说明教研员自身专业素养的认知和能力受外部经济社会发展水平的影响很大，这也能在一定程度上解释了为什么不断有优秀教师和教研员向城区流动的现象。要想改变这一现状，教育行政部门迫切需要加强对农村地区或者边远地区教研员的培训和关注。

(2) 教研员专业素养在工作学段上存在显著差异

如表 7 所示，不同学段的教研员在专业领导维度的评价上无显著差异，在专业知识、专业技能和专业品格各维度的评价上有显著差异。且根据事后检验数据可知，高中学段的教研员在专业知识、专业技能和专业领导等方面的自我评价的均值更高。这说明了不同工作学段所反映的教育教学的深度和广度的差异对教研员专业发展的能力要求也不尽相同，从小学到初中再到高中学段，教研员专业发展的能力呈逐渐递增的态势，也说明高中学段的教研员承受着更多的学科专业发展的压力。

表 7　工作学段与教研员自评各维度 ANOVA 检验

维　度	工作学段	平均数	标准差	F 值	*p* 值	事后检验
专业知识	小学	19.67	2.37	6.738	0.034	3＞2＞1
	初中	19.96	2.33			
	高中	20.50	2.08			
专业技能	小学	29.19	3.69	3.407	0.001	3＞2＞1
	初中	29.56	3.70			
	高中	30.11	3.56			
专业领导	小学	24.50	3.28	3.181	0.214	3＞2＞1
	初中	24.61	3.16			
	高中	25.28	2.75			

（续表）

维　度	工作学段	平均数	标准差	F 值	*p* 值	事后检验
专业品格	小学	25.11	2.95	1.543	0.042	3>2>1
	初中	25.22	2.93			
	高中	25.61	2.91			

注：事后检验 1 表示小学，2 表示初中，3 表示高中。

（3）教研员队伍学历分布不均且存在差异

为了检验教研员的专业素养在学历上有无显著差异，本研究中将学历作为五分类别变量，以专业素养四维度作为因变量进行方差分析，结果见表 8。

表 8　学历与教研员自评各维度 ANOVA 检验

维度	学　历	平均数	标准差	F 值	*p* 值	事后检验
专业知识	高中（中师）	19.08	3.94	4.344	0.002	4>5>3>2>1
	大专	19.83	2.42			
	本科	19.92	1.97			
	硕士	20.84	2.12			
	博士	19.94	2.90			
专业技能	高中（中师）	28.64	5.94	2.586	0.036	4>5>3>2>1
	大专	29.41	3.73			
	本科	29.42	3.25			
	硕士	30.75	3.49			
	博士	29.80	3.79			
专业领导	高中（中师）	23.87	5.23	3.735	0.005	4>5>3>2>1
	大专	24.46	3.31			
	本科	24.68	2.75			
	硕士	26.00	2.64			
	博士	25.10	3.70			

（续表）

维度	学　历	平均数	标准差	F 值	*p* 值	事后检验
专业品格	高中（中师）	24.30	5.10	5.063	0.000	4＞5＞3＞2＞1
	大专	24.92	3.01			
	本科	25.28	2.49			
	硕士	26.58	2.58			
	博士	25.30	3.10			

注：事后检验 1 表示高中及以下（含中师），2 表示大专，3 表示本科，4 表示硕士，5 表示博士。

如表 8 所示，在专业知识、专业技能、专业领导和专业品格各维度的自评上有显著差异。且根据事后检验数据可知，教研员的自我评价程度基本上是硕士学历最高，博士次之，而后从本科、大专、高中（中师）依次递减。这在一定程度上可以说明，学历越高，教研员专业素养总体水平则越高。至于数据中博士学历的教研员在各维度的自我评价程度不稳定，可能跟博士的样本数较少有关。

虽然学历与教研员专业素养成正比，但是本次调研反映出的实际教研队伍学历分布十分不均。拥有硕士学历的教研员仅占总抽样人数的 7.9%，博士学历的教研员仅占 1.4%。这虽然不是全国教研员队伍整体学历占比的准确数据，但随机抽取的样本还是能在一定程度上反映教研队伍整体学历分布不均的事实，高学历教研员偏少，这可能是当下教研员研究能力水平欠缺的原因之一。年龄与学历的分布不均也是目前我国教研队伍不够健全的表现。

2. 一线教师眼中的教研员专业素养情况

通过转换教研员自评量表中的提问方式构建了《中小学教师对教研员专业素养能力发展的评价量表》，在发放教研员自评量表的省（区、市）发放教师评价量表，共收回一线教师对教研员评价的有效问卷 1 971 份，以了解教师对教研员专业素养的评价情况（见表 9）。

表 9　中小学教师对教研员他评指标主成分分析（斜交旋转）的因子载荷值

指标	题项：您熟悉的教研员……	1	2	3	4
1	熟练诊断教师教学过程中出现的问题	0.919			
2	熟练设计各教学单元完整的课程方案	0.914			
3	在工作中熟练运用信息化工具软件	0.873			
4	熟练整合各方资源开展教研工作	0.872			
5	在听评课过程中作适切的评价反馈	0.852			
6	熟练开展本学科教师的专业培训	0.850			
7	系统掌握本学科的专业知识		0.952		
8	熟知做好教学质量监测的理论和方法		0.898		
9	系统掌握科学研究的规范		0.863		
10	熟知学生"学"的理论和实践		0.827		
11	通过自主学习促进专业发展			0.940	
12	在工作实践中善于反思总结			0.940	
13	通过参与研究提高专业技能			0.879	
14	从事教研工作能实现人生价值			0.830	
15	在工作中克服思维定势，避免思维僵化			0.428	
16	组织指导教师申报、开展课题研究				0.996
17	经常组织教师参加学科沙龙和教学研讨				0.901
18	能自如地应对上下级人际关系				0.735
19	致力于提升本学科教师的专业化水平				0.619
20	积极为一线教师搭建锻炼提升的平台				0.537
特征值		12.51	1.87	0.82	0.77
被解释的方差（%）		62.55	9.33	4.12	3.85

注：(1) 因子负荷的绝对值大于 0.3 的变量为显著变量；(2) 根据分组指标的含义，将第一个主成分定义为"专业技能"，第二个主成分定义为"专业知识"，第三个为"专业品格"，第四个为"专业领导"。

调查结果与教研员自评结果整体上一致，比如对教研员的专业知识、专业技能、专业领导、专业品格等方面表现较为肯定，且总体评价较高。但是也存在一定差异，比如两主体(教研员、中小学教师)对专业领导方面的评价存在显著差异。另外，访谈了其中部分教师，以期对数据调查结果有更好的解释。

(1) 中小学教研员的专业素养和能力表现受到一线教师认可

为提高本研究对当前教研员专业素养的现状调查的可靠性，将教研员自评结果和中小学教师的他评结果进行双向验证，分别对两组的四维度得分进行描述性统计，结果见表 10 和表 11。

表 10 教研员自评量表各指标的平均值、标准差及信度系数

变　量	标准差	样本数	alpha 系数	指标数(个)	题项均值(分)
专业知识	2.33	723	0.794	4	4.98
专业技能	3.68	723	0.856	6	4.91
专业领导	3.17	723	0.822	5	5.05
专业品格	2.94	723	0.871	5	4.94

表 11 中小学教师对教研员他评量表各指标的平均值、标准差及信度系数

变　量	标准差	样本数	alpha 系数	指标数(个)	题项均值(分)
专业知识	3.34	1 971	0.852	4	4.67
专业技能	4.85	1 971	0.884	6	4.68
专业领导	4.17	1 971	0.883	5	4.58
专业品格	4.28	1 971	0.909	5	4.62

通过对以上数据进行对比分析发现，教研员的自评结果在专业知识、专业技能、专业领导和专业品格等各个维度的平均得分都高于中小学教师对教研员的他评得分，这说明教研员在评价自己专业素养的水平上普遍认为比较良好，而教师对教研员专业素养的评价相对来说更加客观，但

整体认可度也较高，得分均在 4.5 以上，属于中等偏上水平。这说明了中国特色的基础教育教学研究制度得到一线教师的认可和支持，教研机构确实在我国基础教育的发展中发挥着不可替代的作用。

（2）教研员的专业领导力需要提升

将表 10 和表 11 进行纵向对比，发现自评和他评在专业领导维度上明显不一致。教研员自评中的题项均值在“专业领导”变量上的平均分最高（5.05），这说明教研员认为自己在引领教师专业发展的过程中发挥了很重要的作用，或者说教研员意识到自身具有引领中小学教师发展的专业领导作用。但在中小学教师对教研员的评价量表中，“专业领导”变量的平均分最低（4.58），这说明教师对教研员的专业领导力的认可度并不高，或者说一线教师并没有在实践中感受到教研员对自己的实践或者课题上的带动，也较少参加教研员组织的学科沙龙，教师之间的合作交流也没有因教研员而促进。

为进一步了解两者之间存在如此显著差异的原因，通过与多名一线教师进行访谈发现，目前教研员到中小学主要还是通过听评课的传统教研方式，这显然不能够满足社会发展以及新政策对教研员提出的要求，即“服务学校教育教学，服务教师专业成长，服务学生全面发展以及服务教育管理决策”[21]，这也与教研员应在学科教学、科研等专业发展方面提供切实帮助，有效发挥专业领导力上还存在一定差距。[22]而且这种教研方式容易使教研员只关注教师在教学方面的需要，与教师缺乏除点评之外的必要的交流和沟通，很难从根本上提高教师的整体专业化水平，教研效果也还有很大提升空间。

四、讨论与建议

信度和效度分析显示，本研究的各项指标系数均在可接受范围之内，说明教研员专业素养结构可以划分为专业知识、专业技能、专业领导和专业品格四个维度。进一步的数据分析显示，教研员专业素养在所在工作区域、工作学段以及学历上存在显著差异，且城区的教研员专业素养高于郊区和乡镇教研员；高中学段教研员的专业素养高于初中和小学学段教研员；学历方面，除博士外（可能与博士收集样本量较少有关），学历越高，教研员专业素养也越高。通过对调研数据的横向和纵向对比发现，在一线教师眼中，他们整体上肯定了教研员的专业素养能力，但对教研员专业领导方面的评价与教研员自身认为具有较好的专业领导能力具有很大差异，所以教研员的专业领导力仍需进一步提升。针对以上问题，为进一步营造有利于教研员专业素养发展的环境，从制度和个人层面上对提升教研员专业发展能力提出几点建议。

1. 丰富教研员群体类型，健全教研员准入机制

在前期访谈调查的过程中，教育行政人员、教师和教研员都明确提到了教研员没有专业标准的问题，这个问题同样在量表中得到了验证。从量表的编制维度和测量评价来看，教研员的专业标准可以从专业知识、专业技能、专业领导和专业品格四个维度去考虑设置更加详细的标准，同时在遴选过程中要增加学历和年龄上考量的比重，保持教研队伍活力，并且提高教研队伍的整体研究能力。同时，丰富教研专家的类型，不仅要有对教育教学有着丰富经验的实践型教研专家，还要有理论型教研专家，能够为教研机构的整体教研队伍以及学校的课程发展、教师提升等方面提供方向的引领和指导。

2. 提高培训学习针对性，完善教研员培训体系

教研员一般是要给教师做培训的，但教研员自身很少能系统地参加培训，这也许与我国课程改革从制度设计上把教研队伍当作理所当然的“专家”有关，以至于认为教研人员的专业发展完全取决于系统内的自觉自为和个人的自主学习。[23]针对我国目前有关教研员的专业培训较少，以及教研员专业素养、工作区域、工作学段、年龄差异较大的情况，建议教育

决策部门在培训主体上多向县、乡教研员倾斜，为他们创造更好的学习机会和平台，能够与更有经验的专家或同仁交流，弥补先天环境的不足。在培训内容上，教育决策部门应当为教研员的专业发展规划设立系统的专业培训体系，创新举措，比如根据不同学科、不同学段进行更详细的分层次培训，使培训更有针对性，增强培训效果。在培训途径上，可在与高校、科研机构的合作中实现专业提升，教研员应积极与大学专家和科研机构的研究人员进行合作，取长补短，积极创新教育教学研究的方法和实践，在教育理论和实践水平上实现同步提升。

3. 教研员应内修外助，促进专业自主发展

教育教学改革的不断深化给教研员提出了更高的专业素养要求，在当前专业发展机制尚未完全理顺前，教研员自身要加强自主发展和终身成长的意识，以专业发展为核心，培养专业性情怀，树立成长性思维，在不断提升自我修养和品格、专业知识与技能的过程中，充分发挥学科专业引领者的角色，做好一线教师的引路人。要促进教研员的专业发展，不仅需要其自身不断进修和提高，外部环境的支持和帮助也很重要。教育行政部门应该明确教研员的职责，减少教研员行政事务，不委派教研员协助完成职责之外的工作，避免教研员因大量行政事务而脱离学科发展指导工作，要在制度和工作实践上保障教研员专业发展的良好环境。同时，教育行政部门要促进教研员与一线教师的交流和指导，在教师共同体中促进教研员的专业发展。

4. 立足教师和学生实际，创新教研工作方式

为更好地提高教研员对中小学教师专业领导的效果，让一线教师能够认可并积极配合教研员组织开展的各种活动，教研员必须使自己的教研工作方式多样化，且去形式化，否则只会增加教师负担。教研员必须立足于学生实际、课堂实际和地区实际，在运用科学的方法指导教师的教学

时，也能更接地气，符合师生实际。另外，定期组织学科沙龙或教学研讨，让教师互相学习交流，尤其让年轻教师多参与多学习。同时，通过创新使用新媒体技术等工作载体，发挥技术优势，拓展教学资源，提高教研效率，提升教学质量。

新时代社会的发展给教育带来了更多的机遇和挑战，同样对教研员来讲，也要积极应对时代变革带来的新问题和新挑战。加强和改进基础教育教研工作，就要以提升教研员的专业素养为核心，充分发挥教研员的独特价值，为提升我国基础教育教学质量贡献更多的智慧和力量。

参考文献

[1] 顾明远.应重视和加强教研队伍建设[N].中国教育报，2014-03-15(07).

[2] 花文凤.我国教研员队伍建设研究：现实挑战、基本状况及发展方向[J].当代教育与文化，2019(1)：91-95.

[3] 梁威，李小红，卢立涛.中国特色基础教育教学研究制度的发展[J].教育研究，2010(12)：22-28.

[4] 田慧生.向“大教研”转型[J].人民教育，2016(20)：14-19.

[5][9] 宋文君.我国教研员研究领域的热点与趋势——基于关键词共词聚类、突现词共现图谱的计量分析[J].课程·教材·教法，2018，38(10)：124-130.

[6][23] 崔允漷.论教研室的定位与教研员的专业发展[J].上海教育科研，2009(8)：4-8.

[7] 陈瑞生.引领课程与教学：教研员的核心价值取向[J].教育理论与实践，2010，30(5)：7-9.

[8] 沈伟.中国大陆教研员的制度演变与身份建构[M].北京：教育科学出版社，2012：11-14.

[10] 张伟.论教研员的专业素养及发展策略[J].辽宁教育行政学院学报，2016，33(5)：52-55.

[11] 毕景刚，韩颖.教师专业发展背景下教研员的角色与职业素养研究[J].教学与管理，2014(18)：31-33.

[12] 罗滨.教研员核心素养：教研转型背景下的新修炼[J].中小学管理，2016(4)：15-17.

[13] 曾海燕，张健，康世刚.教研员专业标准的研制与思考[J].教育评论，2019(10)：127-130.

[14] 顾泠沅，王洁.校本教研：从制度建设到聚焦课堂[J].人民教育，2006(19)：45-47.

[15] Stenhouse，L. An Introduction to Curriculum Research and Development[M]. London：Heinemann，1975.

[16] Wasley，P. A. Teachers Who Lead：The Rhetoric of Reform and the Realities of Practice[M]. New York：Teachers College Press，1991.

[17] Jennifer York-Barr & Karen Duke. What Do We Know about Teacher Leadership? Findings from Two Decades of Scholarship[J]. Review of Educational Research，2004(3)：

255－280.

［18］ Willmott, R. W. Structure, Agency and the Sociology of Education: Rescuing Analytical Dualism[J]. British Journal of Educational Studies, 1999, 20(1): 5－21.

［19］ 梁威，李小红，卢立涛.新时期我国基础教育教学研究制度：作用、挑战及展望[J].课程·教材·教法，2016，36(2)：11－16.

［20］ 罗生全，孟宪云.教研员胜任力初探[J].教育研究，2017，38(9)：124－131.

［21］ 中华人民共和国教育部.教育部关于加强和改进新时代基础教育教研工作的意见（教基〔2019〕14号）[EB/OL].2019－11－20[2019－11－20]. http://www.moe.gov.cn.

［22］ 胡艳，高志雄.当前北京市中学教研组长素质状况及其影响因素研究[J].教师教育研究，2012，24(6)：73－80.

作者简介

刘　志（通讯作者）　讲师，华东师范大学教育学部教育学系/国家教育宏观政策研究院博士生

吴春琼　华东师范大学教育学部教育学系硕士生

电子邮箱

ecnuliuzhi@163.com

Chapter 9

城乡教师交流如何能促进乡村教师质量提升

——基于多重中介效应的实证研究*

于海英

摘　要： 为了解城乡教师交流如何能促进乡村教师质量提升，本研究对黑龙江、山东、广东三个省份的部分农村地区的初中和小学教师进行了问卷调查。研究发现：城乡教师交流在促进乡村教师质量提升方面具有独立影响；城乡教师交流通过价值认同、条件待遇、监控体系以及价值认同—条件待遇链式的多重中介作用间接地提升乡村教师质量，价值认同与监控体系的中介效应均较强；但在所有中介变量参与的情况下，城乡教师交流促进乡村教师质量提升的直接作用不显著。因此，在义务教育均衡发展的过程中，确保城乡教师交流，有效促进乡村教师质量提升，不仅要加大城乡教师交流经费投入与政策支持，更要明确与认同城乡教师交流的优势与价值，完善城乡教师交流的质量监控体系。

关键词： 城乡教师交流；乡村教师质量提升；价值认同；条件待遇；监控体系

一、问题提出

深入推进义务教育均衡发展，教师资源配置是关键。在长期的城乡二元教师劳动力市场差异以及教师工作与生活环境对城乡教师发展的不同影响下，城乡教师质量会表现出系统性的差异。[1]在一定区域内实施城乡教师交流，恰恰是看到了城乡教师群体的这种系统性的差异而采取的

* 本文系全国教育科学规划 2015 年度教育部重点项目“县域城乡教师交流制度下乡村教师质量监控与问责机制研究”(项目编号：DHA150279)的阶段性成果。

措施，通过城乡教师交流可以实现城乡师资合理配置，在加强师资建设的同时，全面提高乡村教师的整体素质。因此，对于城乡教师交流，不仅仅要将其看作解决乡村教师数量的配置手段，更重要的是要关注其在乡村教师质量提升方面的积极作用。

城乡教师交流在我国县域层面广泛存在。城乡教师交流能够促进乡村教师质量提升的一个重要条件是其运行的有效性与持续性，这需要有意识层面的价值认同、运行方面的条件待遇、管理方面的监控体系作为保障和支撑。对城乡教师交流制度价值的认可程度影响着相关人员在认知、理解和情感的基础上对制度本身、制度运行的评价以及制度对自己影响的程度，也影响着其在实践中对制度的参与度和支持度；一项制度的持续有效运行需要一定的物质条件和政策条件，资源充足是其长效运行的关键前提，配套政策完善能促使城乡教师交流的实施者和参与者获得应有的支持、保障和动力；监控体系完善能够确保城乡教师交流制度运行方向正确，使其能对运行过程中出现的问题进行有效确认、监督、控制与调整，确保其长效运行。

到目前为止，学术界对城乡教师交流问题的关注多是从城乡教师交流政策的制定、执行以及实施过程中的问题进行研究与思辨。如袁桂林[2]、鲍传友[3]、李宜江[4]、李茂森[5]等人运用实例、实证的方法对城乡教师交流的政策及其实施过程中的问题进行了研究，叶飞[6]、贾建国[7]、李宜江[8]等人从理论上对城乡教师交流制度的问题进行了考查和说明。但从城乡教师交流制度视角探讨乡村教师质量提升的实证研究并不多见，仅有的少量研究都是从理性思辨层面进行的探索。就目前的研究成果来看，难以真正解释城乡教师交流能否促进乡村教师质量提升，如何才能促进乡村教师质量提升。本文重点研究此问题，系统探讨城乡教师交流在促进乡村教师质量提升中的独立影响，以及在城乡教师交流与乡村教师质量提升间起到中介作用的多重因素，最终为城乡教师交流促进乡村教师质量提升提供相应的实证依据。

二、理论分析与研究假设

1. 城乡教师交流与乡村教师质量提升

城乡教师交流是促进城乡间教师资源重新配置的一项制度，作为推进教育资源均衡发展、实现教育公平的政策，其实质性意义在于通过“增值”促进教师的专业发展。[5]从制度与利益的关系中不难看出，城乡教师交流制度是基于城市与农村间教育利益的相协调、国家社会利益与学校群体利益、师生个人利益的相统一而制定的，[9]它不仅具有手段式的工具性价值，还具有利益式的目的性价值，其制约和使能作用就表现在制约并完善义务教育教师资源配置的同时，关注提升乡村教师质量，实现教育均衡发展与教育公平的可能性与必要性。因此，促进乡村教师质量提升属于其增值效果。

从专业基本要求而言，乡村教师与城市教师的内涵和外延是没有差别的[10]。但由于生活、工作在不同地域背景中，城乡教师在他们的教师职业生涯中形成了不同地域的专业特质。交流教师作为“外来者”打破了学校原有环境系统的平衡而孕育出张力。[11]随着时间的推移，专业特质不占优势的乡村教师就容易产生心态与观念转变的基本动力——原有心态与环境之间的错位。[12]这有可能促进乡村教师不断反思并改善自己的教学行为。综上，提出假设：

假设①：城乡教师交流能促进乡村教师质量提升。

2. 价值认同的中介作用

价值认同是社会个体或共同体在观念上对某种事物价值的认可和接受。[13]人们通过对事物价值的认知、判断等活动不断改变自身的价值结构，[14]进而影响到个体对某一行为的行为意向。一种制度得以延续，在很大程度上取决于人们对于该制度在一定程度上的认可和接受。[15]从社会个体的角度看，“个体对一种制度内容的认识与理解、对制度的规范性是否契合个体的价值结构与利益诉求、制度的实施能否有效实现其目标和价值”[16]决定了个体的行为，因为行动者的行为通常被各种价值观、规范和其他理念支配[17]。综上，提出假设：

假设②：价值认同在城乡教师交流与乡村教师质量提升间起到中介作用。

3. 条件待遇的中介作用

在社会交易中的确会盘算成本和收益，[17]人们通常会寻求伴随角色合法性而带来的报酬，核算各种可能选择的成本，衡量获得的最大利润。在城乡教师交流制度推行过程中，教师关注的成本与收益有像金钱和其他大家都可见到的激励等外部报酬；有对个体的激励，如满意、自豪和舒服等内部报酬；还有所有报酬中最有价值的对自己身份的角色支持。[17]根据理性和互惠原理，教师在参与城乡教师交流时，越是期望得到更多的报酬，就越有可能从事这种活动；报酬越多，越有可能产生互惠的义务并以此来支持后来的行为。综上，提出假设：

假设③：条件待遇在城乡教师交流与乡村教师质量提升间起到中介作用。

假设④：价值认同—条件待遇在城乡教师交流与乡村教师质量提升间起到链式中介作用。

4. 监控体系的中介作用

在政策实施之后就必须开展跟踪监测与督查，因为政策推行带来的结果是永远无法完全预知的。[18]监控是察觉群体不遵从制度规范的有效措施。如果监控能力很低，就很难保证群体对制度规范的顺从与遵守；如果没有监控，作为顺从与遵守诱因的赏罚也就不能有效地实施。[17]虽然监控并不能将所有信息提供出来，但总能给出制度运行过程中相关人员努力的附加信息。这些附加信息有助于减少信息的不对称性。[19]完善的监控体系可以提高城乡教师交流的有效性，因为监控不仅可以降低运行偏差，而且可以将结果作为重要的激励来源。综上，提出假设：

假设⑤：监控体系在城乡教师交流与乡村教师质量提升间起到中介作用。

三、数据来源与问卷说明

1. 数据来源

为了解城乡教师交流促进乡村教师质量提升的真实情况，对黑龙江、山东、广东三个省份的部分农村地区初中和小学教师进行了问卷调查。问卷调查采用随机分层抽样的形式，样本学校是以所调查区域内的教育质量高、中、低的特征为原则选定的，其中初中学校 21 所，小学（含教学点）53 所。调查共发放问卷 2 100 份，回收问卷 1 928 份，回收率为 91.8%，三个省份的问卷回收量分别为黑龙江 585 份、山东 881 份、广东 462 份。

2. 问卷说明

问卷主要由两部分构成，第一部分是被试的人口统计学变量，第二部分的问卷的主体包括自变量（城乡教师交流）、因变量（城乡教师交流中乡村教师质量提升程度，以下简称乡村教师质量提升）、中介变量（价值认同、条件待遇、监控体系），将各变量设置为李克特五级选项，赋值 1—5，从 1 到 5 表示程度逐渐减弱。使用统计软件 SPSS 20.0 和 MPLUS 7.0 进行数据处理。问卷整体克龙巴赫 α 系数（Cronbach's alpha）为 0.877。问卷的模型拟合指数为：$\chi^2=23.534$，$df=2$，$p=0.000\ 0$，CFI = 0.994，TLI = 0.969，SRMR = 0.014，RMSEA = 0.075（90%置信区间为 0.050—0.103），各项拟合指数均达到推荐值，模型拟合程度良好。

四、结果与分析

1. 城乡教师交流中与乡村教师质量提升相关因素分析

表1列出了相关因素的均值、标准差和相关系数矩阵。结果显示，城乡教师交流与价值认同（$r=0.384$，$p<0.01$）、条件待遇（$r=0.438$，$p<0.01$）、监控体系（$r=0.771$，$p<0.01$）和乡村教师质量提升（$r=0.376$，$p<0.01$）均呈正相关，而且达到显著水平；价值认同（$r=0.579$，$p<0.01$）、条件待遇（$r=0.350$，$p<0.01$）、监控体系（$r=0.389$，$p<0.01$）又分别与乡村教师质量提升呈显著正相关。通过以上相关数据可以推断：探究城乡教师交流能否促进乡村教师质量提升，不仅要考虑城乡教师交流的独立影响，还要关注价值认同、条件待遇、监控体系的中介影响。

表1　变量均值、标准差、相关系数矩阵

变　　量	M	SD	1 价值认同	2 条件待遇	3 监控体系	4 城乡教师交流
1 价值认同	8.01	2.511				
2 条件待遇	20.78	4.703	0.329**			
3 监控体系	6.88	2.971	0.297**	0.401**		
4 城乡教师交流	22.78	5.669	0.384**	0.438**	0.771**	
5 乡村教师质量提升	2.83	1.230	0.579**	0.350**	0.389**	0.376**

注：** $p<0.01$。

2. 城乡教师交流促进乡村教师质量提升的独立影响

本文的因变量（乡村教师质量提升）为连续变量，因此选择分层回归方法来建构模型。表2的数据显示（模型1），性别与乡村教师质量提升呈现负相关。与女性相比，男性认为乡村教师质量提升程度不大；教龄与乡村教师质量提升呈正相关，被试的教龄越长，越认为乡村教师质量提升程度越大;学校类型与乡村教师质量提升呈负相关,与初中相比,小学被试认为乡村教师质量提升程度不大;县市-村屯、学校办学条件与乡村教师质量提升呈正相关,与村屯相比,学校所在地为县市的被试认为乡村教师质量提升程度较大,办学条件好的学校被试认为乡村教师质量提升程度较大。比较模型 1 和模型 2,可以发现,加入城乡教师交流变量后,性别和学校类型变量与乡村教师质量提升仍然呈显著负相关,学校办学条件与乡村教师质量提升呈显著正相关。此外,年龄、教龄、县市-村屯、乡镇-村屯对乡村教师质量提升的影响并不显著。在加入作为控制变量的人口统计学信息之后(模型 2),城乡教师交流对乡村教师质量提升呈显著正相关,表现为城乡教师交流实施越好,乡村教师质量提升程度越高。这说明城乡教师交流确实可以显著地促进乡村教师质量提升,以上结论验证了假设①的成立。

表 2 城乡教师交流促进乡村教师质量提升的独立影响

变　　量	乡村教师质量提升	
	模型 1 β(S.E)	模型 2 β(S.E)
城乡教师交流		0.353(0.005)***
性别	−0.116(0.065)***	−0.084(0.061)***
年龄	−0.013(0.010)	0.013(0.009)
教龄	0.166(0.009)*	0.089(0.008)
学校类型	−0.103(0.063)***	−0.109(0.059)***
县市-村屯	0.098(0.077)**	0.021(0.073)
乡镇-村屯	0.030(0.033)	0.010(0.071)
学校办学条件	0.152(0.076)***	0.137(0.031)***
R^2(调整 R^2)	0.064(0.061)	0.181(0.177)
F 值	17.219***	48.189***

注:* $p<0.05$,** $p<0.01$,*** $p<0.001$。

3. 城乡教师交流促进乡村教师质量提升的多重中介效应检验

以被试的人口学统计信息为控制变量，采用 SEM（结构方程模型）检验城乡教师交流如何能促进乡村教师质量提升的多重中介效应。使用偏差校正的 Bootstrap 方法（自助法）进行分析，多重中介效应的分析结果见表 3。结果显示如下。

表 3　城乡教师交流促进乡村教师质量提升的多重中介效应检验

效　应	估计值	S.E	p	95%置信区间	
				下　限	上　限
直接效应	−0.008 (−0.037)	0.007	0.229	−0.019	0.003
价值认同中介效应	0.041 (0.190)	0.003 (0.013)	0.000	0.037 (0.169)	0.046 (0.210)
条件待遇中介效应	0.009 (0.042)	0.002 (0.008)	0.000	0.006 (0.028)	0.012 (0.055)
监控体系中介效应	0.038 (0.173)	0.005 (0.023)	0.000	0.030 (0.136)	0.046 (0.211)
价值认同-条件待遇链式中介效应	0.002 (0.009)	0.000 (0.002)	0.000	0.001 (0.005)	0.003 (0.012)
总的中介效应	0.090 (0.414)	0.006 (0.026)	0.000	0.080 (0.370)	0.099 (0.457)
总效应	0.082	0.004 6	0.000	0.072 9	0.090 9

注：括号中显示的是标准化解。

（1）直接效应不显著，总的中介效应显著。模型中直接效应估计值为 −0.008（−0.037），$p = 0.229 > 0.05$，城乡教师交流促进乡村教师质量提升的直接效应不显著。为进一步考察多重中介模型存在完全中介效应的可能，研究者删除模型中城乡教师交流促进乡村教师质量提升的直接效应路径，运行结构方程模型，结果显示，不包含直接效应的模型拟合指数良好（$\chi^2 = 25.154$，$df = 3$，$p = 0.000\ 0$，CFI = 0.994，TLI = 0.979，

SRMR = 0.015,RMSEA = 0.062),存在完全中介效应,即城乡教师交流首先要通过中介变量才能促进乡村教师质量提升。模型中总的中介效应估计值为 0.090(0.414),$p<0.001$,总的中介效应显著,表明所有中介变量在城乡教师交流促进乡村教师质量提升的过程中确实产生了显著的中介效应,以上分析证明了假设②—⑤成立。

(2) 特定中介效应显著。价值认同、条件待遇、监控体系的中介效应均显著,估计值分别为 0.041(0.190)、0.009(0.042)、0.038(0.173),p 值均小于 0.001,表明价值认同、条件待遇、监控体系在城乡教师交流促进乡村教师质量提升的过程中确实产生了显著的中介效应,以上分析证明了假设②、③、⑤。价值认同-条件待遇链式中介效应显著,估计值为 0.002(0.009),$p<0.001$,表明价值认同-条件待遇链式中介在城乡教师交流促进乡村教师质量提升的过程中确实产生了显著的中介效应,以上分析证明了假设④。

五、 结论与政策建议

本文基于黑龙江、山东、广东三个省份的县域城乡教师交流现状的抽样调研数据,对城乡教师交流促进乡村教师质量提升的影响因素进行了实证分析。根据研究结果,本文试图回答两个问题:城乡教师交流能否促进乡村教师质量提升?哪些因素能够起到促进作用?研究结论如下。

(1) 相关分析的结果显示,城乡教师交流、价值认同、条件待遇、监控体系与乡村教师质量提升均呈显著正相关。城乡教师交流越好,价值认同、条件待遇、监控体系越好,乡村教师质量提升程度越高。这说明我们可以从价值认同、条件待遇、监控体系的角度来干预城乡教师交流,不断促进乡村教师质量提升。

(2) 城乡教师交流对促进乡村教师质量提升有独立影响。研究发现,在分层回归方程中,控制变量对乡村教师质量提升有 6.4%的解释率,而将城乡教师交流放入方程后,累积解释率达到 18.1%,其中城乡教师交流对促进乡村教师质量提升的解释率为 11.6%。这说明城乡教师交流不仅能解决乡村教师数量不足问题,还能从质量提升方面有效地缩小城乡师资差距。因此,城乡教师交流制度在促进义务教育均衡发展方面的价值和优势不可忽视。

(3) 通过价值认同、条件待遇、监控体系的影响,城乡教师交流能够更好地促进乡村教师质量提升。从具体的研究结果来看,在假设的多重中介模型中,价值认同、条件待遇、监控体系均在城乡教师交流与乡村教师质量提升中起到显著的中介作用。但三者在解释城乡教师交流促进乡村教师质量提升的效力方面存在差异。总的中介效应中有 45.6%是价值认同起到的作用,有 42.2%是监控体系起到的作用,有 10%是条件待遇起到的作用,有 2.2%是价值认同—条件待遇链式中介起到的作用;由于存在完全中介,在所有中介变量参与的情况下,城乡教师交流促进乡村教师质量提升的直接效应不显著。因此,在城乡教师交流过程中,可以通过改变价值认同、条件待遇、监控体系变量来促进乡村教师质量提升,其中增强价值认同和完善监控体系是促进乡村教师质量提升的重中之重。

基于以上的结论和分析,本文提出如下政策建议。

(1) 明确城乡教师交流目标,增强城乡教师交流促进乡村教师质量提升的价值认同。目标制定的合法性和合理性是城乡教师交流制度价值能否被认同的前提。合法性是制度被认可、被承认、被接受的基础,只有具有合法性的制度才能产生稳定、长久的权威性,才能获得人们情感上的认同。[20]制度的有效性认同包含两个方面,即价值上的肯定以及其转化为现实的趋势与可能性。[21]当一种制度的有效性被人们接受及内化,人们就会自觉主动地遵守和执行,不仅能为其推行作出奉献,甚至可能愿意牺牲自己的利益。[22]在实践中,部分学校校长与教师对城乡教师交流解决农村教师数量问题的价值表现出积极的认同,但对农村教师质量能否得到提升的认同较为模糊,而且就目前的状况来看,人们对交流政策的认可度偏低。[23]这与城乡教师交流促进乡村教师质量提升的目标增值价值没有得到认同有直接关系。鉴于此,应该让人们更直接、更清楚地看到或感受到城乡教师交流促进乡村教师质量提升的价值及其实现的可能性。

在制定县域交流目标之前，需要对城乡教育一体化进程中的乡村学校师资现状及需求进行分析、评价与判断，并将其作为城乡教师交流目标制定的参考信息。不同地区因其城乡教育一体化进程不同，在乡村学校师资现状及需求方面会有所差异。按照乡村师资队伍建设路径，乡村师资需求通常要经过三个阶段：一是满足师资数量需求阶段；二是满足师资质量需求阶段；三是满足师资个性化教育需求阶段。县域层面的城乡教师交流目标制定要充分体现统一性和灵活性相结合的特点。在国家城乡教师交流政策的总体要求下，应该充分考虑不同区域城乡教育一体化过程中乡村教育师资现状及需求所处的状态，明确不同状态下的主要问题和任务。依据乡村师资需求及变化灵活地制定科学合理的短期、中期和长期目标。这样不仅能切实解决乡村师资队伍存在的现实问题，还能充分体现城乡教师交流促进乡村教师质量提升的价值与优势，增强人们对交流制度的认同。

（2）通过配套保障条件与支持政策，激发教师参与交流的内在动力。城乡教师交流是非帕累托改进式的制度变迁[23]，利益格局的重新调整会导致部分人或组织的利益受到损害，因而抵制这一制度推行的行为也是可能存在的，这必然会影响到制度运行的效率。个人付出额外努力是为了得到回报，当人们获得报酬感知自己被关心和重视时，也往往倾向于给予更多的积极回报。[24]城乡教师交流过程中参与交流教师的货币性成本、时间成本、心理成本、专业发展成本得到满足后，他们不仅能参与，而且还能积极参与。因此，城乡教师交流制度的推行，不仅要考虑到是否有优秀教师参与城乡教师交流，而且要衡量参与城乡教师交流者的利益是否受损、补给的成本报酬是否合理。

在县域内建立由骨干优秀教师组成的城乡交流教师档案动态数据库，能够实时提供县域内骨干教师的基本情况、工作业绩、专业发展水平等相关数据，为县域内城乡教师交流提供平台。通过这个互动平台，一方面确保有足够数量和质量的优秀教师参与城乡交流；另一方面，能有效节约城乡教师交流中的师资调配的时间和成本。此外，还能打破县域内不同地域骨干教师因“地方所有”而难以参与交流的壁垒，从而扩大城乡教师交流的范围。

城乡教师交流的生活保障、待遇保障、工作保障方面有了相应的政策，教师参与交流的内在动力才有可能被激发，才会有更多的教师自觉自愿地参与城乡教师交流。通过制定和推行城乡教师交流相应的配套政策，如制定生活保障政策，为教师交流提供吃、住、行、子女上学等方面的便利条件；合理确定参与城乡交流的教师待遇，让交流教师感觉到自己的付出是有相应的待遇作为补偿与保障的；为交流教师提供工作保障，确保交流教师职业实现，让更多的优秀师资主动参与交流，促进城乡教师交流制度运行的常态化、制度化。

（3）完善城乡教师交流的质量监控体系，保证促进乡村教师质量提升的持续与有效。完善的监控体系能有效确保城乡教师交流制度实施结果与目标的一致性。只有建立完善的质量监控体系，才能保证城乡教师交流制度促进乡村教师质量提升的持续性与有效性。依据哈维茨(Leonid Hurwicz)的激励相容理论，自身利益是每个理性经济人所追求的，所以其行为都会按自利的规则行动。在政策实施过程中，通过监控，在一定程度上能使个人利益的行为与其实现政策价值最大化的目标相吻合，这不仅有利于理性经济人寻求自身利益，也能减少人们对政策执行的误解或者滥用等现象。

在城乡教师交流推行过程中，要建立并完善质量监控体系。首先，实施多元利益主体参与城乡教师交流质量监控，邀请不同层面的利益相关者参与城乡教师交流运行效果的评估与监控，确保促进乡村教师质量提升的反馈信息的全面与准确；其次，因地制宜合理地建构城乡教师交流的质量监控指标，将具有普遍指导意义的监控指标作为参考，不同地域可以依据各自的实际情况进行相应的调整，对促进乡村教师质量提升进行积极干预；再次，创设条件确保信息反馈渠道畅通，能及时对城乡教师交流运行效果进行跟踪监控；最后，依据城乡教师交流质量监控反馈结果实施激励与问责，使监控落到实处，确保促进乡村教师质量提升的持续和高效。

参考文献

[1] 秦玉友.师资建设是农村教育质量全面提升的战略重点[J].教育发展研究，2015(19)：3.

[2] 袁桂林.如何防止城乡教师交流轮岗制度空转[J].探索与争鸣，2015(9)：87－90.

[3] 鲍传友，西胜男.城乡教师交流的政策问题及其改进——以北京市M县为例[J].教育研究，2010(1)：18－22＋58.

[4] 李宜江.城乡教师交流政策实施中问题与对策——基于对安徽省A县的调研分析[J].中国教育学刊，2011(8)：5－8.

[5] 李茂森.城乡教师交流制度实施难题破解探析——基于浙江省A县的个案研究[J].中国教育学刊，2015(6)：97－100.

[6] 叶飞.城乡教师交流"异化"及其对策分析[J].中国教育学刊，2012(6)：17－20.

[7] 贾建国.城乡教师交流制度的问题及其改进[J].教育发展研究，2008(20)：11－15.

[8] 李宜江，柳丽娜.城乡教师交流政策制定与执行的若干问题[J].安徽师范大学学报(人文社会科学版)，2011(5)：554－558.

[9] 杨跃.论教师交流制度的正义性[J].全球教育展望，2016(9)：118－128.

[10] 吴亮奎.乡村教师专业发展的矛盾、特质及其社会支持体系构建[J].教育发展研究，2015(24)：47－52.

[11] 齐格蒙特·鲍曼，蒂姆·梅.社会学之思[M].李康，译. 北京：社会科学文献出版社，2010：34－38.

[12] 斯滕伯格，威廉姆斯.教育心理学[M].张厚粲，译.北京：中国轻工业出版社，2003：122.

[13] 汪信砚.全球化中的价值认同与价值观冲突[J].哲学研究，2002(11)：22－26.

[14] 奚彦辉，李庆华.思想政治教育"认同"概念的理论探讨[J].学术论坛，2015(4)：154－159.

[15] 孔德永.农民政治认同的逻辑——以社会主义为对象分析[J].齐鲁学刊，2006(5)：139－143.

[16] 王结发.制度认同与政治合法性[J].行政与法，2014(5)：7－13.

[17] 乔纳森·H. 特纳.社会学理论的结构[M].邱泽奇，等译.北京：华夏出版社，2006：37－309.

[18] 威廉·N. 邓恩.公共政策分析导论[M].谢明，等译.北京：中国人民大学出版社，2002：369.

[19] Singh, N. Monitoring and Hierarchies: The Marginal Value of Information in a Principal-agent Model[J].Journal of Political Economy, 1985(3): 599－609.

[20] 秦国民.政治稳定视角下制度认同的建构[J].河南社会科学，2010(1)：112－114.

[21] 赵昆."经济人"假设与制度认同[J].齐鲁学刊，2007(5)：122－125.

[22] Deckop, J. R., Mangel, R., Cirka, C. C. Getting More Than You Pay for: Organizational Citizenship Behavior and Pay-for-performance Plans[J]. The Academy of Management Journal, 1999(4): 420－428.

[23] 柳新元.利益冲突与制度变迁[M].武汉：武汉大学出版社，2002：74.

[24] Eisenberger, R., Huntington, R., Hutchison, S., et al. Perceived Organizational Support[J]. Journal of Applied Psychology, 1986(3): 500 - 507.

作者简介

于海英　牡丹江师范学院教育科学学院院长、教授，教育学博士

电子邮箱

yuhaiying0304@163.com

Chapter 10

中小学教师远程培训满意度实证研究*

高慧斌

摘　要： 通过构建中小学教师远程培训满意度指标，对 12 107 份教师调查问卷进行实证分析和检验，结果显示：中小学教师远程培训满意度均值介于比较满意和一般之间，排序由高到低依次为培训平台、授课教师、培训课程、培训互动、培训效果。不同区域、性别、年龄、教龄、职称、学段教师的满意度存在显著差异。教师远程培训满意度与培训动机、硬件设施、信息技术应用能力呈显著正相关，与工学矛盾、家庭负担呈显著负相关。基于此，建议加强培训平台建设；选择具有丰富经验的一线优秀教师担任授课教师；依据各级培训课程指导标准，分层、分类、分科、按需设计远程培训课程内容；加强远程培训的互动性；加强教师积极心理学培训；合理设定教师工作量，保障教师参加培训时间。

关键词： 中小学教师；远程培训；满意度；实证研究

远程培训是当前中小学教师培训的重要形式之一，是教师必须参加的强制性培训，旨在提高教师专业素质。对远程培训满意度的测量是衡量培训效果的重要组成部分。教师对远程培训的满意度影响培训效果，决定了远程培训的未来发展。

一、 研究回顾

本研究的核心对象是教师远程培训满意度，但研究基础涉及满意度、

* 本研究为中国教育科学研究院中央级科研院院级重点课题“全社会尊师重教的落实机制研究”（GYB2019006）阶段性成果。

培训满意度、教师培训满意度。因此,为了更好地吸收前人研究成果,我们不断扩大检索范围,①发现对满意度的研究一直受到广大学者青睐,涉及各个领域,不仅成果丰富,而且评估模型成熟,如目前影响最大的美国顾客满意度模型,其包括对培训总体质量感知、价值感知、顾客满意度、顾客投诉和顾客忠诚度五个维度,是一种主要以顾客为基础来评价并改善组织绩效的测量体系。[1]在这一模型的基础上,各类满意度评估根据实际需求确立了相应的模型,如在培训满意度评估中关注培训满意度因素分析四维模型,即"高层领导对培训的重视与支持程度,人力资源培训管理的经验与能力,培训对象与培训内容的关联性及态度,师资及培训供应商的专业度、水平与企业需求是否相符"。[2]就教师培训满意度而言,有研究者采用逐步回归的有序 Probit 模型,从培训目标、培训课程、培训方式、组织管理和培训效用五个维度对农村幼儿园教师培训满意度进行了实证分析,认为"参与培训的农村幼儿园教师对本次培训项目的整体满意度较高,培训目标、培训课程和培训效用是教师培训满意度提升的关键"。[3]也有研究者并没有建构模型,而是通过设置培训内容、培训方式、组织管理三个维度,采用度量分析方法对新疆汉语骨干教师培训满意度开展实证研究,认为"新疆汉语骨干教师培训满意度较高,满意度由高到低依次是培训方式、培训内容、组织管理"。[4]

上述成果的研究方法为中小学教师远程培训的满意度研究提供了重要参考。有研究者基于德尔菲法(Delphi method),构建了教师远程培训效果评估指标体系,将教师的满意度作为其中一个重要一级指标,下含对网络课程、支持服务、在线项目设计与实施、培训整体满意度四项二级指标,具有较高的专家效度,以及较好的适用性和可推广性,在一定程度上丰富了教师远程培训效果评估的理论体系。[5]另有研究者提出,教师远程培训只有激发并维持学习者的内部动机,才能提高培训的满意度,并基于 ARCS 模型,通过优化远程培训内容表征,提升教师学习注意力

---

① 我们在中国知网学术文献总库中,以"满意度"为篇名搜索,搜到文献达上万篇,以"培训满意度"为篇名搜索为 96 篇,以"教师培训满意度"为篇名搜索为 11 篇,以"教师远程培训满意度"为篇名搜索为 1 篇,另有探索教师远程培训效果和影响因子的文章 6 篇。

(attention);通过开展教师远程学习需求分析,提升教师学习关联度(relevance);通过优化远程学习服务,提升教师学习自信心(confidence);通过做好学习强化,提升教师学习满意度(satisfaction)。[6]也有研究者从假设影响教师远程培训满意度的学员、助学教师、课程、互动、技术和组织管理等方面,通过李克特式五点量表开展测量,认为影响教师远程培训满意度的因素由强到弱依次为学员自身个性化特征、助学教师的积极参与、培训内容、技术和管理。[7]但该成果调查问卷数量仅为 126 份,略显单薄。笔者曾在中小学教师远程培训效果的研究中,采用柯克帕特里克四级评估模式对满意度进行评估,发现中小学教师对远程培训的满意度值为 3.61,介于“比较满意”和“一般”之间。[8]但由于研究核心在培训效果的评估上,因此并没有对满意度进行深入研究。

通过对前人研究成果的梳理,我们发现研究培训满意度具有理论价值和应用价值,可以通过调查学员的满意度,对培训相关事宜和内容进行改善,进而有效增强培训效果。但对中小学教师远程培训满意度的研究较为薄弱,不仅问卷数量相对较少,而且研究不够深入,这与当前“互联网+”的时代要求还存在明显差距。基于此,本文在已有研究的基础上,开展专门针对中小学教师远程培训满意度的实证研究,以期发现存在的问题,进而提高我国中小学教师远程培训质量。

二、 数据说明与变量测量

1. 数据说明

鉴于“互联网+”的时代要求,课题组利用“问卷星”平台,通过重点委托①北京、江苏、浙江、广东、福建、安徽、湖南、内蒙古、重庆、贵州、甘肃、江西 12 省(区、市),基于方便取样的基本原则,并通过滚雪球取样的方式扩大到

---

① 重点委托是指委托这一地区教育局相关人员,根据具体要求,向本地区发放问卷,填写问卷的教师人数不低于 500 人。

全国 31 省(区、市)(香港、澳门、台湾除外),向中小学任课教师开展调查,回收有效问卷 12 107 份,[①]开展 35 位教师访谈。其中,城区教师 8 233 人,占 68.0%,镇区教师 2 553 人,占 21.1%,乡村教师 1 321 人,占 10.9%(见表 1)。

表 1　样本特征描述性统计[②]

背景因素	统计特征	频率	百分比(%)	背景因素	统计特征	频率	百分比(%)
区域	城区	8 233	68.0	性别	男	4 150	34.3
	镇区	2 553	21.1		女	7 957	65.7
	乡村	1 321	10.9	职称	正高级	28	0.2
年龄	25 岁以下	552	4.6		高级	2 019	16.7
	25—30 岁	2 340	19.3		一级	5 169	42.7
	31—35 岁	2 391	19.7		二级	3 630	30.0
	36—40 岁	2 465	20.4		三级	189	1.6
	41—45 岁	2 171	17.9		未评职称	1 072	8.9
	46—50 岁	1 360	11.2	学历	高中	49	0.4
	51—55 岁	729	6.0		专科	1 152	9.5
	56—60 岁	99	0.8		本科	10 171	84.0
教龄	5 年以下	2 365	19.5		硕士研究生	721	6.0
	6—10 年	2 020	16.7		博士研究生	14	0.1
	11—15 年	1 986	16.4	学段	小学	5 826	48.1
	16—20 年	2 182	18.0		初中	3 786	31.3
	20 年以上	3 554	29.4		高中	2 495	20.6

① 在回收的 12 107 份问卷中,重点委托地区不少于 500 份,其他部分地区问卷数量为 200—500 份,另有辽宁、海南、黑龙江、湖北、广西、云南、西藏、青海、宁夏 9 省区问卷不足 100 份。鉴于问卷分布的不均衡,本研究不作省域比较。

② 统计分类是为了细致、具体,但由于职称中正高级职称人数仅有 28 人,学历中博士研究生只有 14 人,所占比例过低,因此在具体分析中,不单独分析这两类教师,将其归入高级职称教师和硕士及以上学历中。

2. 指标变量

本研究以企业培训效果评估满意理论、培训转化理论等为基础，构建了中小学教师远程培训满意度指标体系，包括 5 个一级指标和 24 个二级指标，其中一级指标分别为培训平台、培训课程、授课教师、培训互动、培训效果；二级指标中，培训平台包含 5 个指标，培训课程包含 7 个指标，授课教师包含 4 个指标，培训互动包含 4 个指标，培训效果包含 4 个指标。

在满意度测量中，我们参照柯克帕特里克评估标准，依据问卷设置，设定满意度测量标准为 5 分，5 = 非常满意，4 = 比较满意，3 = 一般，2 = 比较不满意，1 = 非常不满意，将参训教师对每一事项的给分与这一事项的权重相乘，并将所得的结果相加，再除以收回答卷的总数，得出参训教师对该项满意度的平均分值。在描述性、差异性和相关性分析中，我们用 SPSS 19.0 作为统计分析工具，通过频次、单因素方差、独立样本 t 检验、双变量相关等分析方法对调查结果开展分析，得出相关结论，并提出对策建议。

3. 问卷的信度和效度

在探索性研究中，要求克龙巴赫 α 系数（Cronbach's alpha）至少达到 0.6，量表克龙巴赫 α 系数达到 0.7 或更高，认为一致性信度较好，达到 0.8 或更高则认为一致性信度很好。[9]本研究用 SPSS 19.0 统计软件对问卷进行信度检验，检验结果量表的 α 值为 0.916，说明量表具有非常好的一致性，具有较高的信度。

笔者通过两个方面来检验量表的建构效度。一方面是变量因素的相关性，通过 KMO 检验和 Bartlett 球形检验进行因素分析。检验显示，KMO 值为 0.984，指标统计量大于 0.90，呈现的效果为最佳[10]标准，Bartlett 球形度检验，按 $\alpha = 0.05$ 水准，$p = 0.000 < 0.001$（见表 2），可认为相关矩阵不是单位阵，即意味着变量高度相关，足够为因子分析提供合理基础。另一方面，笔者关于远程培训重点关注的平台设置、课程、教师、互动、效果几个方面的一致性，设置了研究维度，并通过问卷予以实施。

表 2　KMO 和 Bartlett 的检验

项　　目		值
KMO 度量		0.984
Bartlett 的球形度检验	近似卡方	579 950.802
	df	1 128
	Sig	0.000

三、 实证结果与分析

1. 不同变量满意度表现

为了更好地呈现所有变量的满意度评估值，我们将变量分为一级指标和二级指标，一级指标的满意度评估值依据二级指标评估值获得。中小学教师远程培训满意度评估值由高到低依次为培训平台、培训课程、授课教师、培训互动、培训效果(见表 3)。

表 3　中小学教师远程培训满意度不同指标评估值

一级指标	二　级　指　标	指标评估值	评估均值
培训平台	导航清晰、操作便捷	3.69	3.68
	运行平稳、速度快	3.56	
	有效支持课程学习	3.73	
	统计反馈功能	3.75	
	监控在线学习	3.65	
培训课程	课程主题明确	3.64	3.62
	学习目标、进度安排、学习建议明确	3.63	
	制作精良、音画清晰、字幕同步	3.72	
	视频、文本、索引、目录同步	3.75	
	内容新颖	3.54	

（续表）

一级指标	二级指标	指标评估值	评估均值
培训课程	内容针对性	3.56	3.62
	内容实用性	3.49	
授课教师	授课水平	3.79	3.67
	授课形式灵活	3.63	
	教学案例典型	3.63	
	作业设计密切联系培训内容	3.61	
培训互动	互动功能设计	3.62	3.56
	主讲教师集中答疑互动	3.54	
	辅助教师与参训教师有效互动	3.54	
	参训教师之间互动	3.54	
培训效果	预期目标达成	3.47	3.52
	专业理念与师德培训效果	3.60	
	专业知识培训效果	3.51	
	专业能力培训效果	3.50	

（1）培训平台的满意度评估均值为3.68

培训平台指标下的二级指标包含导航清晰、操作便捷，运行平稳、速度快，有效支持课程学习，统计反馈功能，监控在线学习5个指标。满意度评估均值为3.68，处在第一位，指标评估值为3.56—3.75，两者差距达到0.19。其中，统计反馈功能的满意度评估值最高，为3.75，以下依次为有效支持课程学习(3.73)，导航清晰、操作便捷(3.69)，监控在线学习(3.65)，运行平稳、速度快(3.56)。

（2）培训课程的满意度评估均值为3.62

培训课程指标下的二级指标包含课程主题明确，学习目标、进度安排、学习建议明确，制作精良、音画清晰、字幕同步，视频、文本、索引、目录同步，内容新颖，内容针对性，内容实用性7个指标。满意度评估均值为

3.62，排在居中的位置，指标评估值为3.49—3.75，两者之间的差距达到0.26。其中，视频、文本、索引、目录同步的满意度评估值最高，为3.75，以下依次为制作精良、音画清晰、字幕同步(3.72)，课程主题明确(3.64)，学习目标、进度安排、学习建议明确(3.63)，内容针对性(3.56)，内容新颖(3.54)，内容实用性(3.49)。

(3) 中小学教师对授课教师的满意度评估均值为3.67

授课教师指标下的二级指标包含授课水平、授课形式灵活、教学案例典型、作业设计密切联系培训内容4个指标。满意度评估均值为3.67，处在第二位，与培训平台满意度评估均值仅相差0.01，指标评估值为3.61—3.79，两者之间的差距为0.18。其中，授课水平的满意度评估值最高，为3.79，且这一指标评估值在所有指标满意度评估值中也是最高的，以下依次为授课形式灵活(3.63)、教学案例典型(3.63)、作业设计密切联系培训内容(3.61)。

(4) 培训互动的满意度评估均值为3.56

培训互动指标下的二级指标包含互动功能设计、主讲教师集中答疑互动、辅助教师与参训教师有效互动、参训教师之间互动4个指标。满意度评估均值为3.56，处于倒数第二位，指标评估值为3.54—3.62，两者之间的差距较小，为0.08。其中，互动功能设计评估值最高，为3.62，主讲教师集中答疑互动、辅助教师与参训教师有效互动、参训教师之间互动的满意度评估值均为3.54。

(5) 培训效果的满意度评估值为3.52

培训效果指标下的二级指标包含预期目标达成、专业理念与师德培训效果、专业知识培训效果、专业能力培训效果4个指标。满意度评估均值为3.52，处于倒数第一位，指标评估值为3.47—3.60，两者之间的差距为0.13。其中，专业理念与师德培训效果的满意度评估值最高，为3.60，以下依次为专业知识培训效果(3.51)、专业能力培训效果(3.50)、预期目标达成(3.47)。

从总体上看，中小学教师对授课教师授课水平的满意度最高，对视频、文本、索引、目录同步和统计反馈功能的满意度并列第二。教师对培训预期目标达成的满意度最低，对培训内容实用性的满意度排在倒数第二位，对专业能力培训内容效果的满意度排在倒数第三位（见图 1）。

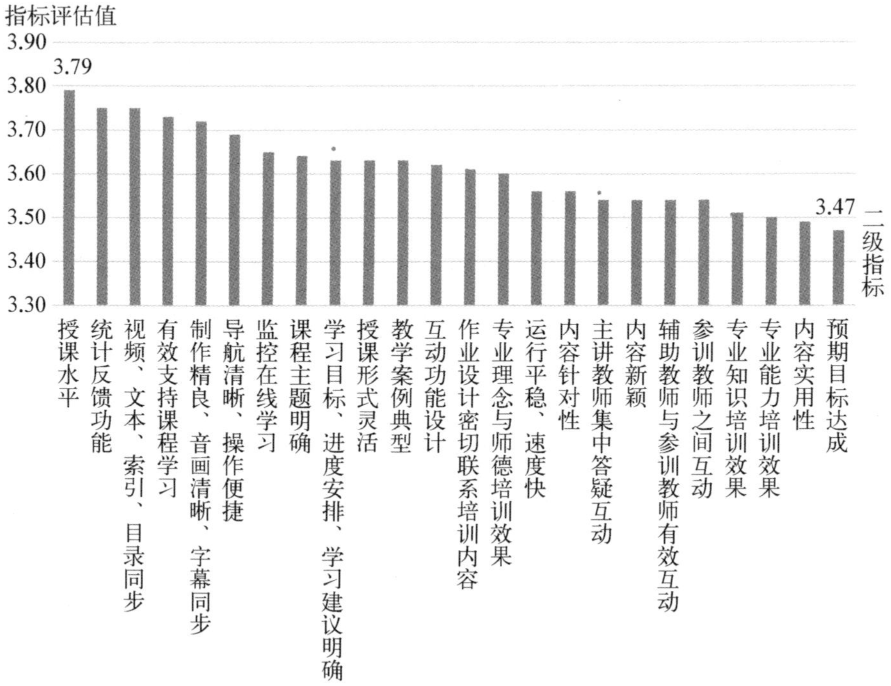

图 1　中小学教师远程培训满意度排序

2. 不同变量满意度差异性分析

（1）城乡教师对远程培训的满意度存在不同程度的差异，乡村教师满意度均值较高

单因素方差分析结果显示，城乡教师对培训平台、授课教师、培训互动的满意度存在非常显著的差异（$p<0.001$），对培训结果的满意度存在显著差异（$p<0.01$），对培训课程的满意度不存在差异（$p>0.05$）。在进一步的多重比较中发现，城市教师与镇区教师、乡村教师对远程培训的满

意度都存在非常显著的差异（$p<0.001$），镇区教师与乡村教师之间的满意度不存在差异（$p>0.05$）。从满意度均值来看，乡村教师对五个维度的满意度均值明显高于镇区教师和城区教师，镇区教师又明显高于城区教师，城区教师对远程培训的满意度偏低，与乡村教师均值度差距最为明显（见图 2）。

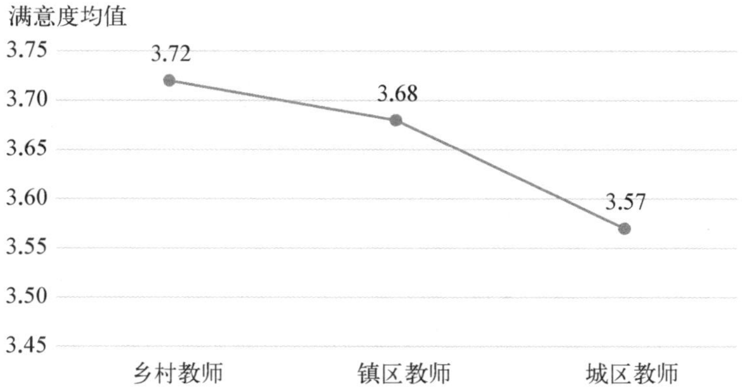

图 2　城乡教师远程培训满意度

（2）不同性别教师对远程培训的满意度存在非常显著的差异，女教师满意度明显高于男教师

独立样本 t 检验结果显示，不同性别教师对培训平台、培训课程、授课教师、培训互动、培训效果的满意度均存在非常显著的差异（$p<0.001$）（见表 4）。

表 4　不同性别参训教师远程培训满意度独立样本 t 检验

			df	Sig.（双侧）	差分的 95% 置信区间	
					下　限	上　限
性别	假设方差相等	−10.872	2 359	0.000	−0.291	−0.202
	假设方差不相等	−10.391	858.256	0.000	−0.293	−0.200

从满意度均值来看，女教师对远程培训的满意度均值较高，为 3.91，明显高于男教师的 3.51。

(3) 不同年龄阶段的教师对远程培训的满意度存在非常显著的差异,年龄越低的教师满意度越高

单因素方差分析结果显示,不同年龄阶段的教师对培训平台、培训课程、授课教师、培训互动、培训效果的满意度均存在非常显著的差异($p<0.001$)。在多重比较中也进一步证明,不同年龄阶段的教师对远程培训的满意度存在非常显著的差异。从满意度均值来看,25 岁以下教师对远程培训的满意度均值最高,为 3.83,其次为 25—30 岁教师,为 3.62,满意度均值随着年龄的增大而降低,呈现出年龄越大满意度越低的状态(见图 3)。

图 3 不同年龄参训教师远程培训满意度

(4) 不同教龄教师对远程培训的满意度存在非常显著的差异,教龄越短的教师满意度越高

单因素方差分析结果显示,不同教龄教师对培训平台、培训课程、授课教师、培训互动、培训效果的满意度均存在非常显著的差异($p<0.001$)。在进一步的事后检验多重比较中发现,5 年以下教龄教师和 6—10 年教龄教师之间存在显著差异($p<0.01$),11—15 年教龄教师和 16—20 年教龄教师之间不存在差异($p>0.05$)。从满意度均值看,5 年以下教龄教师对远程培训的满意度均值最高,为 3.79,其次为 6—10 年教龄教师,为 3.69,满意度均值随着教龄的增长而降低,呈现出教龄越长满意度越低的状态(见图 4)。

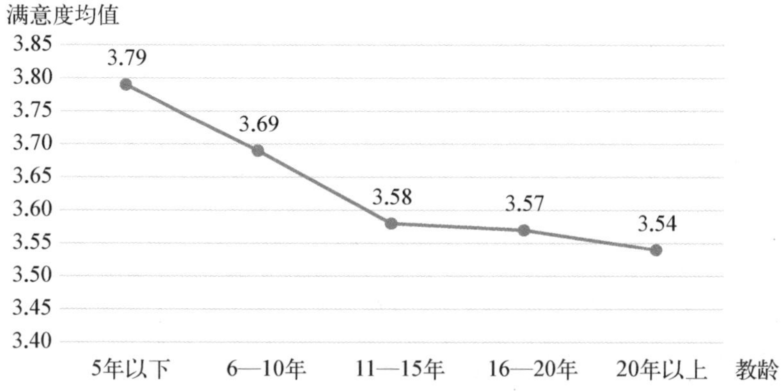

图 4　不同教龄参训教师远程培训满意度均值

（5）不同职称教师对远程培训的满意度存在非常显著的差异，职称越低的教师满意度越高

单因素方差分析结果显示，不同职称教师对培训平台、培训课程、授课教师、培训互动、培训效果的满意度均存在非常显著的差异（$p<0.001$），在进一步的事后检验多重比较中发现，正高级教师与其他教师之间不存在差异（$p>0.05$）。从满意度均值看，未评职称教师对远程培训的满意度均值最高，为 4.05，高级职称教师的满意度均值最低，为 3.58，满意度均值随着职称的增高而降低，呈现出职称越高满意度越低的状态（见图 5）。

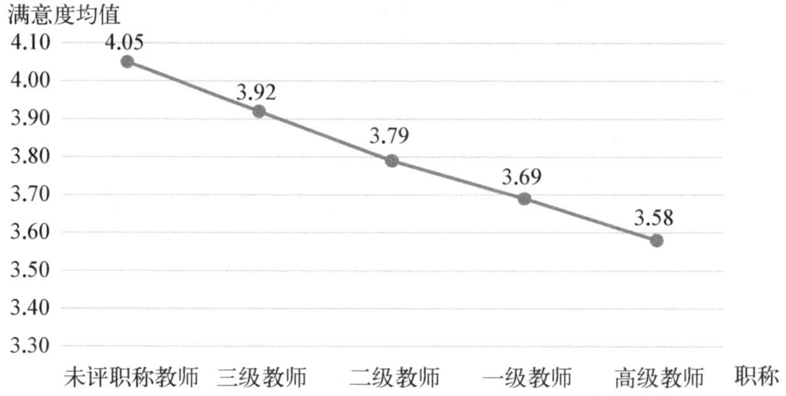

图 5　不同职称参训教师远程培训满意度均值

(6) 不同学段教师对远程培训的满意度存在非常显著的差异，学段越高的教师满意度越低

单因素方差分析结果显示，不同学段教师对培训平台、培训课程、授课教师、培训互动、培训效果的满意度均存在非常显著的差异（$p<0.001$），事后检验多重比较中也进一步证明不同学段教师之间存在非常显著的差异。从满意度均值看，小学教师对远程培训的满意度均值最高，为 3.81，初中教师的满意度均值为 3.52，高中教师的满意度均值最低，为 3.38，呈现出任教学段越高满意度越低的状态（见图 6）。

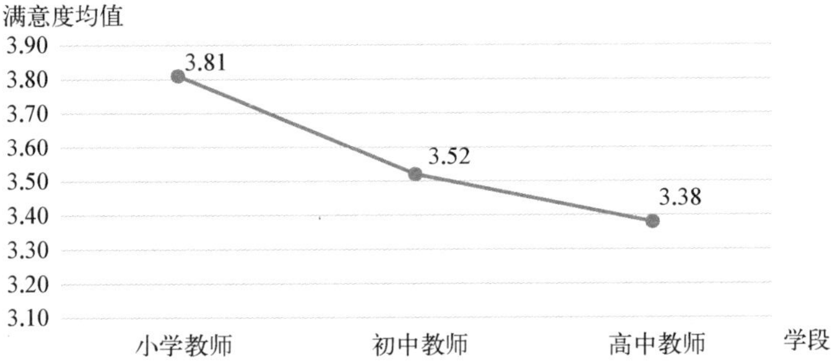

图 6　不同学段教师远程培训满意度均值

3. 满意度的相关性分析

双变量相关分析结果显示，教师的参训动机、硬件设施、信息技术应用能力和劳动强度与对远程培训的满意度在 0.01 水平（双侧）上均呈现出显著的相关性（见表 5）。

表 5　远程培训满意度的相关性

	皮尔逊相关性	显著性(双侧)
参训动机	0.649**	0.000
硬件设施	0.357**	0.000
信息技术应用能力	0.197**	0.000
劳动强度	0.125**	0.000

注：** 表示在 0.01 水平(双侧)上显著相关。

（1）教师参与远程培训的动机与对远程培训的满意度呈显著正相关

教师参与远程培训的动机，即对远程培训重要性的认识程度和参加远程培训的积极性，与远程培训的满意度呈显著正相关（$p<0.001$），越是认为远程培训重要的教师以及越是积极参与远程培训的教师，对远程培训的满意度越高。数据结果显示，认为远程培训很重要的教师占20.3%，认为比较重要的占32.8%；非常积极参与远程培训的教师占20.8%，比较积极参与的占29.9%。半数教师参与培训的动机是积极的。

（2）教师拥有的硬件设施与对远程培训的满意度呈显著正相关

教师参加远程培训的硬件设施与对远程培训的满意度呈显著正相关（$p<0.001$），拥有硬件设施越好的教师，对远程培训的满意度越高。数据结果显示，硬件设施非常好的教师比例占20.1%，比较好的比例占55.2%。超过75%的教师拥有较好的硬件设施，为参加远程培训打下坚实基础。

（3）教师的信息技术应用能力与对远程培训的满意度呈显著正相关

教师自身具有的信息技术应用能力，即计算机应用能力、使用办公软件能力和多媒体教学能力，与其对远程培训满意度呈显著正相关关系（$p<0.001$）。计算机应用能力越强，应用办公软件和多媒体教学越熟练的教师，对远程培训的满意度越高。数据结果显示，计算机应用能力非常强的教师比例仅占4.6%，比较强的占32.6%，两者合计低于40%；总是使用办公软件的教师比例占46.4%，经常使用的比例为32.0%；总是使用多媒体教学的教师比例占39.9%，经常使用的比例为30.1%。

（4）教师的工学矛盾程度与对远程培训的满意度呈显著负相关

教师的工学矛盾程度与对远程培训的满意度呈显著负相关（$p<0.001$），越是认为工学矛盾小的教师，对远程培训的满意度越高。数据结果显示，认为工学矛盾非常突出的教师比例占13.7%，比较突出的占

34.4%，接近半数的参训教师认为日常工作量比较大，会影响参加远程培训。

(5) 教师的家庭负担程度与对远程培训的满意度呈显著负相关

教师的家庭负担轻重与对远程培训的满意度呈显著负相关（$p<0.001$），越是认为家庭负担轻的教师，对远程培训的满意度越高。数据结果显示，认为家庭负担非常重的教师比例占 10.5%，比较重的占 27.7%，接近四成的参训教师认为家庭负担重，影响参加远程培训。

四、结论与建议

通过对 12 107 份中小学教师远程培训满意度问卷的实证分析，我们得出如下结论。第一，中小学教师远程培训满意度均值介于“比较满意”和“一般”之间，在 5 个维度中，满意度从高到低依次是培训平台、授课教师、培训课程、培训互动、培训效果，其中，对授课教师授课水平的满意度最高，对预期目标达成的满意度最低。第二，不同指标下中小学教师对远程培训的满意度存在差异，如不同区域、性别、年龄、教龄、职称、学段的教师之间均存在显著差异，乡村教师、女教师、25 岁以下教师、5 年以下教龄教师、未评职称教师、小学教师对远程培训的满意度较高，且呈现出区域越偏远、年龄越小、教龄越短、职称越低、学段越低，满意度越高的特点。第三，中小学教师对远程培训的满意度与个人拥有的能力和条件密切相关，其中与教师参与远程培训的动机、硬件设施、信息技术应用能力呈显著正相关，即越是认为远程培训重要并积极参与远程培训的教师，越是有较好硬件设施的教师，信息技术应用能力越强的教师，对远程培训的满意度越高；与工学矛盾程度、家庭负担程度呈显著负相关，即越是工学矛盾小、家庭负担轻的教师，对远程培训的满意度越高。

基于实证分析与研究，我们认为中小学教师对远程培训的满意度还有很大的提升空间，可以从以下几个方面加强建设。

1. 不断提高培训平台基础建设水平，为教师提供远程培训硬件保障

远程培训的特殊性决定了应具有配套的高水平平台，这就需要不断加大容量和带宽建设，保证开展远程培训过程中的稳定性。但从总体上看，当前中小学学校建设标准中要求开通学校网络，而在实际的运行中并没有实现网络全覆盖，尤其在乡村学校、偏远山区学校，有的即使开通了网络，也由于带宽数值较小，根本无法登录或开展网络学习；与此同时，有些学校的计算机也较为陈旧，没有及时升级或更新，[11]这严重影响了远程培训的学习效果。调查数据显示，虽然教师对培训平台的满意度最高，但对其中的运行平稳、速度快的满意度最低也说明了这一问题。因此，应不断加大培训平台基础设施建设，不断加强学校信息技术建设水平。

2. 授课教师除注重选拔教授级专家外，还应加强选择具有丰富经验的一线优秀教师，提高远程培训的实用性与针对性

调查结果显示，虽然教师对授课教师水平的满意度最高，但对授课教师教学案例典型、培训课程内容针对性和实用性的满意度较低，这表明实践指导并不扎实。因此，在授课教师选择上，应注重理论专家与实践教学能手相结合，既要选拔教授级专家开展基本理论培训，提升参训教师的专业知识和理论素养，又要选择具有丰富经验的一线优秀教师担任远程培训授课教师，提高参训教师专业能力。

3. 依据各级培训课程指导标准，分层、分类、分科、按需设计远程培训课程内容

远程培训课程建设是提高远程培训质量的困难环节，但也是重要环节。调查数据显示，教师对培训课程内容的实用性和针对性满意度较低，直接影响了远程培训的效果。进入 21 世纪以来，我国注重加强中小学教师培训课程标准建设，2012 年发布《“国培计划”课程标准（试行）》，2014

年出台《中小学教师信息技术应用能力培训课程标准(试行)》,2018 年发布《中小学幼儿园教师培训课程指导标准(义务教育语文、数学、化学学科教学)》,这就要求远程培训课程内容应结合国家课程标准,在加强信息技术应用能力培训的同时,开展分层、分类、分科的系统培训,并实施菜单式、自主性、开放式的选学机制,确保按需施训,提高远程培训的实效性和针对性。

4. 加强远程培训的互动性

调查数据显示,教师对远程培训互动的满意度排在 5 个维度的第四位,且其中的主讲教师集中答疑互动、辅助教师与参训教师有效互动、参训教师之间的互动三者满意度值完全一致,均处在较低水平。因此,在远程培训中,可以通过平台建设,进一步拓宽渠道,增设师生、生生交流窗口,完善第三方交流互动平台,如 QQ 群、微信群,可分类建立,且人数不宜过多,采用音频系统,定期组织答疑、解惑、互动等活动,有效开展师生、生生之间的互动。[12]同时,加强远程培训辅助教师队伍建设,让他们成为授课教师的得力助手,及时发现、总结教师在培训过程中遇到的问题,使他们不仅是远程培训中问题的搜集者,也能成为远程培训中问题的解决者。

5. 加强教师积极心理学培训

塞利格曼(Martin E. P. Seligman)说过:"如果很早就学会乐观的技术,它就会变成基本的人格特质,你会自然而然地采用它,它会带给你丰厚的回报。"[13]由此可见积极乐观的重要性。调查数据显示,越是积极参加远程培训,认为远程培训重要的教师,对远程培训的满意度越高,培训效果越好,其原因是在积极参加远程培训中,这些教师能够积极认真地对待培训,进而发现更好的学习内容和学习方法。因此,应加强教师积极心理学培训,一方面要注重积极情绪的培养,另一方面要加强积极特质培养，主要包含优势和美德，同时加强组织系统培训，如组织建设中的民主、团结、希望、信任等。[14]通过积极心理学培训，让教师以积极的态度与对美德的追求，有效参与远程培训，提高培训质量。

6. 合理设定教师工作量，保障教师参加培训时间

工学矛盾突出在一定程度上影响了教师对远程培训的满意度，由于没有充足的学习时间，部分教师无法及时参加培训。调查结果也显示，因没有培训时间保障，在参加远程培训中，超过 40%的教师并不认真，与培训要求相去甚远，影响了培训效果。有研究发现，“我国教师工作量普遍超负荷，6%的中小学教师没有时间进行教学反思，14.4%的教师没有时间读书或学习，84.4%的教师每天反思时间不足 1 小时，76.4%教师读书时间不足 1 小时”。[15]由此可见，保证充足的教师数量、合理的教师结构，进而减少教师工作量，让教师有更多的时间参加远程培训学习和自主学习，迫在眉睫。

参考文献

[1] Claes Fornell, Michacl D. Johnson, Eugene W. Anderson, Jaesung Cha, & Barbara Everitt Bryant. The American Customer Satisfaction Index: Nature, Purpose, and Findings [J]. Journal of Marketing, 1996, 60(4): 7－18.

[2] 雁予.培训满意度的评估分析[J].人力资源，2004(9)：25－26.

[3] 尚伟伟.农村幼儿教师培训满意度及影响因素的实证研究——以“国培计划：河南省农村幼儿教师培训项目”为例[J].当代教师教育，2015(2)：66－72.

[4] 戴琼，黄文峰.新疆初中汉语骨干教师培训满意度的调查[J].教师教育研究，2010(6)：69－73.

[5] 武丽志，吴甜甜.教师远程培训效果评估指标体系构建——基于德尔菲法的研究[J].开放教育研究.2014(5)：91－101.

[6] 郑燕林，李卢一.ARCS 模型视角下教师远程培训设计研究[J].东北师大学报(哲学社会科学版).2017(3)：146－150.

[7] 王文娇，马珊珊.教师远程培训中培训满意度影响因素的实证分析[C]//中国人工智能学会计算机辅助教育专业委员会.计算机与教育：实践、创新、未来——全国计算机辅助教育学会第十六届学术年会论文集.北京：新华出版社，2014：153－162.

[8] 高慧斌.中小学教师远程培训效果实证研究[J].教育研究，2018(4)：98－110.

[9] 李志辉，罗平.统计分析教程(第 3 版)[M].北京：电子工业出版社，2010：495.

[10] 李志辉，罗平.统计分析教程(第 3 版)[M].北京：电子工业出版社，2010：453.

[11] 高慧斌.提高乡村教师远程培训获得感——一项基于乡村教师远程培训效果及影响因素的调查分析[N].中国教育报,2018-01-04(12).

[12] 张布和.加强远程培训中的互动学习[N].中国教育报,2018-01-04(12).

[13] [美] 马丁·塞利格曼.活出最乐观的自己[M].洪兰,译.沈阳：万卷出版公司,2010：225.

[14] [美] 马丁·塞利格曼.真实的幸福[M].洪兰,译.沈阳：万卷出版公司,2010：7.

[15] 李新翠.中小学教师工作量的超负荷与有效调适[J].中国教育学刊,2016(2)：56-60.

作者简介

高慧斌　中国教育科学研究院教师发展研究所副研究员,博士

电子邮箱

huibingao1016@163.com

Chapter 11

父母参与方式和程度如何影响子女的学业表现

——子女自我教育期望和父母教育期望的中介作用*

李安琪　吴瑞君

摘　要： 本文利用2016年中国家庭追踪调查(China Family Panel Studies，简称CFPS)数据，研究在中国文化和社会背景下父母参与、教育期望和子女学业表现之间的关系。通过Ologit模型分析当下影响不同类型家长参与方式和参与程度的因素，发现子女个体特征和家庭文化资本显著影响父母参与程度。为了解决家长参与方式和参与程度导致的内生性问题，本文通过倾向得分匹配(propensity score matching，简称PSM)探讨父母参与的方式和程度对子女学业表现的影响，结果显示，亲子交流对子女的学业表现有正向作用，而作业检查起到负向作用。在家长参与程度如何通过教育期望影响子女的学业表现方面，研究发现：亲子交流的程度对子女学业影响呈现出学科的差异性，表现为随着参与频率的提高，对孩子成绩的影响呈现"N"型趋势上升；而缺乏有效的参与策略，如作业检查对子女数学成绩起到负向作用。此外，父母的参与直接或间接地通过其对子女的教育期望和子女自我教育期望影响子女的学业表现，家庭作业检查与教育期望存在冲突，家长检查作业对子女的成绩呈现出负向作用，父母参与应注重参与的效率。

关键词： 父母参与；学业表现；父母期望；自我期望；PSM；中介效应

一、问题的提出

随着中国义务教育的普及，学校规模以及招生的扩张，居民的平均受

* 本文系华东师范大学国家教育宏观政策研究院课题"社会支持视域下教育成就的代际传递及其作用机制"(201902005S)阶段研究成果。

教育水平得到显著提升。教育作为人力资本积累的关键性要素，不仅影响着个人、家庭的发展，而且对国民社会经济的发展和创新都起着推动作用。

在我国现行的升学制度下，学生的考试成绩在很大程度上决定了其能否获得更高阶段的教育机会和更高质量的教育资源。值得一提的是，家庭作为社会最基本的单位，它不仅是代际关系的重要桥梁，[1]也是支持子女接受教育的经济主体和机会来源。其中，父母的教育参与被普遍认为是影响孩子在学校取得学业成就和成功的一个重要因素，[2]而且能显著提高子女的学业成就，[3][4]促进子女健康发展。父母参与程度越高，则学生的学业成绩越好。[5]父母参与相对容易产生，但要长期坚持则很困难。学界关于父母参与程度的测量分析一般采用连续性变量分析，忽视了父母参与对子女成绩存在的非线性关系。

父母参与的阶层差异性是导致教育结果不平等的原因之一。家庭投资模型指出，家庭社会经济地位较高的家庭通过把内部拥有的社会资本、人力资本、文化资本（如父母的学历与受教育程度）等方面的显著性优势转化为孩子发展所需的各种资源，[6]通过其资本传承，子女积累的文化资本就较多。[7]家庭缺失理论指出，收入较低的父母往往较少参与子女的教育，[8][9]这些家长缺少时间和资源进行更多的参与。由于他们认为自己缺乏能力，自我效能感较低，在与孩子学校的互动中可能处于退缩和消极的状态。[10][11]相比之下，受过良好教育，具有更高社会经济地位的父母可能拥有更多了解孩子的机会和资源，拥有较高的价值观，面对较少的参与障碍，因此参与孩子教育的程度更高，策略更积极。[12][13]家庭压力模型认为，经济困难会对父母的情绪、行为和关系产生负面影响，进而对父母的教养策略产生负面影响。[14]无形之中，社会经济地位较高的和拥有更多文化资本家庭的孩子更能获得教育优势，而这固化了教育的代际传递。

近年来，父母参与逐渐成为中国教育改革的焦点。2015 年，教育部发布了《关于加强家庭教育工作的指导意见》（教基一〔2015〕10 号），明确提出了“发展以教育为基础的家庭教育，以促进儿童的发展”。[15] 2016

年，全国妇联、教育部等部门印发了《关于指导推进家庭教育的五年规划（2016—2020 年）》（妇字〔2016〕39 号），指出："要强化家长家庭教育主体责任。加强家庭亲子教育、亲子互动、亲子阅读研究与指导。"[16]

值得注意的是，中国父母参与子女教育有其独特的本土化特色与渊源。受儒家文化的影响，中国父母比其他国家的父母更注重孩子的学业成绩，[17]无论社会经济地位如何，中国父母都尽力为孩子提供良好的学习条件。[18]而孩子为了体现"孝道"，达到父母的教育期望，实现自我教育期望而努力提升学业成绩。因此，父母参与对子女的学业成就的影响并不是一个单向影响关系，它更是在家庭经济、文化资本框架下，父母与子女的一种互动关系。那是否意味着只要存在父母的参与，孩子的学业表现就越好呢？还是不同类型的参与方式和程度对子女学业造成不同的影响呢？国外研究显示，与青少年心理需求相冲突的父母行为可能导致学生脱离学习，且会进一步干扰学生的学业。[19]遗憾的是，国内对于父母参与方式的分析停留于参与与否对孩子学业表现或非认知能力的影响，[20][21]缺少对父母不同的参与形式如何以及在多大程度上对孩子的发展产生影响的实验研究。

本文试图确定父母参与在多大程度上促进了孩子的学业成就，并分析父母参与是否通过增加教育期望和孩子的自我教育期望来影响孩子的学业表现。通过把父母参与作为一个多维结构的研究对象，将有助于确定特定的父母参与策略，提高我们对其运作机制的理解，从而有助于教育专业人员依据以行动为导向的父母参与的经验模型制定具体的父母参与策略，促进教育的代际流动。

二、 数据与变量

1. 数据来源

本文所用数据来自北京大学中国社会调查中心的中国家庭追踪调查（CFPS）2016 年数据。CFPS 始于 2010 年，其调查样本覆盖全国 25 个省

(区、市),其调查对象包含样本家庭户中的所有成员,成功调查了 14 960 个家庭,并且每两年进行一次追访。本文的研究对象是处于义务教育阶段且完成了自填问卷的 10—15 岁儿童。为了匹配孩子的家庭经济地位与父母受教育程度,我们通过配对、合并儿童问卷与家长问卷,得到具有家庭信息的总问卷。由于家长参与为主观选择,而删除缺失值样本可能导致样本的选择性误差,本处没有删除缺失值样本。①

2. 测量

(1) 因变量

子女的学业表现为因变量,分析中采用两个指标进行测量。一是字词测试得分,代表语文能力;二是数列测试得分,代表数学能力。这两个指标均为连续性变量。

(2) 自变量

父母参与是本文的核心解释变量,分析中采用四个指标进行测量。一是"父母为孩子学习放弃看电视",表示家庭环境;二是"与孩子沟通学校发生的事情",表示亲子交流;三是"要求孩子完成作业",表示作业监督;四是"检查孩子作业",表示作业检查。选项为 1—5 的定序变量,分别表示"从不""很少(每月 1 次)""偶尔(每周 1 次)""经常(每周 2—4 次)""很经常(每周 5—7 次)"。

(3) 中介变量

子女自我教育期望和父母教育期望是父母参与影响子女学业表现的重要中介变量,揭示父母参与影响子女学业表现的持续性作用机制。子女的自我教育期望,问的是"你期望的受教育程度";父母教育期望,问的是"你希望孩子的受教育程度"。针对该定序分类变量,本文通过年级—年限的相对应方法重新赋值,数值越大表示期望接受越多的教育。

---

① 因此,下文的回归中样本数有所不同。笔者也进行了删除缺失样本的回归。两种方法回归结果相似,为了样本的正态性,避免选择性偏误,本文未进行样本删除的处理。

（4）控制变量

针对学生个体和家庭的控制变量包括年龄、性别、就读阶段、城乡、是否参加辅导班（控制为市场上提供的教育服务）、父母最高受教育年限以及家庭人均收入对数。家庭资源稀释理论指出，兄弟姐妹数量不仅会稀释家中孩子获得的教育资源，还会对父母参与产生负向影响，进而影响孩子的认知发展，[22]因此本文引入独生子女指标，控制家庭资源在子女数量上分配的差异性。

孩子就读学校的质量对其学业表现和自我期望有重要的影响，该指标选取参照李忠路（2016）[23]一文，本研究对孩子就读学校质量的测量运用了 4 个测量指标：对学校的满意度评价、对班主任的满意度评价、对语文老师的满意度评价以及对数学老师的满意度评价。选项为 1—5，数值越高表示满意度越高。分析中我们对其得分加总，统一为学校质量指标。

由于父母参与具有阶段性并且受子女学业表现的影响，因此两者可能存在"互为因果"或者"反向因果"的关系，也就是说学业成绩不好的孩子可能需要更多的父母参与，[24]容易得出父母参与导致孩子学业成就下降的"伪"结论。在 CFPS 2016 年数据库中，儿童问卷的成人代答部分有家长评价孩子的在校成绩："就您所知，孩子上学期平时的语文成绩处在哪个水平？""就您所知，孩子上学期平时的数学成绩处在哪个水平？"回答"差"为 1，"中"为 2，"良"为 3，"优"为 4，看作连续性变量。引入该控制变量作为子女的基础成绩表现，从而在一定程度上减少遗漏变量带来的解释性偏误，控制个体之间难以观测的异质性。样本的分布以及各观测指标的描述性统计见表 1。

表 1　主要变量的描述性统计

维度	指　　标	最小值	最大值	均值	标准差
学业表现	语文能力	0	10	6.120 3	1.631 2
	数学能力	0	15	8.962 6	3.812 1

（续表）

维度	指　　标	最小值	最大值	均值	标准差
家长参与	家庭环境	1	5	3.420 3	1.299 4
	亲子交流	1	5	3.167 8	1.169
	作业监督	1	5	3.950 1	1.045 9
	作业检查	1	5	2.988 7	1.382 5
个体特征	年龄	10	15	12.391 6	1.694
	性别(1 男;0 女)	0	1	0.534 4	0.498 9
	城乡(1 城市;0 农村)	0	1	0.405 6	0.491 1
	参加课外辅导(1 是;0 否)	0	1	0.154 9	0.361 9
	独生子女(1 是;0 否)	0	1	0.508 6	0.5
成绩基础	前测语文成绩	1	4	2.695 9	0.943 3
	前测数学成绩	1	4	2.664 3	1.027 7
家庭经济地位	家庭人均收入对数	3.378 7	14.514 8	9.137 6	0.986 9
	父母最高受教育年限	1	19	8.422 5	3.731 4
学校控制变量	学校质量	0	20	15.796 7	4.820 5
	就读阶段(1 初中;0 小学)	0	1	0.385	0.486 7

三、 研究结果

1. 父母参与行为的影响因素

此处父母参与为排序变量(ordered data)，数值越大表示参与越频繁，当其作为因变量时，传统的 OLS 估计并不适用。为此，本文使用 Ologit(ordinal logit)回归模型考察父母参与的影响因素。由于 Ologit 回归模型基于累积 Logit 模型，假定因变量为 1 到 j 的定序值，则因变量小于等于 j 与大于 j 的累积 Logit 可以表示为：

$$\mathrm{L}_j(x_j)=\log\left[\frac{Pr\ (y_i \leqslant j \mid x_i}{Pr\ (y_i > j \mid x_i}\right]=\alpha_j+\beta X \quad (1)$$

其中,X 表示影响家长参与行为程度的解释变量,包括子女人口学特征、家庭经济地位、城乡差异、前测成绩和学校质量。β 表示一组与 X 对应的回归系数,j 表示家长参与程度的类别,α_j 是估计的节点。Ologit 回归模型有一个重要的约束条件,就是解释变量对因变量在任何分界点下的比率具有同样的影响,满足平行线假设。[25]本研究中除了模型(3),其余均通过了平行线检验,因此我们分析模型(1)、(2)、(4)中各因素对家长参与的影响(见表 2)。

表 2　影响父母参与行为因素的 Ologit 模型估计结果

变　量	家庭环境	亲子交流	作业监督	作业检查
	模型(1)	模型(2)	模型(3)	模型(4)
语文成绩	0.063** (2.07)	0.042 (1.41)	−0.021 (−0.69)	−0.016 (−0.52)
数学成绩	0.017 (1.25)	0.031** (2.27)	0.011 (0.80)	−0.019 (−1.38)
年龄	−0.164*** (−3.36)	−0.048 (−1.00)	−0.123** (−2.50)	−0.166*** (−3.55)
性别	−0.122 (−1.21)	0.041 (0.42)	0.000 (0.00)	0.183* (1.88)
城乡	0.269** (2.44)	0.149 (1.38)	0.125 (1.12)	−0.117 (−1.10)
家庭人均收入对数	−0.055 (−0.97)	−0.015 (−0.26)	0.086 (1.51)	−0.071 (−1.29)
父母最高受教育年限	0.016 (1.06)	0.104*** (6.96)	0.017 (1.13)	0.101*** (6.88)
是否是独生子女	0.061 (0.60)	0.060 (0.60)	0.285*** (2.79)	0.143 (1.47)
是否参加课外辅导	0.426*** (3.07)	0.303** (2.21)	0.145 (1.02)	0.193 (1.43)

（续表）

变量	家庭环境	亲子交流	作业监督	作业检查
	模型(1)	模型(2)	模型(3)	模型(4)
就读阶段（参照组：小学）	0.288* (1.74)	0.237 (1.47)	−0.100 (−0.60)	−0.223 (−1.42)
学校质量	0.020 (1.29)	0.027* (1.78)	0.029* (1.81)	0.043*** (2.83)
前测语文成绩	0.105 (1.61)	0.247*** (3.86)	0.014 (0.21)	0.088 (1.39)
前测数学成绩	−0.032 (−0.53)	0.031 (0.53)	−0.120** (−1.97)	−0.062 (−1.08)
Observations	1 467	1 565	1 564	1 541
LR chi^2	68.35	183.0	55.24	154.2
Prob>chi^2	0	0	0	0
Pseudo R^2	0.015 6	0.040 0	0.014 5	0.032 3

注：* $p<0.1$，** $p<0.05$，*** $p<0.01$。

从表2的模型(1)来看，子女语文成绩、年龄、城乡、就读阶段以及是否参加课外辅导，影响家长营造家庭学习环境的程度。父母每周为了孩子学习放弃娱乐的频次越多，孩子语文成绩越好。而随着孩子年龄的增长，孩子每增加1岁，父母每周“很经常”为了孩子的学习放弃娱乐的累计概率是“不经常”的84.87%（e^−0.164），即随着孩子年龄的增长，父母为孩子放弃看电视的频次降低。城乡的回归系数为0.269，表明在控制其他变量的情况下，城市家长“经常”为孩子放弃娱乐的累计概率是农村的1.31倍（e^0.269），即城市家长为孩子学习放弃娱乐的程度更高。参加课外辅导孩子的家长“经常”为孩子放弃娱乐的累计概率是没有参加辅导班孩子家长的1.53倍（e^0.426），即参加辅导班的家长在为孩子学习放弃娱乐方面的程度更高，更会创造适合学习的家庭氛围。

从模型(2)看来，父母每周和孩子聊天的频次越多，孩子的数学成绩越好。参加辅导班孩子的家长“经常”和孩子讨论学校的事情的累计概率是没有参加辅导班的 1.35 倍（e ^ 0.303），即参加课外辅导孩子的家长进行的亲子交流更为频繁。

从模型（2）和模型（4）来看，父母最高受教育年限和学校质量影响家长参与的程度。父母最高受教育年限的回归系数为 0.104 和 0.101，表明受教育年限每增加 1 年，相对于“从不”“很少”“偶尔”“经常”而言，家长“很经常”和孩子聊天、检查作业的累计概率是家长不和孩子聊天、检查作业的 1.11 倍（e ^ 0.104）和 1.106 倍（e ^ 0.101），即家长受教育程度越高，父母参与程度就越高。从学校质量的回归系数 0.027 和 0.043 看来，学校质量越高，父母参与孩子的教育程度也越高。模型（4）中，性别的回归系数为 0.183，表明在控制其他变量的情况下，男孩的家长“很经常”为孩子检查作业的累计概率是女孩家长的 1.2 倍（e ^ 0.183），也就是说男孩家长在为孩子检查作业的频次更高。

总体来说，孩子的年龄、成绩、学业基础、是否参加课外辅导、父母的受教育程度以及学校质量会影响到父母参与的程度；孩子的学业成绩优势能提高父母的自我效能感，从而提高其参与热情，家庭的文化资本优势也能显著提升父母的参与程度；而家庭经济地位对父母参与行为的影响并不显著。

2. 父母参与对子女学业表现的影响

如前文所言，孩子的学业成绩会受到个体、家庭、学校以及社会的影响。因此，在探讨父母参与对孩子学业表现影响的同时，我们添加相关的控制变量，减少难以观测的异质性带来的内生性问题。

（1）父母参与对子女学业表现影响的效果分析

如表 2 所示，孩子的个体特征、家庭背景以及学校质量在一定程度上影响父母的教育参与，如果用传统的 OLS 回归分析，只能估计得到有无父母参与对孩子学业表现的影响，而无法得到父母参与对子女学业成绩影响的处理效应。也就是说，那些存在父母参与的孩子，当父母参与缺失时，其学业表现会发生何种变化不得而知。PSM可通过各种匹配方法将控制组（父母参与缺失）的样本与处理组（父母参与）的样本进行配对，提升匹配处理后两组群体的同质性和可比性，构造出存在父母参与的"反事实"结果，获得父母参与对孩子学业表现的平均处理效应（ATT）。

$$ATT = E(Y_{1i} - Y_{0i} \mid PI_i = 1) = E(Y_{1i} \mid PI_i = 1, X) - E(Y_{0i} \mid PI_i = 1, X) \quad (2)$$ [①]

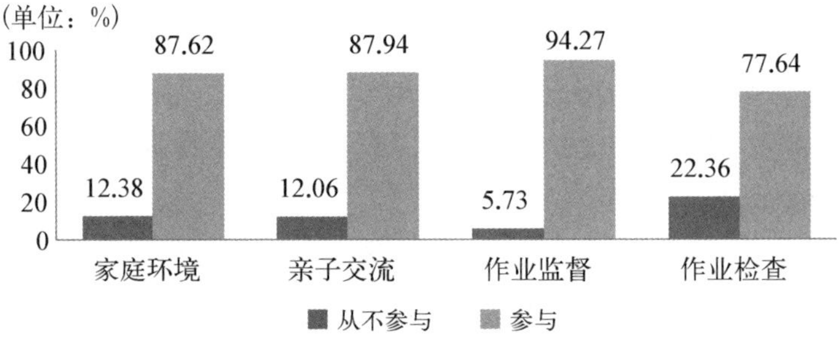

图1 不同家长参与类型的所占比例(%)

由图1可知，中国家长参与子女教育程度普遍很高，证实了家长对子女的教育十分重视。表3为多种匹配方法下是否存在父母参与[②]对子女成绩影响的估计结果。从不同父母参与类型来看，是否有亲子交流和作业检查对孩子学业表现影响的估计系数分别是语文成绩0.398—0.464、数学成绩0.725—0.975，数学成绩－0.748——0.403，至少在10%的水平下统计显著。而父母在家庭环境营造和作业监督方面的参与对子女学业的影响并不显著。在控制自选择偏误情况下，父母的情感参与与作业检查显著影响孩子的学业表现。

---

① Y_{1i}与Y_{0i}分别记为是否有家长参与时的，孩子 i 的学业表现，X 为协变量(控制变量)。

② 根据父母参与类型变量，笔者将"从不"参与赋值为0；其他参与频率赋值为1，构建是否参与指标。

表 3　父母参与对子女学业表现影响的效果(PSM)

	家庭环境		亲子交流		作业监督		作业检查	
	语文	数学	语文	数学	语文	数学	语文	数学
一对一匹配	0.178 (0.161)	0.18 0.401	0.417** (0.182)	0.725* (0.436)	0.376 (0.251)	0.305 (0.683)	−0.246 (0.144)	−0.748** (0.324)
卡尺匹配 (0.005)	0.144 (0.144)	0.08 (0.321)	0.464** (0.15)	0.884** (0.365)	0.16 (0.203)	−0.204 (0.592)	−0.107 (0.119)	−0.429* (0.24)
核匹配	0.175 (0.125)	0.175 0.312	0.398*** (0.142)	0.975*** (0.318)	−0.007 (0.18)	−0.593 (0.447)	−0.094 (0.102)	−0.412* (0.215)
局部线性匹配	0.105 (0.134)	0.24 (0.314)	0.398*** (0.135)	0.865** (0.377)	0.123 (0.18)	−0.174 (0.551)	−0.1 (0.123)	−0.403* (0.235)

注：(1) * $p<0.1$，** $p<0.05$，*** $p<0.01$；(2) 模型中均添加协变量进行控制，协变量包括表 1 中学业表现、个体特征、学业基础、家庭经济地位和学校质量控制变量在内的所有变量；(3) 匹配后各变量标准误小于 12%；(4) 括号内标准误以 bootstrap 500 次抽样计算。

此外，表 4 为 PSM 匹配效果的检验，是否独生子女、就读阶段和前测成绩 3 个变量在控制组与处理组中存在 5%的显著性差异，其他协变量均显示匹配良好。从图 2 可以看出，控制组与处理组的倾向得分值分布大致平衡。

表 4　父母参与对子女学业表现影响效果的平衡性假设检验结果①

变　量	匹配状态	均　值		误差消减		t 检验	
		处理组	对照组	差值	消减	t 值	p 值
年　龄	匹配前	12.384	12.247	8.2		1.03	0.303
	匹配后	12.385	12.334	3	63	0.77	0.443
性　别	匹配前	0.545 85	0.556 18	−2.1		−0.26	0.794
	匹配后	0.542 58	0.562 41	−4	−91.9	−1.03	0.304
城　乡	匹配前	0.398 28	0.308 99	18.7		2.30	0.021
	匹配后	0.385 08	0.369 47	3.3	82.5	0.83	0.407

① 受限于篇幅，本文的匹配效果检验中仅以亲子交流为例。其他类型的父母参与匹配效果并未汇报。如有需要，可向作者索取。

（续表）

变量	匹配状态	均值		误差消减		t检验	
		处理组	对照组	差值	消减	t值	p值
家庭人均收入对数	匹配前	9.165 2	8.995 5	17.9		2.28	0.023
	匹配后	9.145 6	9.192 7	−5	72.3	−1.31	0.190
父母最高受教育年限	匹配前	8.584 5	6.236	62.9		8.11	0.000
	匹配后	8.415 2	8.504 6	−2.4	96.2	−0.67	0.501
是否是独生子女	匹配前	0.496 42	0.432 58	12.8		1.60	0.109
	匹配后	0.489 83	0.528 7	−7.8	39.1	−2.00	0.045
是否参加课外辅导	匹配前	0.170 49	0.106 74	18.5		2.17	0.030
	匹配后	0.159 76	0.177 15	−5	72.7	−1.20	0.231
就读阶段	匹配前	0.408 31	0.331 46	15.9		1.97	0.049
	匹配后	0.405 43	0.366 9	8	49.9	2.04	0.042
学校质量	匹配前	16.612	16.163	13.8		1.80	0.072
	匹配后	16.604	16.612	−0.2	98.4	−0.06	0.953
前测成绩	匹配前	2.688 4	2.5	17.8		2.30	0.022
	匹配后	2.668 4	2.581 4	8.2	53.8	2.10	0.036

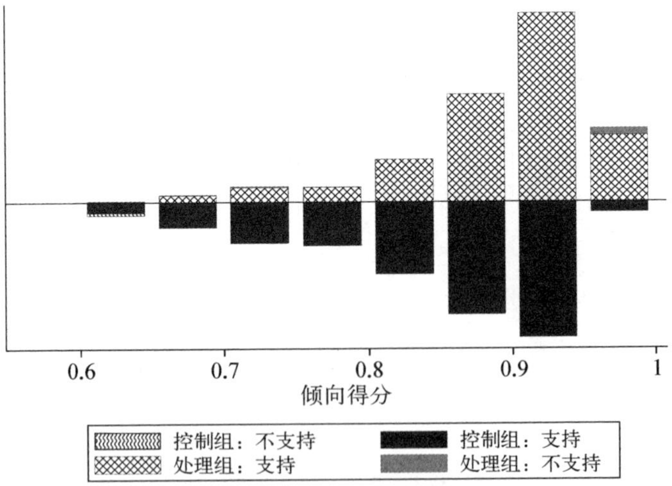

图2 各匹配变量的平衡性状况

（2）父母参与程度对子女学业表现的影响

表3给我们展示了父母是否参与对子女学业表现的影响，进一步研究发现，父母参与的持续性与程度在一定程度上反映了父母参与的质量和效率。父母参与程度对子女语文成绩的影响效应表明，父母参与的各维度与程度高低对子女成绩的影响不同。从表5模型（1）可知，每周以2—3次和5—7次的频率为孩子学习放弃看电视而营造适合家庭学习氛围的家长，孩子的语文成绩更好，这表明了家长的情感支持和提供学习氛围的家庭环境有助于提高孩子的学业表现，频率在半周左右对子女语文成绩的影响更大。表5模型（3）和模型（4）反映了亲子交流对子女学业表现的影响最大，这一研究发现与李波（2018）[26]一致。亲子交流的程度对子女学业的影响呈现出学科的差异性，表现为随着参与频率的提高对孩子语文成绩和数学成绩的影响呈现"N"型趋势。表5模型（6）和模型（8）中，父母采用作业监督和检查的控制性参与方式，反而对孩子的数学成绩起到负向作用。这有可能是父母通过作业检查体现出对子女过高的学业期望，给子女施加了太多学习压力，从而影响其数学成绩；这也有可能是父母通过作业检查所传递的负面情绪影响子女的学习表现。

表5　父母参与程度对子女学业表现的影响（OLS）

变量	家庭环境		亲子交流		作业监督		作业检查	
	语文 模型（1）	数学 模型（2）	语文 模型（3）	数学 模型（4）	语文 模型（5）	数学 模型（6）	语文 模型（7）	数学 模型（8）
父母参与程度（参照组：没有参与）								
每月1次	0.203 （1.15）	−0.103 （−0.25）	0.262* （1.66）	0.439 （1.30）	−0.228 （−0.88）	−1.796*** （−3.20）	−0.086 （−0.58）	−0.222 （−0.69）
每周1次	−0.050 （−0.32）	0.197 （0.57）	0.450*** （3.11）	0.665** （2.14）	0.257 （1.26）	−0.323 （−0.68）	−0.018 （−0.15）	−0.537** （−2.05）
每周2—3次	0.255* （1.90）	0.189 （0.62）	0.329** （2.36）	0.570** （1.96）	0.053 （0.32）	−0.381 （−0.97）	−0.111 （−0.98）	−0.485** （−1.99）
每周5—7次	0.252* （1.75）	0.424 （1.30）	0.362** （2.12）	1.333*** （3.34）	−0.019 （−0.11）	−0.387 （−0.96）	−0.109 （−0.71）	−0.313 （−1.04）

（续表）

变量	家庭环境		亲子交流		作业监督		作业检查	
	语文 模型(1)	数学 模型(2)	语文 模型(3)	数学 模型(4)	语文 模型(5)	数学 模型(6)	语文 模型(7)	数学 模型(8)
年龄	−0.006 (−0.15)	0.526*** (5.58)	−0.018 (−0.46)	0.520*** (5.75)	−0.023 (−0.57)	0.537*** (5.93)	−0.017 (−0.42)	0.506*** (5.51)
性别	−0.009 (−0.11)	0.922*** (4.91)	0.004 (0.05)	0.865*** (4.75)	−0.008 (−0.10)	0.839*** (4.62)	0.003 (0.03)	0.843*** (4.56)
家庭人均收入对数	0.104** (2.00)	0.263** (2.52)	0.105** (2.07)	0.280*** (2.75)	0.101** (1.99)	0.284*** (2.75)	0.106** (2.09)	0.269*** (2.60)
父母最高受教育年限	0.021 (1.59)	0.119*** (4.18)	0.014 (1.10)	0.118*** (4.16)	0.021 (1.61)	0.129*** (4.72)	0.023* (1.77)	0.144*** (5.11)
就读阶段	0.642*** (4.61)	0.232 (0.75)	0.640*** (4.80)	0.220 (0.75)	0.664*** (4.98)	0.237 (0.80)	0.640*** (4.73)	0.263 (0.88)
学校质量	0.017 (1.21)	0.030 (0.94)	0.025* (1.84)	0.017 (0.56)	0.025* (1.85)	0.021 (0.70)	0.025* (1.80)	0.026 (0.87)
前测语文成绩	0.220*** (4.84)		0.205*** (4.67)		0.217*** (4.97)		0.220*** (4.99)	
前测数学成绩		0.887*** (9.44)		0.841*** (9.30)		0.859*** (9.64)		0.845*** (9.34)
Constant	3.840*** (5.31)	−4.471*** (−2.83)	3.768*** (5.43)	−4.511*** (−3.01)	4.054*** (5.78)	−3.977** (−2.58)	4.007*** (5.75)	−3.727** (−2.43)
Observations	1 468	1 471	1 566	1 569	1 565	1 568	1 542	1 545
R^2	0.074	0.169	0.073	0.174	0.071	0.175	0.068	0.168

注：(1) * $p<0.1$，** $p<0.05$，*** $p<0.01$；(2) 为了节约篇幅，不显著的控制变量没有放入表格。

从家庭经济地位来看，子女的学业成绩显著受到家庭经济地位的影响，家庭人均收入越高，其子女成绩表现越好。同时，父母受教育程度较高，其子女的学业表现也较好。

从学校质量来看，孩子对学校的满意度越高，其语文成绩的表现越好。从子女的个体特征来看，语文和数学的前测成绩都在1%的水平下统计显著,这表明了孩子的学业基础在很大程度上影响其学业成绩。从性别差异来看,男孩在数学成绩的学业表现上明显优于女孩。

3. 父母参与影响子女学业表现的机制

上文已经分析了父母参与对子女学业表现的影响,那么父母参与是如何影响子女学业表现的呢? 个体社会化发展领域的实证研究认为,教育期望在父母参与与子女个体社会化发展中起着重要的调节作用。[27]父母对孩子教育的参与会影响父母的教育期望,父母参与孩子教育时,他们会增加对孩子进步的希望,[28]可以帮助孩子提高认知能力,[29]而且随着父母教育期望的增加,子女也会为了博得父母的关注或奖励而提高学业表现;[30]同时,研究人员认为,父母过高的教育期望会使子女产生负面情绪,从而不利于其学业成绩的提高。[31]

此外,自我决定理论指出,父母参与的行为只有内化为孩子自身的学习动力,才能真正发挥出促进学业进步的作用。[32]具体来说,父母在参与过程中投入更多的金钱、时间和精力,会使孩子产生较高的自我效能感和积极的心理暗示,从而激发更高的自我教育期望,对他们的学习动机和学习毅力有积极的影响,从而提高他们的学业表现。[33]而家长缺乏参与可能会阻碍孩子的教育抱负,例如,孩子会表现出对教育不感兴趣或反叛,进而阻碍自我学业成绩的提升。在这方面,家长参与程度的高低通过影响孩子的自我教育期望,从而影响学业表现。

本文研究子女自我教育期望和家长教育期望作用于子女学业成绩表现的影响机制,并使用中介效应模型进行检验。表 6 和表 7 使用 Sobel-Goodman 检验来验证教育期望对子女学业表现影响的中介效应。衡量父母参与的综合指标不适合使用①,故探讨父母参与对子女学业表现影响的机制。

---

① 父母参与程度的综合指标,经过因子分析后,KMO 值为 0.591,不满足因子分析要求。父母参与类型 1—5,表示从“从不”到“很经常”。

表 6 自我教育期望的中介效应分析

变　量	(1)	(2)	(3)
cross-section A	语文成绩	自我教育期望	语文成绩
家庭环境	0.071* (0.033)	0.261*** (0.066)	0.061* (0.004)
自我教育期望			0.041** (0.013)
Sobel 检验/中介效应大小	0.011(0.014)/15%		
亲子交流	0.073** (0.037)	0.282*** (0.074)	0.061 (0.037)
自我教育期望			0.043*** (0.013)
Sobel 检验/中介效应大小	0.012(0.011)/17.72%		
cross-section B	数学成绩	自我教育期望	数学成绩
亲子交流	0.199** (0.08)	0.294*** (0.073)	0.167** (0.079)
自我教育期望			0.108*** (0.028)
Sobel 检验/中介效应大小	0.032(0.005)/16%		
作业检查	−0.112* (0.067)	0.142** (0.062)	−0.129* (0.068)
自我教育期望			0.122*** (0.028)
Sobel 检验/中介效应大小	0.017(0.043)/−15.42%		

注：(1) * $p<0.1$，** $p<0.05$，*** $p<0.01$；(2) 括号内为标准误；(3) 所有模型均添加控制变量予以控制。

表 7 父母教育期望的中介效应分析

变 量	(1)	(2)	(3)
cross-section A	语文成绩	父母教育期望	语文成绩
家庭环境	0.068** (0.033)	0.156** (0.054)	0.058* (0.033)
父母教育期望			0.061*** (0.016)
Sobel 检验/中介效应大小	0.01(0.021)/14.08%		
亲子交流	0.071* (0.037)	0.143** (0.061)	0.063* (0.037)
父母教育期望			0.059*** (0.015)
Sobel 检验/中介效应大小	0.008(0.044)/11.93%		
cross-section B	数学成绩	父母教育期望	数学成绩
亲子交流	0.215*** (0.08)	0.155** (0.06)	0.191** (0.079)
父母教育期望			0.159*** (0.033)
Sobel 检验/中介效应大小	0.025(0.024)/11.46%		
作业检查	−0.111* (0.08)	0.114** (0.051)	−0.131* (0.067)
父母教育期望			0.176*** (0.034)
Sobel 检验/中介效应大小	0.02(0.039)/−18.07%		

注：(1) * $p<0.1$，** $p<0.05$，*** $p<0.01$；(2) 括号内为标准误；(3) 所有模型均添加控制变量予以控制。

(1) 以子女自我教育期望为中介

根据表 6 的结果，中介效应 Sobel-Goodman 检验在 5%和 1%的置信水平上显著。这说明子女的自我教育期望在学业表现的提高过程中起到关键的中介作用。其中介效应大小分别为 15%、17.72%、16% 和 −15.42%。这意味着，家庭环境对子女成绩表现的促进作用中，有 15% 是通过提高子女自我教育期望发挥作用的；亲子交流对子女语文和数学成绩表现的促进作用中，有 17.72% 和 16% 是通过提高子女自我教育期望发挥作用的。在家长的作业检查行为对子女数学成绩的负向影响中，有 15.42% 是通过提高子女自我教育期望发挥作用的。

在 *cross-section* A 的家庭环境来看，第(2)列结果显示，在控制了子女个体和家庭特征变量和基础成绩变量后，家庭学习氛围越好，亲子交流越多，子女自我教育期望也越高。这表明，父母为孩子学习放弃娱乐程度和亲子交流频率的提高显著增强了子女自我的教育期望。第(3)列的回归结果显示，子女自我教育的期望对语文成绩的影响显著为正，且与第(1)列相比，语文成绩的估计系数略有下降，这表明，子女自我教育期望发挥了部分中介作用。从 *cross-section* A 的家庭环境中介变量来看，第(3)列的回归结果显示，子女自我教育的期望对语文成绩的影响不显著，且与第(1)列相比，语文成绩的估计系数略有下降，这表明，子女自我教育期望发挥了完全中介作用。

在 *cross-section* B 的家长作业检查来看，作业检查对子女的数学成绩表现有抑制作用，与前文 OLS 结果一致。第(3)列的回归结果显示，家长对子女作业的检查对数学成绩的影响显著为负，且与第(1)列相比，数学成绩的估计系数为 −0.129($p<0.1$)，略有下降，说明家长通过作业检查的方式提高了孩子的自我期望，抑制了子女的数学成绩。

(2) *以父母教育期望为中介*

根据表 7 的结果，中介效应 Sobel-Goodman 检验在 5% 的置信水平上显著，这说明父母教育期望在学业表现的提高过程中起到关键的中介作用。其中介效应大小分别为 14.08%、11.93%、11.46% 和 −18.07%。这意味着，家庭环境对子女成绩表现的促进作用中，有 14.08% 是通过提高父母教育期望发挥作用的；亲子交流对子女语文和数学成绩表现的促进作用中，有 11.93% 和 11.46% 是通过提高父母教育期望发挥作用的；家长的作业检查参与对子女数学成绩的负向影响中，有 18.07%是通过提高父母教育期望发挥作用的。

从表 7 中 *cross-section* A 和 *cross-section* B 的前三个家长参与方式来看，家长对于子女学习环境的营造和亲子交流，通过提高教育期望促进子女的学业表现。而家长的作业检查，随着对孩子教育期望的增加，抑制了子女的数学成绩。

四、 结论与建议

本研究基于 2016 年 CFPS 数据中对 10—15 岁处于小学和初中阶段学生的调查数据，结合样本父母与家庭的调查，重点探讨了特定类型的父母参与对子女学业表现的影响以及教育期望的作用机制。在解释父母参与与子女学业成绩之间的关系时，因为我们在测量参与之前包含对儿童能力的基线测量，而且与当前学业成绩两者相关，因此，父母参与对学习成绩影响是有限的。主要发现如下。

第一，子女的个体特征影响父母参与，父母参与的程度随着孩子年龄的增长而降低。[34]孩子年岁渐长，自我独立的要求增强，父母的参与程度也因此受到影响。此外，父母的受教育年限越长、学校质量越高，代际互动中亲子交流和检查作业的程度就越高。参与课外辅导、城市学生的父母营造家庭学习环境氛围的程度高于没有参加课外辅导的孩子和农村学生。因此可以看出，拥有较高文化资本的家庭，父母参与程度更高。家庭的文化资本具有一定的代际传递性，以父母最高受教育年限和家庭人均收入为指标的家庭经济地位对孩子的成绩表现起到促进作用，这与已有研究一致。[35]教育逐渐成为社会优势阶层利用自身社会资本为子女谋求更多教育机会的手段，从而实现子女教育成就的向上流动。

第二，父母参与对子女学业表现的影响具有学科的异质性。家庭学习环境的营造，父母和孩子交流学校发生的事情对孩子的成绩产生积极的影响，这与国内外研究相一致。[36][37][38][39]但是，关于家庭学习环境营造方面，父母应注重时间的安排，频率不可过高，一周 3—5 天的频次较为适合。亲子交流对孩子学业表现的影响最大，家长和孩子的交流可以显著提升孩子的语文和数学成绩。而作业监督和作业检查的参与方式并不利于孩子数学成绩的提高，其归因于父母缺乏建设性地帮助孩子的技能。[40]

第三，隐形的教育参与，如家庭学习环境营造、亲子交流这两项父母参与行为，可通过提升儿童自我教育期望和父母的教育期望而对子女学业表现的提升起到长期的持续影响。但是，家庭作业检查与青少年的效能感和期望存在冲突，[41]使得家长监督和辅导作业与子女的学业成就呈现负相关。[42]因此，家长应根据子女的特点选取合适的参与方式，提高其自我期望和自我效能感，促进其学业提升。

本研究结论为重视家庭教育、强化父母情感支持提供了实证性的证明。父母参与是一把“双刃剑”，良好的家庭学习氛围和亲子交流有助于增强孩子的自信心和自我期望，更好地促进孩子的学业成就。而控制型、专断型的家长参与则会引发孩子的学业压力和焦虑，不利于孩子树立正确的自我期望。因此，父母应树立积极、适度的参与意识，提高参与的质量和效率。父母在参与过程中应重点关注孩子的情感需要，营造和谐的家庭氛围，保持对孩子的高期望，减少对孩子教育的控制性参与，合理安排每周与孩子教育互动的频次。建议家长利用学校咨询服务了解孩子，实施积极的参与策略。

由于中产阶级的父母参与度比低收入家庭的父母要高得多，因此促进父母参与以提高学业成绩的做法可能导致不公平的问题。那些原本缺失参与能力、文化水平低和经济资本不足的家庭更需要被关注。一方面，父母文化程度低与家庭收入水平低的“双重劣势”影响到子女教育资源获得的机会；另一方面，在这种“双重劣势”的背景下，再加上父母较低的参与程度，父母的时间和精力更多地放在寻求生计方面，生存的压力会导致父母采取严厉的教养方式，加重亲子交流的排斥心理，[43]或者使得孩子在学业上面临“三重劣势”的困境。

学校和社区需要意识到并支持那些对弱势群体最为可行和有效地参

与实践，应呼吁社会公共服务弥补弱势阶层的家庭教育，支持社区—社会层面的教育参与，以社区为基础的项目可以支持学校，帮助家庭，给孩子提供情感支持，增加孩子获取教育资源的机会。

参考文献

[1] Blau, P. M., & Duncan, O. D. The American Occupational Structure[J]. American Journal of Sociology, 1967, 33(2): 296.

[2] Mapp, K. L., & Kuttner, P. J. Partners in Education: A Dual Capacity-building Framework for Family-school Partnerships (Research Report), 2014.

[3] 吴愈晓，黄超，黄苏雯.家庭、学校与文化的双重再生产：文化资本效应的异质性分析[J].社会发展研究，2017(3)：1－27＋243.

[4][23] 李忠路，邱泽奇.家庭背景如何影响儿童学业成就？——义务教育阶段家庭社会经济地位影响差异分析[J].社会学研究，2016(4)：121－144＋244－245.

[5] Epstein, J. L. Building Bridges of Home, School, and Community: The Importance of Design[J]. Journal of Education for Students Placed at Risk, 2001, 6(1 & 2), 161－168.

[6][10] Conger, R. D., & Donnellan, M. B. An Interactionist Perspective on the Socioeconomic Context of Human Development[J]. Annual Review of Psychology, 2007, 58(1), 175－199.

[7] 张意忠.城乡家庭资本差异对子女高等教育需求的影响[J].高等教育研究，2016(8)：22－25.

[8] Riessman, F. The Culturally Deprived Child[M]. New York: Harper and Row, 1962.

[9][42] Hill, N. E., & Taylor, L. C. Parental School Involvement and Children's Academic Achievement[J]. Current Directions in Psychological Science, 2004, 13, 161－164.

[11] Jordan, W. J., & Plank, S. B. Talent Loss among High-achieving Poor Students[M]// M. G. Sanders (Ed.), Schooling Students Placed at Risk: Research Policy and Practice in the Education of Poor and Minority Adolescents. Mahwah, NJ: Erlbaum, 2000: 83－103.

[12] Lareau, A. Assessing Parent Involvement in Schooling: A Critical Analysis[M]// A. Booth & J. F. Dunn (Eds.), Family-school Links: How Do They Affect Educational Outcomes? Mahwah, NJ: Erlbaum, 1996: 57－64.

[13] Guryan, J., & Kearney, H. M. Parental Education and Parental Time with Children [J]. The Journal of Economic Perspectives, 2008, 22(3): 23－46.

[14] Conger, R. D., & Conger, K. J. Resilience in Midwestern Families: Selected Findings from the First Decade of a Prospective, Longitudinal Study[J]. Journal of Marriage and Family, 2002, 64: 361－373

[15] 教育部关于加强家庭教育工作的指导意见(教基一〔2015〕10号)[EB/OL]. 2015－10－16 [2020－04－20].http://www.moe.gov.cn/srcsite/A06/s7053/201510/t20151020_214366.html.

[16] 全国妇联　教育部　中央文明办　民政部　文化部　国家卫生计生委　国家新闻出版广电总局　中国科协　中国关工委关于印发《关于指导推进家庭教育的五年规划(2016—2020

年)》的通知(妇字〔2016〕39 号)[EB/OL].2017-02-20[2020-04-20].http://www.moe.gov.cn/jyb_xxgk/moe_1777/moe_1779/201702/t20170220_296761.html.

[17] Fu, R., Chen, X., Wang, L., & Yang, F. Developmental Trajectories of Academic Achievement in Chinese Children: Contributions of Early Social-behavioral Functioning[J]. Journal of Educational Psychology, 2016, 108(7): 1001-1012.

[18][36] 李艳玮,李燕芳,刘丽莎.家庭收入对儿童早期语言能力的影响作用及机制:家庭学习环境的中介作用[J].中国特殊教育,2012(2):63-68+75.

[19][35][38] Wang, M. T., & Eccles, J. S. Adolescent Behavioral, Emotional, and Cognitive Engagement Trajectories in School and Their Differential Relations to Educational Success[J]. Journal of Research on Adolescence, 2012, 22: 31-39.

[20] 梁文艳,叶晓梅,李涛.父母参与如何影响流动儿童认知能力——基于 CEPS 基线数据的实证研究[J].教育学报,2018(1):80-94.

[21] 杨中超.家庭背景与学生发展:父母参与和自我教育期望的中介作用[J].教育经济评论,2018(3):61-82.

[22] 张月云,谢宇.低生育率背景下儿童的兄弟姐妹数、教育资源获得与学业成绩[J].人口研究,2015,39(4):19-34.

[24] Sun, Y. The Academic Success of East-Asian-American Students: An Investment Model[J]. Social Science Research, 1998, 27(4): 432-456.

[25] Donald, J. Treiman,任强.量化数据分析:通过社会研究检验想法[M].北京:社会科学文献出版社,2012:329.

[26] 李波.父母参与对子女发展的影响——基于学业成绩和非认知能力的视角[J].教育与经济,2018,143(3):54-64.

[27] 郭筱琳,周寰,窦刚,等.父母教育卷入与小学生学业成绩的关系——教育期望和学业自我效能感的共同调节作用[J].北京师范大学学报(社会科学版),2017(2):45-53.

[28] Lindstrand, P., Brodin, J., & Lind, L. Parental Expectations from Three Different Perspectives: What Are They Based on? [J]. International Journal of Rehabilitation Research, 2002, 25(4): 261-269.

[29] Phillipson, S., & Phillipson, S. N. Children's Cognitive Ability and Their Academic Achievement: The Mediation Effects of Parental Expectations[J]. Asia Pacific Education Review, 2011, 13(3): 495-508.

[30] 周皓.家庭社会经济地位、教育期望、亲子交流与儿童发展[J].青年研究,2013(3):11-26+94.

[31] 方超,黄斌.非认知能力、家庭教育期望与子代学业成绩——基于 CEPS 追踪数据的经验分析[J].全球教育展望,2019,48(1):55-70.

[32] 李玲,袁圣兰.家庭教育中家长主体参与和子女学业成绩之间的关系探究——基于链式中介效应分析[J].中国电化教育,2019(7):107-114.

[33] 胡咏梅,杨素红.学生学业成绩与教育期望关系研究——基于西部五省区农村小学的实证分析[J].天中学刊,2010(6):130-134.

[34][37] Darcy Hango. Parental Investment in Childhood and Educational Qualifications: Can Greater Parental Involvement Mediate the Effects of Socioeconomic Disadvantage? [J]. Social Science Research, 2007, 36(4): 1371-1390.

[39] Coleman, J. S., Campbell, E. Q., Hobson, C. J., McPartland, J., Mood, A. M.,

Weinfeld, F. D., & York, R. L. Equality of Educational Opportunity[M]. Washington, DC: Government Printing Office, 1966: 325.

[40] Pomerantz Eva M., Moorman Elizabeth A., & Litwack Scott D. The How, Whom, and Why of Parents' Involvement in Children's Academic Lives: More Is Not Always Better [J]. Review of Educational Research, 2007, 77(3): 373 - 410.

[41] Patall, E. A., Cooper, H., & Robinson, J. C. Parent Involvement in Homework: A Research Synthesis[J]. Review of Educational Research, 2008, 78, 1039 - 1101.

[43] 关颖.青年流动人口如何对下一代负责——天津市青年流动人口子女家庭教育状况调查[J].青年研究,2002(5): 8 - 14.

作者简介

李安琪　华东师范大学社会发展学院/国家教育宏观政策研究院博士研究生

吴瑞君　华东师范大学社会发展学院教授

电子邮箱

anqili@stu.ecnu.edu.cn

Chapter 12

家长视角下的北京市基础教育：成绩、问题及建议

——基于连续十年教育满意度调查结果的分析*

卢 珂 赵丽娟 王 玥 赵学勤

摘 要： 基于连续十年北京市教育工作满意度调查数据，研究发现：十年来，学生及家长对北京市基础教育的满意度呈上升趋势，对学校安全、学生喜欢学校程度、教育收费规范等高度认可；对教育信息公开、学校布局、入学办法等满意度提升幅度较大；对教育领域综合改革举措评价较高。但学生及家长对义务教育均衡发展、入园问题、社会资源用于教育、学校周边环境等方面的满意度较低，且认为存在一定范围的违规办学行为。研究建议进一步扩大优质教育资源供给，促进义务教育优质均衡发展；进一步统筹规划幼儿园布局，逐步缓解入园难问题；加大统筹协调力度，解决社会资源用于教育、校园周边环境等问题；加强学校规范办学的监督和管理，促进学生全面健康发展。

关键词： 基础教育；家长满意度；热点难点问题

一、引言

党的十七大以来，国家对教育工作的定位逐渐上升到秉承以人为本精神、让人民群众满意的民生层面上。“努力办好人民满意的教育”成为党为人民服务宗旨在教育领域的具体体现，成为我国改善民生、促进和谐社会建设的重要内容。这就要求政府及其教育行政部门在制定教育政策、实施管理措施时，以满足百姓需求为导向，切实解决人民群众广泛关

* 本文系北京市教育科学“十二五”规划 2015 年度青年专项“北京市中小学学校效能的影响因素及提升策略研究”（CHA15219）的阶段性研究成果。

注的教育热点和难点问题，那么了解学生和家长对教育工作的满意程度就是其基础性工作。通过教育满意度调查，收集公众民意，了解大众期盼，及时发现工作的优势和短板，对提升政府工作效率和服务质量，从而提高公众对政府的信任，形成和谐的教育氛围具有重要意义。

学生及家长满意度是从顾客满意度演变而来的。20世纪80年代，许多发达国家或地区开始研究顾客满意度并形成模型，如美国用户满意度指数模型（ACSI）、欧洲顾客满意度指数模型（ECSI）等。随着西方国家兴起的新公共管理运动，从20世纪90年代开始，满意度逐渐被引入到包括教育在内的公共服务领域。[1]从概念界定上来看，“满意”主要指主体通过将其对一种产品或服务感知到的效果或结果与其期望相比后形成的一种失望或愉悦的感觉状态，“满意度”则是满意水平的量化。[2]满意度具有主观性和相对性，无论是期望值还是感知到的效果，都属于主观世界的范畴，而并非客观现实本身，满意度是主体在这两种主观认识相互作用下产生的一种心理感受，而且主体的满意程度是与自己的预期比较的结果。[3]

关于基础教育满意度的调查研究，从国际上来看，美国、加拿大等国将教育满意度测评作为教育管理工作的重要举措，美国自1969年起每年开展公众对基础教育公立学校态度的民意调查，加拿大阿尔伯塔省将教育满意度测评作为政府评估学校工作的政策手段。[4]我国自2000年以来就有了若干研究成果，涉及教育满意度的测量、教育满意度调查的实证研究。学者普遍认为，教育满意度调查要反映教育政策，体现公平与质量，关切人民群众对教育的期盼，关注不同阶层的利益。[5][6][7]教育满意度调查实证研究上，中国教育科学研究院2015年和2017年在全国范围开展了两轮教育满意度调查，模型包括教育期望、教育公平感知、教育质量感知和总体满意度四个变量，调查显示，我国基础教育服务对象对教育工作处于满意状态。[4][8]中国社会科学院、国务院发展研究中心、中国人民大学、北京师范大学、21世纪教育研究院、北京教育科学研究院、上海市教育科学研究院等相关机构也在全国或部分地区开展了教育满意度调查，普遍发现教育公平问题还有较大的改进空间，学生课业负担、身心发展等方面也是重点改进领域。[9][10][11][12]部分实证研究还关注了影响教育满意度的相关因素，主要涉及家庭的社会经济文化背景、学校办学条件、家校沟通等方面。[13][14][15][16]此外，在实践层面，教育部及不少地区（如上海、天津、深圳、湖南、青岛等）政府直接开展或委托第三方开展教育满意度调查，结果主要用于教育均衡发展评估验收、政府部门绩效评价等方面。总体上，尽管近年来国内陆续有机构或学者把目光转向教育满意度研究领域，但相关的实证研究还是不足，且主要关注了教育满意度的现状调查和影响因素，关于教育满意度年度纵向变化趋势的研究更少，横向分析学前教育、义务教育、高中教育工作满意度的研究也比较缺乏。

近年来，北京市不断深化教育领域综合改革，在缓解入园难问题，完善义务教育入学，促进义务教育均衡发展，扩大优质教育资源供给，减轻学生课业负担等热点难点问题上采取了一系列政策措施，也取得了较大成绩。然而政策的制定与执行虽然出发点是解决问题，但与满意度之间并不一定是正相关，不是政策制定且执行了，公众就一定满意。因此，从教育服务的受众——学生及家长的角度，检验政策制定与执行的效果至关重要。本研究将基于连续十年收集的教育满意度调查数据，从教育的受众群体——学生及家长的视角分析和评价北京市基础教育取得的成绩和存在的问题，为下一步制定、调整、完善政策，办好人民满意的教育提供决策参考。

二、 数据来源及研究方法

1. 数据来源

本研究数据来源于 2009—2018 年十年间由第三方完成的“北京市区县教育工作满意度入户调查”项目数据库。调查对象均为北京市 16 个区及燕山地区幼儿园、小学、初中及普通高中学生及其家庭成员，要求学生就读学校与住所在同一区（含在所在区居住一年以上的外来人口家庭）。

在充分分析国家及北京市相关政策文件的基础上，结合北京市教育发展实际，调查内容主要包括政府职责、学校管理、师资队伍、教育效果四个维度。其中，政府职责包括教育布局、设施条件、收费规范、信息公开、入学办法、义务教育均衡发展等方面；学校管理包括学校的德育工作、教学工作、课业负担、校风、安全等方面；师资队伍包括教师教育教学水平、工作态度、行为规范、师生关系等方面；教育效果包括学生对学校的喜欢程度、学生德智体美劳发展情况及身心健康情况等。同时，结合北京市近年来深化教育领域综合改革提出的新举措及教育领域的热点难点问题，单列若干项专项指标。十年中，每年根据最新政策文件要求对调查内容进行完善，调查指标的数量从 2009 年的 22 项增加到 2018 年的 49 项。

问卷调查采用分层随机抽样，入户调查由学生和家长共同作答。经测算，历年调查问卷的内部一致性信度良好，克龙巴赫 α 系数（Cronbach's alpha）在 0.92 左右；结构方程模型显示模型的拟合度各项指标良好，RMSEA 在 0.06 左右，表明该问卷具有较好的结构效度。

2. 样本分布

样本量上除了 2009 年抽取了 10 500 名学生家长以外，其他年份均抽取 11 600 名学生及家长。每年抽样学生和家长的构成比例（如学段分布、户籍类型分布等）基本稳定。以 2018 年为例，幼儿园、小学、初中、普通高中分别占总体的 25.6%、49.0%、15.7%、9.7%，61.3%的学生来自公办学校（幼儿园），32.9%的学生为非北京户籍学生，六成以上的调查对象为学生的父亲或母亲。

3. 统计分析方法

本研究使用 SPSS 17.0 软件进行统计分析，主要采用满意度得分考察家长对各项教育工作的评价，通过赋值方法计算满意度得分。将“满意”赋值为 100 分，“比较满意”赋值为 75 分，“一般”赋值为 50 分，“不太满意”赋值为 25 分，“不满意”赋值为 0 分。对于开放题收集的家长意见和建议，运用内容分析法，对收集到的意见和建议进行编码，把涉及问题内容相同的意见建议划归为一类，继而进行统计分析。此外，采用显著性和效应值库恩 d 值两种指标考察不同群体教育满意度得分的差异性。

三、北京市基础教育取得的成绩

1. 学生及家长对北京市基础教育的满意度呈上升趋势

2018 年北京市基础教育学生及家长对教育工作满意度综合得分为 86.9 分，比 2017 年提高了 5.6 分，相比 2009 年则提高了 7.1 分；从十年趋势来看，2009—2018 年北京市学生及家长对基础教育的满意度呈波动式上升趋势，满意度综合得分 2009 年相对最低，“十二五”时期呈现出逐年小幅提升趋势，虽然 2016 年和 2017 年出现小幅下降，但 2018 年又呈现出较大幅度的提升。

从学生及家长对政府职责、学校管理、师资队伍、教育效果四个维度的满意度得分来看，十年间基本均表现为对政府职责的满意度最低，对教育效果的满意度最高。四个维度中，2009—2011 年学生及家长对政府职责的满意度尚未达到“比较满意”（75 分）的水平，且学生及家长对政府职责的满意度与对其他三个维度的满意度得分差距相对较大，而 2012 年以来，对政府职责的满意度超过“比较满意”水平，且与其他维度的得分差距逐年缩小，说明公众对政府教育职责履行情况及其努力程度越来越认可（见图 1）。

从不同学段学生及家长对教育工作的满意度得分来看，2018 年幼儿园、小学、初中、普通高中学生及家长对教育工作的满意度综合得分分别为 87.4 分、86.6 分、85.9 分和 88.1 分，普通高中学生及家长满意度最高，而初中学生及家长满意度最低，这与 2009—2017 年相比有较大变化，除 2016 年以外，各年度各学段的满意度均表现为小学生及家长满意度相对最高，普通高中满意度相对最低。各学段满意度的十年变化趋势与基础教育整体情况类似（见图 2）。

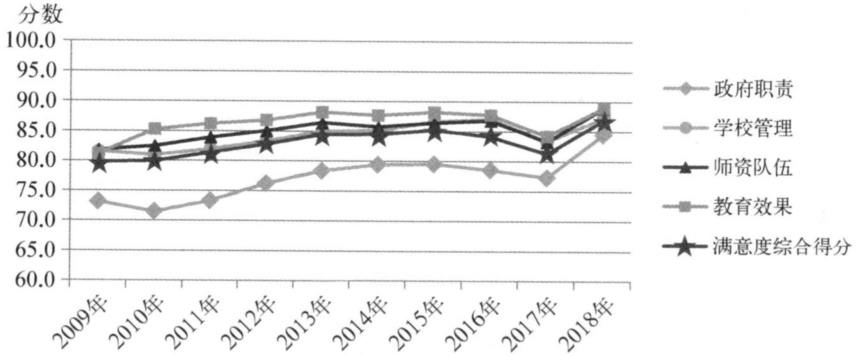

图 1　2009—2018 年北京市学生及家长对基础教育四个方面的满意度及综合得分

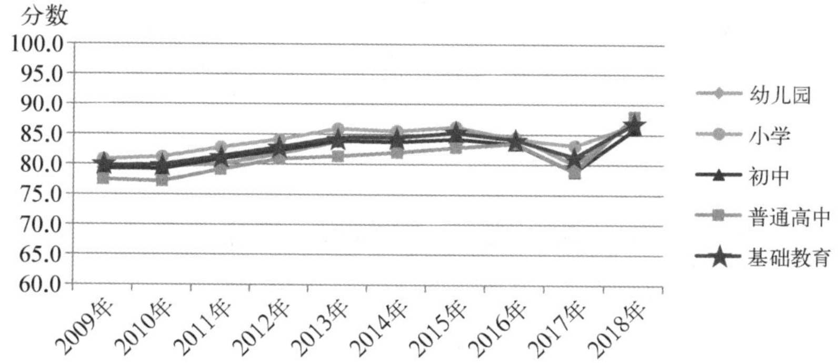

图 2　2009—2018 年北京市基础教育各学段学生及家长的教育满意度及综合得分

2. 学生及家长对学校安全状况、学生喜欢学校（幼儿园）程度、教育收费规范等方面高度认可

从十年调查结果来看，学生及家长对学校安全状况、学生对学校（幼儿园）的喜欢程度、教育收费规范情况、学生身体健康状况、学生心理健康状况等方面的满意度较高，属于教育满意度得分高位稳定的指标，这些指标历年的满意度得分均在 85 分以上，甚至多年超过 90 分，尤其是连续十年对学校安全状况、学生对学校的喜欢程度两项指标的满意度

得分均排在所有指标的前五位。这在一定程度上说明，北京市多年来的校园安全治理、规范教育收费等方面工作成效显著，同时，在素质教育背景下，学校的学生身心健康教育工作取得了良好的效果，深受家长好评。

学生及家长认可度高的方面呈现出一定的学段特征，四个学段学生及家长对学校安全状况评价均连年排名靠前，幼儿园、小学、初中学生及家长对学生喜欢学校（幼儿园）程度评价历年得分排名均处于前位，尤其是幼儿园、小学家长，明显表现出学生所处学段越低，对学校（幼儿园）喜欢程度评价得分越高的趋势。幼儿园学生及家长对师资队伍的满意度排名也较为靠前，尤其是对师生关系、教师工作态度的评价较高。教育收费规范状况指标自 2010 年开始调查以来，小学、初中和普通高中学生及家长每年对此的评价得分均排在前位。此外，小学、初中连续七年对班团队会教育活动的满意度评价排名处于前位。

3. 学生及家长对教育信息公开状况、学校布局状况、入学办法、教育收费规范情况等方面的满意度提升幅度较大

从十年间学生及家长对基础教育各项工作的满意度评价得分来看，教育信息公开状况、学校布局状况、入学办法、教育收费规范情况等方面的满意度提升幅度较大，尤其是学生及家长对教育信息公开状况的评价从 2009 年不满 60 分逐年提高至 2018 年的 88.2 分，得分提升达 31.3 分，对学校布局状况、入学办法、教育收费规范情况、学校对学生学习兴趣培养的重视情况、学校周边环境的评价得分均提升了 10 分左右，说明这些方面的工作越来越得到家长的认可。

从不同学段的调查结果来看，幼儿园学生及家长对教育信息公开状况、教育教学符合学生身心发展状况、教育收费规范状况、幼儿园布局状况、教师与家长沟通状况的评价得分提升幅度较大，均提升了 10 分以上；小学生及家长对教育信息公开状况、入学办法、学校布局状况、学校组织

的课外校外活动评价得分均提升了 10 分以上；初中学生及家长对教育信息公开状况、学校布局状况、入学办法、艺术课开设情况、学校周边环境、学校校风、学校心理健康教育工作、校际办学条件均衡程度的评价得分均提升了 10 分左右；普通高中学生及家长对教育信息公开状况、艺术课开设情况、学校组织的课外校外活动、学校组织的体育锻炼、心理健康教育、教师与家长的沟通、学校周边环境、教育收费规范等方面的评价均提升了 10 分以上。

4. 学生及家长对教育领域综合改革举措评价较高

结合国家及北京市相关政策文件，2015 年以来，本研究增加了对教育领域综合改革四项教育重点改革项目的满意度调查，包括对小学、初中、普通高中学校的社会主义核心价值观教育情况的评价，对初中开展的实践育人政策实施效果的评价，对小学和初中阶段 15:30 以后课后服务，推动义务教育优质资源共享相关措施实施效果的评价四个方面。

整体来看，学生及家长对教育领域综合改革的系列举措评价较高，除了 2017 年之外，其余年份初中学生及家长对实践育人政策落实效果的评价均达到“比较满意”的水平。其中，学生及家长对社会主义核心价值观教育的评价得分最高，2015—2018 年小学、初中、普通高中学生及家长对此的满意度评价得分均达到 80 分以上，特别是 2018 年得分提升较大，达到或接近 90 分；对于义务教育阶段 15:30 以后课后服务，得到小学和初中学生和家长较高的评价，2015—2018 年小学生及家长对该活动的评价得分明显高于初中，高出 4 分左右；对于初中阶段实施的实践育人政策（开放实践活动），学生及家长对其实施效果的评价得分虽然在 2017 年有较大幅度的下降（下降了 8 分），但三年的结果均达到或接近比较满意水平。此外，小学和初中学生及家长对政府推动义务教育优质资源共享相关措施的实施效果认可度较高，2018 年满意度得分分别达到 82.0 分和 82.5 分（见表 1）。

表 1 2015—2018 年北京市基础教育学生及家长对教育领域综合改革的评价

调查内容	学段	2015 年	2016 年	2017 年	2018 年
社会主义核心价值观教育	小学	85.8	84.8	85.4	89.2
	初中	84.9	86.0	82.6	90.2
	普通高中	85.4	84.8	80.5	89.6
15:30 以后课后服务	小学	83.8	83.8	83.2	83.5
	初中	79.6	80.5	78.9	83.3
实践育人政策	初中	—	81.5	73.5	89.0
推动义务教育优质资源共享相关措施的实施效果	小学	—	—	—	82.0
	初中	—	—	—	82.5

注:"—"表示该年度该学段未涉及此项调查,下同。

5. 教育公平得到较好的保障

通过对历年调查结果进行不同群体的差异分析,得出大致相同的结论:从地域看,学生及家长的满意度郊区高于城区,农村高于城市;从户籍看,非京籍学生及家长的满意度高于京籍;从学生家庭的社会经济地位(家长受教育水平、职业和收入)看,家庭社会经济地位较低的家长满意度更高。这从一定程度上可以看出,北京市基础教育在保障城乡教育一体化和弱势群体子女就学方面取得一定的成效,得到家长的认可,教育公平状况得到较好的保障。

四、北京市基础教育存在的问题及分析

1. 义务教育均衡发展状况与家长的期望还存在一定差距

2012 年起,研究者调查了学生及家长对义务教育均衡状况的评价,调查结果显示,2012—2014 年,家长对政府缩小义务教育校际办学条

件、教师队伍差距的努力程度的认可度逐年提高，至 2014 年接近或达到比较满意水平。2015 年北京市 16 区全部通过教育部义务教育基本均衡发展验收评估，但 2016 年家长对义务教育校际办学条件、教师队伍、育人质量的均衡程度的评价有所下降，2017 年和 2018 年则逐年提升，至 2018 年首次达到"比较满意"水平。但不容忽视的是，与其他指标相比，学生及家长对义务教育均衡状况的评价得分相对偏低，小学和初中学生及家长对三项指标的满意度得分排名均较为靠后，尤其是对义务教育校际教师队伍的均衡程度评价得分多年（包括 2018 年）排名后五位。

表 2　2012—2018 年北京市学生及家长对义务教育均衡发展状况的评价

调查内容	2012 年	2013 年	2014 年	2015 年	2016 年	2017 年	2018 年
办学条件	71.0	73.2	76.5	73.2	71.5	74.8	79.0
教师队伍	69.8	72.3	74.5	73.3	69.8	73.2	76.5
育人质量	—	—	—	72.4	70.0	75.1	76.8

注：调查内容上，2012—2014 年主要调查对政府缩小办学条件、教师队伍差距的努力程度的评价，2015—2018 年主要调查对办学条件、教师队伍、育人质量均衡状况的评价。因此，2015 年前后的调查结果不具有可比性。

开放题结果显示，家长对于义务教育均衡发展、优质教育资源不足等方面的意见和建议相对也比较多，认为亟须进一步缩小义务教育校际办学水平的相对差距，建议通过师资交流推动优质资源共享，提高集团化办学的实效性。

2. "入园难""入园贵"问题依然需要进一步改善

历年调查结果显示，家长对幼儿园布局状况、"入园难"改善情况、入园办法等指标的评价相对较低，在各项指标中满意度得分排名多年靠后，特别是对"入园难"改善情况的评价，自 2012 年调查起一直处于低位徘徊状态(65 分左右),仅 2016 年和 2018 年略超过 70 分,但七年均未达到“比较满意”水平(75 分);同时,民办幼儿园学生家长对教育工作的满意度显著低于公办幼儿园学生家长。

开放题调查结果显示,历年来幼儿园学生家长对统筹规划教育布局、幼儿园收费等问题的意见建议都较为集中,家长普遍反映公办幼儿园太少,幼儿园分布不均,想让孩子进公办幼儿园太难;好的民办幼儿园又太贵,家长对一般民办幼儿园的教育质量不放心。由此可见,受全面“二孩”政策等多重因素的影响,部分地区的幼儿园布局不合理、学位供给不足已成为北京市学前教育发展面临的突出问题。

3. 中小学生课业负担过重现象依然在一定范围内存在

调查显示,中小学生课业负担过重现象依然在一定范围内存在。在课业负担的主观感受上,2018 年 15%左右的小学生及家长认为学生的学校、校外、总体课业负担“很重”或“较重”,20%以上的初中、普通高中学生及家长认为学生的学校、校外、总体课业负担“很重”或“较重”,且多年基本均表现为小学生及家长认为校外课业负担“很重”或“较重”的百分比高于学校课业负担,而初中和普通高中学生及家长认为学校课业负担“很重”或“较重”的百分比高于校外课业负担(见图 3)。

在课业负担的客观表现上(包括睡眠时间、课后作业量等方面),学生及家长的满意度较低,连年在低位徘徊,十年间有六年的睡眠时间、课后作业量满意度得分排名靠后。不同学段上,初中、普通高中课业负担问题比较突出,历年评价得分基本均在 75 分以下,尤其是初中学生及家长对睡眠时间的评价,十年均排名靠后,且有六年得分最低或次低,普通高中学生及家长对睡眠时间的评价连续十年均为所有指标中的最低。总之,调查结果呈现出学生所处学段越高,学生及家长对课业负担状况的评价得分越低的趋势,主要表现在学生课业负担感受较重、睡眠时间不够充足、作业量偏多等方面(见图 4)。

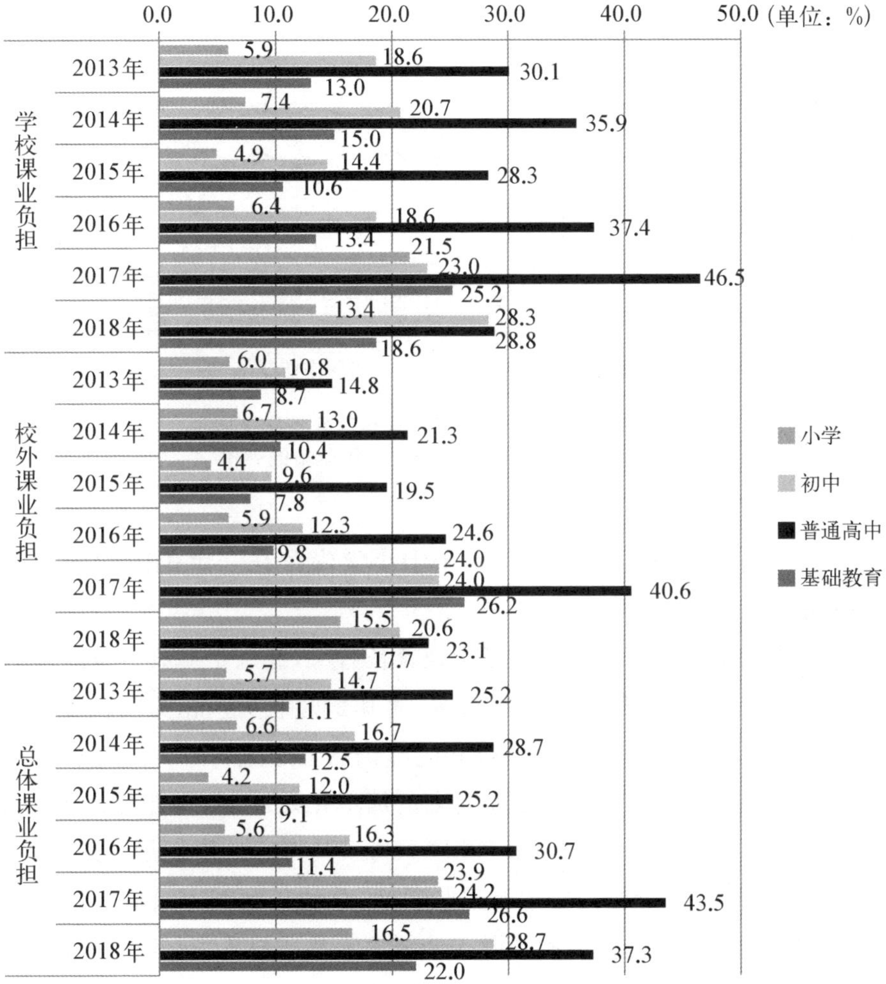

图 3 2013—2018 年北京市基础教育各学段学生及家长认为学生课业负担“很重”或“较重”的百分比

在开放题中，小学、初中、普通高中学生及家长对课业负担问题的意见也较为集中。小学和初中存在两种倾向，部分家长认为学生负担过重，但也有少部分家长呼吁学校多布置些作业；高中学生及家长则比较一致地认为学生的负担过重，呼吁减轻学生负担。

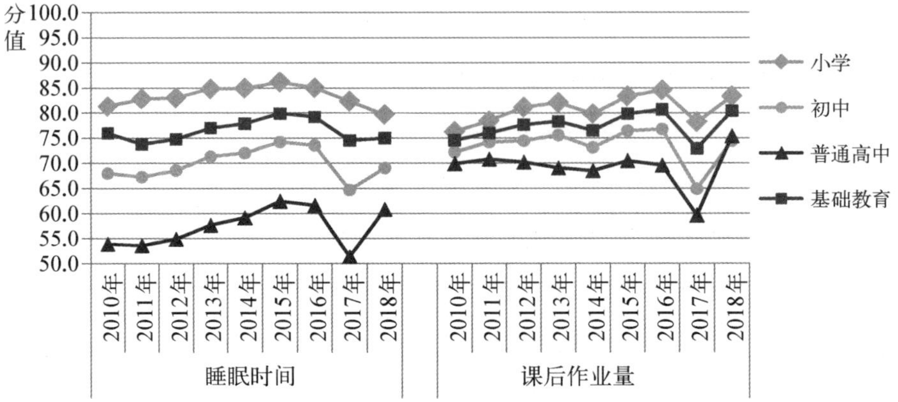

图 4 2010—2018 年北京市基础教育各学段学生及家长对睡眠时间和课后作业量的评价

4. 在学生及家长看来，北京市中小学尚存在一定范围的违规办学行为

十年来的调查结果显示，在学生及家长看来，北京市基础教育阶段的学校还存在一定范围的违规办学行为，尤其是课业负担相关问题。特别需要关注的是，家长反映一些学校和老师仍然会通过各种方式变相公布学生的考试排名，这种对学生成绩排名的简单化处理，无疑会增加学生和家长的压力，加重了学生的学业负担，不利于其身心健康发展。此外，还有小部分基础教育阶段的学生及家长反映，学校还存在寒暑假违规补课现象，这主要存在于普通高中学段。个别学生及家长认为，学校还存在教师体罚或变相体罚学生现象、教师有偿补课行为。调查结果呈现出学生所处学段越高，学生及家长反映学校寒暑假违规补课现象、学校或班级公布（或变相公布）考试成绩排名现象的百分比相对越高的趋势。

5. 学生及家长对统筹社会资源用于教育、校园周边环境、学校伙食等方面诉求较多

社会资源用于教育、校园周边环境等历年来都是幼儿园、小学、初中、

普通高中学生及家长满意度得分较低的方面，两项指标在2009—2017年的得分均未达到“比较满意”（75分）的水平，至2018年得分有较大提升，分别达到77.3分、78.6分。但不容忽视的是，对社会资源用于教育的满意度，十年中有八年得分在所有指标中最低，校园周边环境的满意度连续十年排名居于后五位。可以说，虽然这两方面的工作近年来家长认可度提升幅度较大，但依然还有较大的提升空间。同时，开放题结果显示，学校伙食也是中小学学生及家长意见和建议比较集中的问题，多年处于意见建议数量排名的前五位。

在社会资源用于教育问题上，学生及家长，尤其是远郊地区的学生及家长反映，区域内博物馆、图书馆、体育运动场馆、课外活动中心等资源较少，存在场馆布局不够合理，场馆开放时间不能满足学生需求，设施设备等陈旧、更新不及时等问题。校园周边环境还存在交通拥堵、交通安全隐患、周边环境脏乱等情况。无论在城区还是郊区，中小学午餐还存在种类单一、口味差、量小吃不饱、缺乏营养、不卫生等问题，学生正处于身体发育的重要阶段，吃不好午饭，对孩子的身体影响很大。

五、 政策建议

1. 进一步扩大优质教育资源，缩小义务教育学校办学差距，促进义务教育优质均衡发展

针对家长反映的义务教育学校间差距问题，要进一步推动各级政府切实履行教育管理职责，多措并举，扎实推进义务教育优质均衡发展。市级层面应进一步完善教师交流轮岗、优质资源共享、城乡教育一体化等相关政策，加大对薄弱区域和农村的扶持力度，逐步缩小区域间和城乡间的师资、办学条件等方面的差距；同时，加大督导力度，督促并引导各区义务教育从基本均衡逐步走向优质均衡。区级层面应当认真落实《国务院关于统筹推进县域内城乡义务教育一体化改革发展的若干意见》《北京市人

民政府办公厅关于进一步做好城乡义务教育一体化有关工作的通知》《北京市教育委员会关于推进中小学集团化办学的指导意见》等文件精神，深度推进中小学集团化办学，充分发挥优质教育资源的引领和辐射作用，扩大优质教育资源覆盖面，缩小区内城乡间、学校间的差距，促进区域义务教育优质均衡发展。

2. 进一步统筹规划幼儿园布局，积极发展和扶持普惠性幼儿园，逐步解决“入园难”问题

对于“入园难”和民办园存在的“入园贵”、办园不规范和质量问题，各级政府应当进一步科学规划幼儿园布局，增加人口密集地区公办幼儿园的数量，保障新建小区的配套园建设。同时，加大对普惠性幼儿园的投入，还要探索各种方式，规范和完善学前教育机构收费管理体制；激励普惠性民办幼儿园的发展，通过完善合理的成本分担机制、学前教育办园标准、学前教育管理规范等措施，规范民办园的办园行为；加强对民办园幼儿教师资格和素质的管理和培训，切实提高民办园的办园水平。通过以上举措，提高公办幼儿园学位供给能力，规范民办幼儿园办学行为，提升普惠性幼儿园比例，逐步缓解“入园难”、民办园“入园贵”问题，促进学前教育普惠、健康发展，保障幼儿快乐健康成长。

3. 加大统筹协调力度，着力解决社会资源用于教育、校园周边环境、学校伙食等公众满意度低及意见建议集中的问题

对于社会资源用于教育、校园周边环境、学校伙食等满意度较低及意见建议较为集中的问题，建议市、区政府加大统筹协调力度，统筹协调文化、社区、教育管理等部门，制定有针对性的整改措施，逐步解决相关区域内场馆资源少、利用率低、设施设备资源陈旧和更新不及时等问题；统筹协调交通、城管、卫生等部门，缓解部分学校周边交通拥堵，解决安全隐患、环境脏乱等问题；统筹卫生等部门及相关企业，逐步解决学校伙食（或营养餐)的质量问题。

4. 加强对学校规范办学的监督和管理，杜绝违规现象，促进学生全面健康发展

针对屡禁不止的违规办学问题，建议市、区政府进一步加强对学校办学行为的监督、检查和问责，杜绝寒暑假违规补课、义务教育学校公布考试排名现象；引导学校教师科学布置作业，提高课堂教学效率；加强舆论引导，切实减轻学生的课业负担；广泛开展课外校外活动，注重对学生学习兴趣和实践能力的培养；切实提高办学水平和教育教学质量，促进学生的全面发展。

参考文献

［1］ Heiserman, R. J. Parent Involvement and Parent Satisfaction with Public Schools［D］. Northern Arizona University, 1994.

［2］ Kotler, P., & Armstrong, G. Principles of Marketing(7th Edition)［M］.NJ: Prentice Hall Inc., 1996: 5.

［3］ 赵学勤.北京市区县教育工作满意度调查的理论研究与框架设计［J］.教育科学研究，2012(4)：5－10.

［4］ 课题组.基础教育服务对象满意度实证研究［J］.教育研究，2019(3)：80－89.

［5］ 和学新.“人民满意的教育”的评估指标研究［J］.教育科学研究院，2009(1)：5－12.

［6］ 谢维和.谈“办好人民满意的教育”的政策含义［J］.教育研究，2008(6)：3－6＋13.

［7］ 吉文昌，赖长春，刘玥.教育满意度的指标构建与策略研究［J］.中国教育学刊，2014(12)：22－27.

［8］“全国教育满意度测评研究”课题组.基础教育满意度实证研究［J］.教育研究，2016(6)：31－42.

［9］ 李伟涛，郅庭瑾.基础教育公共服务的家长满意度分析与建议——以上海市为例的实证研究［J］.全球教育展望，2014(7)：43－50.

［10］ 卢珂，王玥.北京市学生家长对教育工作的满意度分析——基于连续七年教育满意度入户调查数据［J］.教育科学研究，2017(8)：35－40.

［11］ 汤林春，吕星宇，张文周，朱光华.2009 年上海市基础教育满意度调查报告［J］.上海教育科研，2010(4)：12－15.

［12］ 杨东平.中国教育发展报告［M］.北京：社会科学文献出版社，2014.

［13］ 胡平，秦惠民.户籍、教育水平及社会职业等级对家长义务教育满意度的影响研究——以北京市为例［J］.软科学，2011(10)：32－36.

［14］ 张娜.公众对区域基础教育满意度影响因素研究——基于北京市公众教育满意度调查［J］.中国教育学刊，2012(8)：22－25.

［15］张娜，王玥，许志星.家庭社会经济地位对家长教育满意度的影响研究［J］.教育学报，2013(3)：81－91.

［16］吴宏超，冯梅.城市义务教育家长满意度影响因素研究——基于 Ordered Logit 回归模型的分析［J］.教育发展研究，2015(10)：26－31.

作者简介

卢　珂、赵丽娟　北京教育科学研究院北京市教育督导与教育质量评价研究中心副研究员

王　玥　北京教育科学研究院北京市教育督导与教育质量评价研究中心助理研究员

赵学勤　北京教育科学研究院北京市教育督导与教育质量评价研究中心研究员

电子邮箱

look1603@163.com

Chapter 13

中国四省市学生校园欺凌的现状及防治策略

——来自 PISA 2018 的证据

申燕妮　辛　涛　张佳慧　林　喆

摘　要： 一直以来，校园欺凌是未成年人成长和校园安全建设领域中的热点话题。基于 PISA 2018 测试数据，通过各参测国家和地区的对比，分析我国四省市校园欺凌及学生对校园欺凌认识的基本情况，并进一步探究校园欺凌对我国四省市学生心理健康方面的影响，最后针对特定群体，结合家庭、教师和学校因素探索校园欺凌的有效防治策略。结果表明：约 17.7%的学生在近一年频繁遭受校园欺凌，约 92.9%的学生反对校园欺凌；频繁遭受欺凌的学生对生活的满意度更低，心理弹性更低，更加害怕失败，在生活中会较少产生积极情感；留级、家庭社会经济地位低、成绩差的学生会因为缺乏在校归属感而更易遭受校园欺凌，来自父母和教师的支持与理解及学校良好的纪律氛围可以减少这部分学生遭受欺凌的风险。

关键词： PISA 2018；校园欺凌；有调节的中介

一、 问题提出

近期，随着校园欺凌恶性事件不断被各大媒体和网络平台曝光，校园欺凌再一次成为公众关注的焦点。据最高人民检察院公布，2016 年全国检察机关前 11 个月共批准逮捕 1 114 名涉校园欺凌和校园暴力犯罪案件嫌疑人；[1]而在 2017 年前 11 个月已经高达 3 788 名，[2]同比增长 240%。在校园欺凌频发的背景下，我国相关部门相继推行并实施了全方位的应对策略，并且联动司法部门、学校、家庭、社区等，合力推进平安校园建设。

2016年，最高人民法院会同教育部出台了《关于防治中小学生校园欺凌和暴力的指导意见》(教基一〔2016〕6号)，2017年，最高人民检察院也与有关部门联合印发了《加强中小学生欺凌综合治理方案》(教督〔2017〕10号)。2019年10月，十三届全国人大常委会第十四次会议审议了《中华人民共和国未成年人保护法修订草案》，并针对校园欺凌等问题建立了发现未成年人受到侵害时的强制报告制度，以及校园欺凌防控与处置措施制度。随着对校园欺凌防控和治理的不断推进和完善，更全面地了解我国校园欺凌的现状，弄清校园欺凌对学生造成的影响，继而探索有效的防治策略显得尤为重要，这对我国校园安全防护体系的构建，以及学生身心健康的发展均具有重要的现实意义。

校园欺凌在广义上被认为是指具有反复性、故意伤害和力量不平衡性的同伴攻击行为。[3][4]《加强中小学生欺凌综合治理方案》(教督〔2017〕10号)中把校园欺凌概念具体化为“发生在校园(包括中小学校和中等职业学校)内外、学生之间，一方(个体或群体)单次或多次蓄意或恶意通过肢体、语言及网络等手段实施欺负、侮辱，造成另一方(个体或群体)身体伤害、财产损失或精神损害等的事件”。[5]校园欺凌的方式多样，包括身体欺凌、语言欺凌和关系欺凌，可以当面发生，也可以不受距离限制借由通信技术实现(比如网络欺凌)。[6]随着学生年龄的增长，校园欺凌由直接的和偏向身体欺凌的方式，变为间接的且更偏向关系欺凌的方式。[7]

无论欺凌方式如何变化，遭受校园欺凌的经历都会对学生带来短期或长期的负面影响。即便是轻度的校园欺凌受害者，也可能会产生严重的心理问题。[8]经常遭受校园欺凌的学生，在学业上会时常心不在焉，学业成绩下降，[9]甚至出现逃课、辍学的情况；[10]在同伴关系方面，他们会更容易被同伴拒绝和孤立。[11]除此之外，校园欺凌还会对学生造成长期的心理伤害。研究发现，遭受校园欺凌的学生会有较低的自尊、更强的孤独感，[12]以及更多的焦虑和抑郁症状，[13]严重者甚至会出现自杀倾向。[14]可见，校园欺凌对学生身心健康有非常严重的负面影响。

事实上，校园欺凌与许多因素密切相关。例如，在学校和教师方面，如果所在学校没有反欺凌规章制度，班级缺乏管理，教师又较少给予学生支持，就会大大增加校园欺凌的风险；[15]在学生个人和家庭方面，学生的学业表现与留级率、[16]家庭成员间的关系等均会影响学生是否遭受校园欺凌。[17]基于此，研究者开展了多项针对校园欺凌的干预研究，旨在提出有效的校园欺凌干预策略。比如，国外学者提出的“反欺凌计划”（bully busters program），该计划旨在增进教师关于校园欺凌干预的知识，提高运用相关技能的能力，最终有效地改变学校的氛围并减少欺凌行为。[18]此外，国内学者基于北京、上海、广东和江苏四省市校园欺凌状况的研究发现，父母情感支持、教师平等对待学生、学校纪律风气等因素均对校园欺凌的防治起到重要作用，并基于此构建了包括学生个体、班级、学校层面在内的校园欺凌的长效防治机制。[19]

当然，不同学生遭受校园欺凌的风险不尽相同，如果能在校园欺凌的防控阶段更关注“弱势群体”，而且找到有效的干预途径和手段，就可能使校园欺凌的治理工作达到事半功倍的效果。比如，研究发现，家庭社会经济地位低的学生会因为家长和教师给予支持较少而更可能遭受校园欺凌，因此亲子关怀、教师的认可与接纳是防止家庭社会经济地位低的学生遭受校园欺凌的有效途径。[20]但目前针对特定群体的校园欺凌防治策略的研究依然较少。国际学生评估项目（Programme for International Student Assessment，简称 PISA）测试内容广泛，收集了学生、家长、教师和学校等方面大量的信息，在 2015 年首次考查学生近一年遭受校园欺凌的情况，在 2018 年的测试中又加入了对校园欺凌认识的考查，了解学生对校园欺凌的态度以及看到校园欺凌事件的心理反应。PISA 2018 测试更是涵盖了 79 个国家和地区，这不仅有助于开展不同国家和地区之间校园欺凌的现状比较及校园欺凌对学生影响的细致探讨，同时也为遭受校园欺凌的弱势群体寻求有效的干预策略提供了可能。

总而言之，本研究基于 PISA 2018 测试数据，主要有以下三个研究目标：首先，通过各参测国家和地区的比较和四省市情况的具体分析，初步了解我国校园欺凌的现状及学生对欺凌认识的基本情况。其次，分析校园欺凌的严重性，即我们为什么要关注校园欺凌，以及了解校园欺凌可能对学生心理健康产生的影响。最后，找出遭受校园欺凌的弱势群体，结合家庭、教师和学校因素，探索校园欺凌的有效防治策略。

二、研究方法

1. 数据来源

经济合作与发展组织（Organization for Economic Co-operation and Development，简称 OECD）于 2019 年末公布了 PISA 2018 测试数据。除参测国家和地区的比较外，研究主要依据我国北京、上海、江苏和浙江四省市的数据，包括来自 361 所学校的共计 12 058 名 15—16 岁（15 周岁零 3 个月至 16 周岁零 2 个月）学生。

2. 变量选取和处理

研究中所有变量的基本信息见表 1。表 1 中除"教师理解"外的所有连续变量，均为 PISA 数据中已有的合成变量。由于"教师理解"部分并没有提供合成分，因此根据题目内容将该部分暂命名为"教师理解"，并对所有题目进行了加和平均后再进行标准化处理，作为最终的合成分。另外，在统计欺凌情况和欺凌认识的频率时，对如下变量进行二分类别的转换：（1）未遭受过校园欺凌，即所有题目均选择"从来或几乎没有"，这部分学生记为 0，遭受过不同频率的欺凌记为 1；（2）频繁遭受校园欺凌，即有一道及以上题目选择"每月几次"或"一周一次或更多"的学生为频繁遭受欺凌，这部分学生记为 1，其余学生记为 0；（3）反对校园欺凌，对校园欺凌认识题目的四种选项重新赋分，"非常不同意"赋 －2 分，"不同意"赋 －1 分，"同意"赋 1 分，"非常同意"赋 2 分，所有题目相加后得分大于 0 的视为更反对校园欺凌，记为 1，总得分小于等于 0 的记为 0。

表 1　所选变量的基本描述

变量名	类　型	内　容　描　述
欺凌经历	类别变量（遭受/频繁遭受欺凌）连续变量	6 题，分关系欺凌、言语欺凌和身体欺凌三种，如“被其他同学嘲笑”
对欺凌的认识	类别变量	5 题，如“帮助那些不能保护自己的学生是一件好事”
生活满意度	连续变量	1 题，对自己的生活进行 0—10 的满意度评分
心理弹性	连续变量	6 题，如“我能多样化地处理问题”
害怕失败	连续变量	3 题，如“当我失败时，我很担心别人怎么看我”
积极情感	连续变量	10 题，学生选择感受到不同情感的频率，比如快乐
留级	类别变量	1 为留级生，0 为非留级生
家庭社会经济地位	连续变量	由父母最高受教育水平、最高职业地位和家庭拥有物合成
阅读成绩	连续变量	10 个似真值
在校归属感	连续变量	6 题，如“我在学校很容易交到朋友”
父母支持	连续变量	3 题，如“我的父母鼓励我要自信”
教师支持	连续变量	4 题，如“当学生需要的时候，教师会给予额外帮助”
教师理解	连续变量	3 题，如“老师会听取我对做事情的看法”
学校纪律氛围	连续变量	5 题，如“老师等待学生安静下来需要很长时间”

注：教师支持、教师理解和学校纪律氛围均考察语文课程上的情况。

3. 分析方法

为了考虑抽样的权重，研究主要用 IEA 4.0.30 和 SPSS 21.0 进行统计处理。在欺凌对学生的影响部分，分别以生活满意度、心理弹性、害怕失败、积极情感为因变量,频繁遭受关系欺凌、言语欺凌和身体欺凌经历为自变量,进行回归分析。在欺凌干预策略的探索方面,分别以留级、家庭社会经济地位(socioeconomic status,简称 SES)和成绩为自变量,欺凌经历为因变量,结合其他变量建立有意义的模型,探索针对特定群体的欺凌防治策略。模型分析借助 PROCESS 宏程序插件,采用偏差校正的 bootstrap 方法抽样 5 000 次,对可能存在的有调节的中介模型进行检验。[21]

三、结果和分析

1. 校园欺凌和对欺凌认识的基本情况

图 1 呈现了 75 个国家和地区遭受和频繁遭受欺凌的学生人数比例,按照遭受欺凌的比例(柱状图所示)由小到大排序。如图所示,受欺凌的学生比例最低的三个国家和地区均来自亚洲,分别是韩国(19.8%)、中国台湾(31.7%)、日本(34.6%),比例最高的三个国家和地区分别是拉脱维亚(70.6%)、文莱(80.2%)、菲律宾(87.3%)。其中,韩国也是频繁遭受校园欺凌(短横线所示)学生比例(9.4%)最少的国家,菲律宾也是频繁遭受校园欺凌学生比例(64.9%)最多的国家。值得一提的是,丹麦、爱尔兰、新加坡是遭受和频繁遭受校园欺凌学生比例差异最大的三个国家和地区,比如,丹麦近一年遭受过欺凌的学生比例达到 61%(排第 60 位),但频繁遭受校园欺凌的学生比例约为这一比例数的 1/3—21.4%(排第 17 位)。

中国四省市约有 48.2%的学生经历过校园欺凌,约 17.7%的学生频繁遭受校园欺凌。直观来看,不论是遭受还是频繁遭受校园欺凌的学生比例,中国四省市均低于 OECD 和总参测国家和地区的平均水平。具体分析每种类型欺凌的发生情况,中国四省市学生中约有 5.4%的学生频繁遭受故意排挤的关系欺凌,约有 5.1%的学生频繁遭受同学散布流言蜚语的关系欺凌;约有 9.6%的学生频繁遭受被同学嘲笑的言语欺凌,约有 3.0%的学生频繁遭受被同学威胁的言语欺凌;约有 10.2%的学生频繁

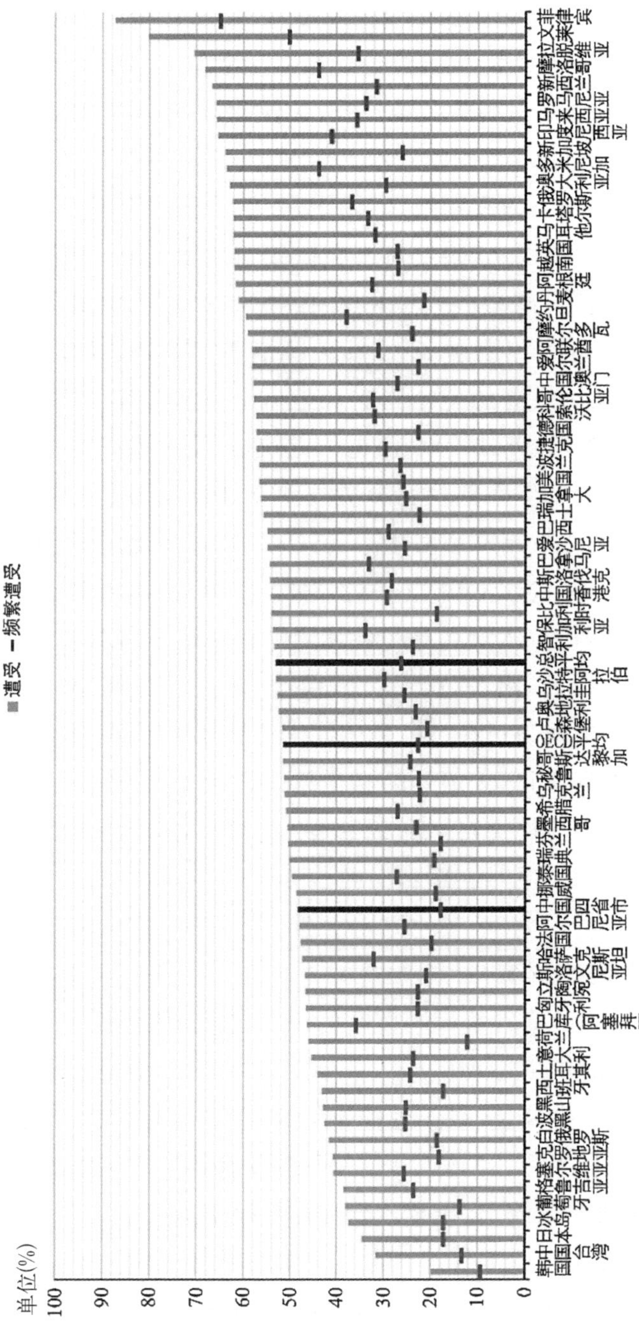

图 1　不同国家和地区遭受和频繁遭受校园欺凌的学生比例

遭受被其他人拿走或毁坏东西的身体欺凌，约有3.4%的学生频繁遭受被同学击打推搡的身体欺凌。由此可见，被同学嘲笑和被拿走或毁坏东西是两种最普遍的、频率最高的欺凌形式；相较而言，被威胁和击打推搡这两种情节相对严重的欺凌形式较少。

图2呈现了76个国家和地区（除上述75个国家和地区外，还包括在该部分数据有效的以色列）反对校园欺凌学生的比例。整体来看，各国家和地区反对校园欺凌的人数均大于70%，反对比例最低的三个国家和地区分别是哈萨克斯坦（72.1%）、摩洛哥（74.4%）和印度尼西亚（74.9%），反对比例最高的三个国家和地区分别是爱尔兰（95.8%）、新加坡（95.6%）和英国（95.1%）。值得一提的是，反对率高的国家和地区并不意味着其欺凌发生率低，比如，英国和新加坡反对欺凌的学生比例位居前三，但英国的校园欺凌发生率高达62.9%，新加坡的校园欺凌发生率高达63.8%，远高于OECD平均水平。此外，我国四省市反对校园欺凌的学生比例约为92.9%，高于各参测国家和地区的总平均（86.7%）以及OECD的平均水平（89.6%）。具体而言，我国约有90.8%的学生认为应该有人站出来为正在被欺凌的同学说话，89.3%的学生看到其他同学被欺凌会感到难过，95.7%的学生认为欺凌是不对的行为，82.8%的学生认为帮助不能保护自己的学生是一件好事，88.3%的学生看到没有人帮助受欺凌的学生时会感到生气。

2. 校园欺凌的影响

在基本了解我国四省市校园欺凌的现状之后，研究者进一步探究频繁遭受校园欺凌对学生心理健康的影响。具体而言，分别以频繁遭受不同类别校园欺凌为自变量，以学生的生活满意度、心理弹性、害怕失败和积极情感为因变量进行回归分析，结果如表2所示。在对生活的满意度方面，频繁遭受关系欺凌、言语欺凌、身体欺凌的学生对生活的满意度都更低，尤其是频繁遭受关系欺凌的学生对目前的生活最不满意。在心理弹性方面，频繁遭受关系欺凌对学生心理弹性的影响并不显著，频繁遭受

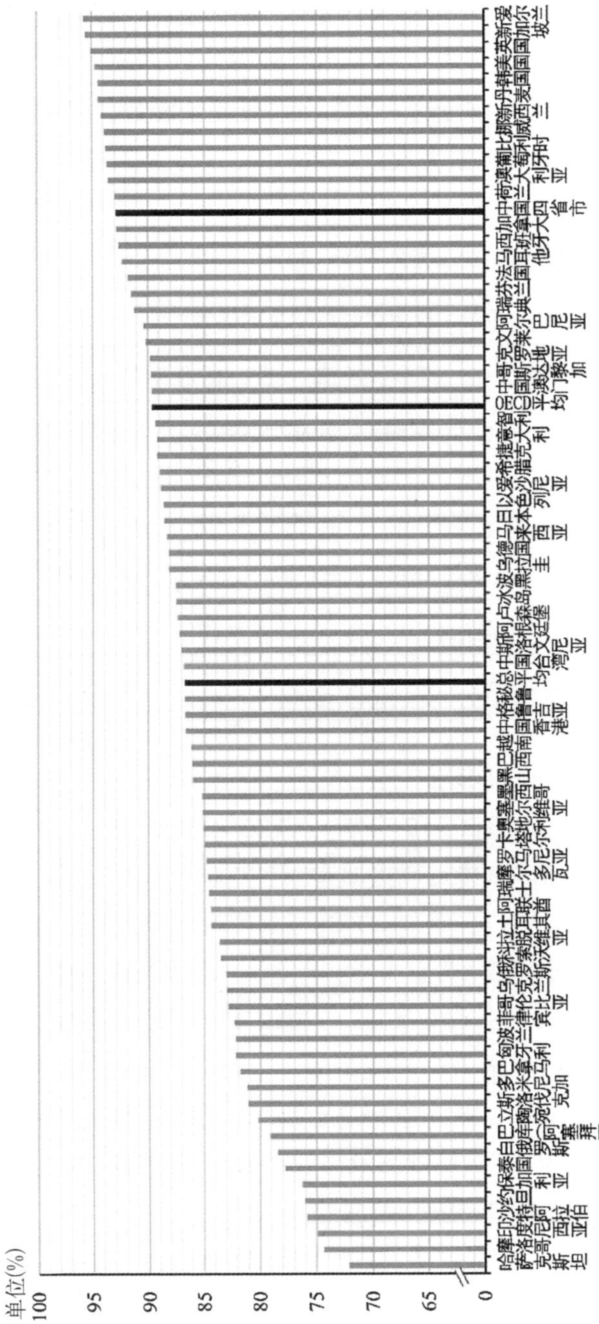

图 2　不同国家和地区反对校园欺凌的学生比例

言语欺凌和身体欺凌的学生心理弹性更低，也就是说，这部分学生面对变化的结果更不容易接受，或者更不会用多种方法处理问题。在害怕失败方面，是否频繁遭受关系欺凌的学生之间差异并不明显，频繁遭受言语欺凌和身体欺凌的学生更害怕失败，做事情更在乎他人对结果的看法。在积极情感方面，频繁遭受关系欺凌、言语欺凌、身体欺凌的学生在生活中都有更少的积极情绪和情感，比如快乐、自豪。

表 2 校园欺凌对学生的影响

自变量＼因变量	生活满意度		心理弹性		害怕失败		积极情感	
	回归系数	标准误	回归系数	标准误	回归系数	标准误	回归系数	标准误
关系欺凌	-1.03^{***}	0.13	0.02	0.05	0.09	0.08	-0.33^{***}	0.05
言语欺凌	-0.66^{***}	0.16	-0.14^{**}	0.05	0.14^{**}	0.04	-0.17^{**}	0.06
身体欺凌	-0.47^{***}	0.12	-0.12^{**}	0.04	0.18^{***}	0.05	-0.14^{**}	0.05

注：$^{**}\ p<0.01$，$^{***}\ p<0.001$。

3. 校园欺凌的防治策略

经过上述对校园欺凌影响的分析可以发现，频繁遭受不同类型的校园欺凌会对学生的心理健康造成负面影响。本部分着重从关注弱势群体角度出发，探索可能从家庭、教师、学校入手的校园欺凌防治策略。研究分别以留级、SES、阅读成绩为自变量，以学生的欺凌经历为因变量，得到了以学生在校归属感为中介变量，以环境因素——父母支持、教师支持、教师理解和学校纪律氛围为调节变量的 12 个基本一致的有调节的中介模型。模型的基本框架如图 3 所示，模型的路径系数和受调节的中介效应的检验结果见表 3。结合模型图及检验结果发现，在校归属感越强的学生越不容易遭受校园欺凌，同时，归属感在三种学生群体与欺凌的关系中都起到中介作用，并且父母支持、教师支持、教师理解及学校纪律氛围均可调节该中介作用。

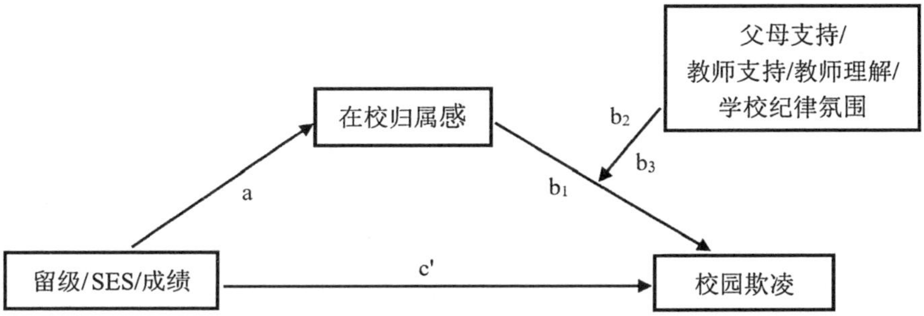

图 3　有调节的中介模型图

注：b_2为调节变量的系数，b_3为调节变量和中介变量交互项的系数。

具体而言，对于留级群体来说，留级生的在校归属感更低，更易遭受校园欺凌，而且父母、教师和学校有关的变量均能够调节在校归属感在留级和欺凌之间的中介作用。具体而言，当调节变量为父母支持时，随着父母支持的增多（由负一个标准差到正一个标准差），留级对欺凌的间接作用减少（由 0.06 降至 0.03）；当调节变量为教师支持时，随着教师支持的增多（由负一个标准差到正一个标准差），留级对欺凌的间接作用减少（由 0.05 降至 0.03）；当调节变量为教师理解时，随着教师理解的增多（由负一个标准差到正一个标准差），留级对欺凌的间接作用减少（由 0.05 降至 0.03）；同样，当调节变量为学校纪律氛围时，随着学校纪律氛围变好（由负一个标准差到正一个标准差），留级对欺凌的间接作用减少（由 0.05 降至 0.03）。

与留级群体的结果基本一致，SES 低 /成绩差的学生在校归属感也更低，四个调节变量也均可降低 SES/成绩对校园欺凌的影响，具体作用变化的大小在此不赘述。总之，父母支持、教师支持、教师理解和学校纪律氛围均能够减弱留级、SES、成绩对校园欺凌的影响。也就是说，来自父母的支持、教师的支持与理解和学校较好的纪律氛围可看作留级、SES 较低和成绩较差学生群体遭受校园欺凌的保护性因素。

表 3 各模型的路径系数及检验结果

调节变量	中介路径	a	c′	b_1	b_2	b_3	Index	标准误	95%置信区间	
									下 限	上 限
父母支持	留级→在校归属感→欺凌	−0.15***	0.15***	−0.31***	−0.01	0.10***	−0.016	0.004	−0.025	−0.009
	SES→在校归属感→欺凌	0.12***	−0.002	−0.31***	−0.01	0.11***	0.013	0.002	0.010	0.016
	成绩→在校归属感→欺凌	0.001***	−0.00***	−0.31***	−0.01	0.11***	0.000 1	0.000	0.000 1	0.000 1
教师支持	留级→在校归属感→欺凌	−0.15***	0.16***	−0.32***	−0.08***	0.10***	−0.015	0.004	−0.023	−0.008
	SES→在校归属感→欺凌	0.12***	−0.001	−0.32***	−0.08***	0.10***	0.012	0.002	0.009	0.015
	成绩→在校归属感→欺凌	0.001***	−0.00***	−0.32***	−0.07***	0.10***	0.000 1	0.000	0.000 0	0.000 1
教师理解	留级→在校归属感→欺凌	−0.15***	0.15***	−0.47***	−0.10***	0.07***	−0.010	0.003	−0.017	−0.005

（续表）

调节变量	中介路径	a	c′	b_1	b_2	b_3	Index	标准误	95%置信区间	
									下 限	上 限
教师理解	SES→在校归属感→欺凌	0.12***	0.001	−0.47***	−0.10***	0.07***	0.008	0.002	0.005	0.011
	成绩→在校归属感→欺凌	0.001***	−0.00***	−0.26***	−0.07***	0.048***	0.000	0.000	0.000	0.000 1
学校纪律氛围	留级→在校归属感→欺凌	−0.15***	0.14***	−0.32***	−0.14***	0.08***	−0.013	0.003	−0.020	−0.007
	SES→在校归属感→欺凌	0.12***	0.01*	−0.33***	−0.14***	0.09***	0.010	0.001	0.007	0.013
	成绩→在校归属感→欺凌	0.001***	−0.00	−0.33***	−0.14***	0.08***	0.000 1	0.000	0.000 0	0.000 1

注 1：* $p<0.05$，*** $p<0.001$。

注 2：Index 在这里为检验有调节的中介模型参数，其置信区间不包含 0 即说明模型检验成立[22]；对含成绩模型的检验均分别使用阅读成绩的 10 个似真值依次分析，呈现各参数的均值；预分析表明性别作为协变量对结论无影响，故无控制性别。

四、讨论和建议

1. 讨论

本文基于 PISA 2018 的调查数据，首先对比分析了我国四省市校园欺凌及学生对校园欺凌认识的基本情况。研究发现，我国四省市学生中约有 42.8%的人在近一年遭受过校园欺凌，约 17.7%的学生频繁遭受校园欺凌，约 92.9%的学生反对校园欺凌，遭受和频繁遭受校园欺凌的人数比例均低于 OECD 和所有参测国家与地区的平均水平，反对校园欺凌人数比例高于 OECD 和所有参测国家与地区的平均水平。

其次，研究进一步探究了校园欺凌对我国四省市学生心理健康方面的影响，发现频繁遭受言语欺凌和身体欺凌的学生，对生活的满意度较低，心理弹性较低，更加害怕失败，在生活中会有较少的积极情感；频繁遭受关系欺凌的学生会有较低的生活满意度、较少的积极情感。研究结果证实了遭受校园欺凌会对学生心理健康产生负面影响，尤其是言语和身体欺凌，会使学生不快乐、更加敏感，总是担心外界的眼光，做事遇到不一样的结果也更不易适应。研究同时强调，不仅是更易关注到的身体暴力行为，不易发现的嘲笑、起绰号等“隐形”的欺凌行为都会影响学生的心理健康。更可怕的是，这种负面的影响具有长期性，会阻碍学生成年独立人格的发展。[23]

最后，研究针对特定群体，结合家庭、教师和学校因素探索校园欺凌的有效防治策略，发现留级生会因为缺乏在校归属感而更易遭受校园欺凌，来自父母的支持、教师的支持和理解以及学校良好的纪律氛围可以降低这种风险，这种情况同样适用于 SES 低的学生以及成绩差的学生。这些学生成为校园欺凌中弱势群体的原因可能是这些弱势因素使得学生的群体地位变低，[24]从而容易成为欺凌者的施暴对象。从校园欺凌干预的角度，研究发现了在校归属感在弱势群体和校园欺凌间的重要中介作用，即学生是否能感到自己在学校被接纳和被尊重，是影响其遭受校园欺凌的重要一环。同时研究也再次验证了家庭、教师和学校在校园欺凌防治工作中的重要性，强调了校园欺凌防治应从多方面入手、标本兼施的综合治理策略。[25]

2. 建议

结合以上研究结果与理论实践，对校园欺凌的防治工作提出以下三点建议。

第一，普及校园欺凌知识，注重源头预防。研究发现，学生普遍对校园欺凌持反对态度，但是在近一年遭受过校园欺凌的学生仍接近一半。这可能与学生、教师等社会各界对校园欺凌的认识不足有关。在日常交往中，学生可能并不知道自己的一些行为（比如叫同学“外号”，拿走同学东西等）属于欺凌并会对同学造成心理伤害。教师和学校管理人员可能也会将一些“隐形”的欺凌行为当作同学间的玩笑，从而疏于对施加欺凌学生的管理和对被欺凌学生的关照。因此，校园欺凌的防治工作应首先从源头入手，减少社会各界对校园欺凌的盲区，帮助公众明晰校园欺凌的内涵，比如校园欺凌具体包含哪些行为，行为的严重程度如何划分等。其次，增强大众对校园欺凌危害的认识，同时引导正确的反校园欺凌舆论，提高社会各界对各种形式校园欺凌行为的敏感度和关注度。各项宣传工作可以通过分发学习手册，组织以“反校园欺凌”为主题的学习活动，录制校园欺凌宣传片，邀请专家开展有关讲座等来实现。

第二，加强校园欺凌治理，温情帮教与依法打击相结合。校园欺凌现象可能与治理不当有关。年龄并不是施暴学生的免责金牌，学校更不应成为他们的庇护所。如果常因施暴学生的未成年人身份而大事化小，或是学校和家长私下商量解决，则不仅对涉事学生起不到警示作用，更可能使其再犯甚至变本加厉，而且会对身边学生造成不良示范，对受害学生也会造成更大的心理伤害。因此，校园欺凌的治理环节至关重要。对校园欺凌事件应采取“零容忍”的态度，一旦发现就应公正透明地给予相应的处分。对有严重校园欺凌行为的学生，必须依据法律法规给予严惩，但对于情节不严重的校园欺凌涉事者，应结合学生特点开展温情帮教，不轻易放弃每一个有希望的学生。

第三，从多环节发力，针对弱势群体进行精准干预。校园欺凌与社会风气、学校教育以及家庭教养息息相关。要从根本上治理校园欺凌，还需从多环节发力，要提高校园欺凌治理的效率，更需从容易遭受校园欺凌的学生群体入手。留级生由于重修脱离了熟悉的环境，而且可能由于留级经历被同学“另眼相待”；SES 低的学生可能无法经常参与到多数同学的活动中去，或者由于不当的比较，产生自卑心理而脱离群体；成绩较差的学生可能被同学嘲笑或者较难交到朋友。这些学生都很可能因为某些原因在学校失去归属感，被施暴者视为好欺负的对象。对这部分学生而言，家长更应该多关注孩子的情绪变化，多给予孩子关心和支持，建立良好的亲子沟通关系，对孩子多鼓励少责备；教师在教学中，也应注意多给这部分学生提供表现自我的机会，并给予及时的积极反馈，同时了解学生的情况，真正站在学生的角度给予认可，平等交流；学校在教学管理方面，应严格规范课堂纪律，开展有益的学生互动活动，建立平等互助的校园文化。

参考文献

［1］中华人民共和国最高人民检察院.检察机关前 11 个月批捕校园涉欺凌和暴力犯罪案嫌疑人 1 114 人［EB/OL］.2016－12－28［2020－04－28］. https://www.spp.gov.cn/spp/zdgz/201612/t20161228_176982.shtml.

［2］郑新俭：建独立评价机制推进未检工作专业化建设［EB/OL］. 2018－03－02［2020－04－28］.http://www.jcrb.com/xztpd/gxzt/2018TJZ/18ZXJ/.

［3］Olweus, D. Aggression in the Schools: Bullies and Whipping Boys［M］. London, UK: Hemisphere, 1978.

［4］Hymel, S., & Swearer, S. M. Four Decades of Research on School Bullying: An Introduction［J］. American Psychologist, 2015, 70(4): 293－299.

［5］中华人民共和国教育部. 教育部等十一部门关于印发《加强中小学生欺凌综合治理方案》的通知（教督〔2017〕10 号）［EB/OL］.2017－11－23［2020－4－23］.http://www.moe.gov.cn/srcsite/All/moe_1789/201712/t20171226_322701.html.

［6］Runions, K. C., Shaw, T., Bussey, K., et al. Moral Disengagement of Pure Bullies and Bully/Victims: Shared and Distinct Mechanisms［J］. Journal of Youth and Adolescence, 2019, 48(9): 1835－1848.

［7］Yeager, D. S., Fong, C. J., Lee, H. Y., et al. Declines in Efficacy of Anti-bullying

Programs among Older Adolescents: Theory and a Three-level Meta-analysis[J]. Journal of Applied Developmental Psychology, 2015, 37: 36 - 51.

[8] 谢家树，魏宇民，ZHU Zhuorong.当代中国青少年校园欺凌受害模式探索：基于潜在剖面分析[J].心理发展与教育，2019，35(1)：95 - 102.

[9] Glew, G. M., Fan, M. Y., Katon, W., et al. Bullying and School Safety[J]. The Journal of Pediatrics, 2008, 152(1): 123 - 128.

[10] Cornell, D., Gregory, A., Huang, F., et al. Perceived Prevalence of Teasing and Bullying Predicts High School Dropout Rates[J]. Journal of Educational Psychology, 2013, 105 (1): 138 - 149.

[11] Georgiou, S. N., & Stavrinides, P. Bullies, Victims and Bully-victims: Psychosocial Profiles and Attribution Styles[J]. School Psychology International, 2008, 29(5): 574 - 589.

[12] Brighi, A., Melotti, G., Guarini, A., et al. Self-esteem and Loneliness in Relation to Cyberbullying in Three European Countries[J]. Cyberbullying in the Global Playground: Research from International Perspectives, 2012: 32 - 56.

[13] Menesini, E., Modena, M., & Tani, F. Bullying and Victimization in Adolescence: Concurrent and Stable Roles and Psychological Health Symptoms[J]. The Journal of Genetic Psychology, 2009, 170(2): 115 - 134.

[14] Hinduja, S., & Patchin, J. W. Bullying, Cyberbullying, and Suicide[J]. Archives of Suicide Research, 2010, 14(3): 206 - 221.

[15] Azeredo, C. M., Rinaldi, A. E. M., de Moraes, C. L., et al. School Bullying: A Systematic Review of Contextual-level Risk Factors in Observational Studies[J]. Aggression and Violent Behavior, 2015, 22: 65 - 76.

[16] 黄亮.我国 15 岁在校学生遭受校园欺凌的情况及影响因素——基于 PISA 2015 我国四省市数据的分析[J].教育科学研究，2017(11)：36 - 42.

[17] Espelage, D. L., Van Ryzin, M. J., & Holt, M. K. Trajectories of Bully Perpetration Across Early Adolescence: Static Risk Factors, Dynamic Covariates, and Longitudinal Outcomes[J]. Psychology of Violence, 2018, 8(2): 141 - 150.

[18] Bell, C. D., Raczynski, K. A., & Horne, A. M. Bully Busters Abbreviated: Evaluation of a Group-based Bully Intervention and Prevention Program[J]. Group Dynamics: Theory, Research, and Practice, 2010, 14(3): 257 - 267.

[19] 陈纯槿，郅庭瑾.校园欺凌的影响因素及其长效防治机制构建——基于 2015 青少年校园欺凌行为测量数据的分析[J].教育发展研究，2017，37(20)：31 - 41.

[20] 黄亮，赵德成.家庭社会经济文化地位与学生遭受校园欺凌关系的实证研究——家长支持和教师支持的中介作用[J].教育科学，2018，34(1)：7 - 13.

[21] Hayes, A. F. Introduction to Mediation, Moderation, and Conditional Process Analysis: A Regression-based Approach[M]. Guilford Publications, 2017.

[22] Hayes, A. F. An Iindex and Test of Linear Moderated Mediation[J]. Multivariate Behavioral Research, 2015, 50(1): 1 - 22.

[23] Sigurdson, J. F., Undheim, A. M., Wallander, J. L., et al. The Long-term Effects of Being Bullied or a Bully in Adolescence on Externalizing and Internalizing Mental Health Problems in Adulthood[J]. Child and Adolescent Psychiatry and Mental Health, 2015, 9(1): 42 - 54.

［24］ Zych，I.，Farrington，D. P.，Llorent，V. J.，et al. School Bullying in Different Countries：Prevalence，Risk Factors，and Short-Term Outcomes［M］/ /Protecting Children Against Bullying and Its Consequences. Springer International Publishing，Cham，2017：5 - 22.

［25］ 孙时进，施泽艺.校园欺凌的心理因素和治理方法：心理学的视角［J］.华东师范大学学报(教育科学版)，2017，35(2)：51 - 56 + 119.

作者简介

申燕妮　北京师范大学中国基础教育质量监测协同创新中心博士研究生

辛　涛　北京师范大学中国基础教育质量监测协同创新中心教授

张佳慧　北京师范大学中国基础教育质量监测协同创新中心讲师

林　喆　北京师范大学心理学部博士研究生

电子邮箱

xintao@bnu.edu.cn

Chapter 14

上海市中小学学业质量绿色指标综合评价的十六年探索

徐淀芳　纪明泽　汪茂华　刘中正　邵　骁　赵雪晶

摘　要： 面对中小学教育中长期存在的评价标准单一、评价技术落后等问题，上海市自 2004 年起，开展了学业质量综合评价改革的实践研究，构建了中小学生学业质量绿色指标评价体系。通过"发布评价指标—研制评价工具—开展评价施测—分析评价数据—撰写评价报告—发布评价结果—实施教学改进"等程序，引导全社会形成科学的教育质量观，有效提升学业质量，探索出了一条具有国际标准和中国特色的学业质量评价改革之路。

关键词： 学业评价；中小学生学业质量评价框架；绿色指标；优质教育均衡发展

一、问题的提出

开展学业质量综合评价改革，既是国家教育改革的迫切需求，也是世界各国提升教育质量的共同趋势，[1]更是围绕解决基础教育课程教学改革面对的下列紧迫问题的有效措施。

1. 过多关注学科成绩，忽视学生的全面发展和学习过程

长期以来，中小学教学体系普遍架构在以高考、中考为龙头的环环相扣、层层相连的"严密组织"之中，"结果制约过程"一直是思考和运作教学体系的惯例，且成为一种"社会标尺"。[2]社会上习惯于把考试成绩和升学率作为评价学校教学质量和学生学习的主要标准甚至是唯一标准。教育系统内部对教育质量的评价，也往往会顺着传统惯性，利用考试成绩来引

导教学工作,忽视了课程对学生多方面发展的促进作用,把教学工作人为地限制在比较狭窄的视域中,导致素质教育在实践中难以全面落实。

2. 过多依赖个人经验命题,忽视测量技术在评价中的应用

学业质量评价中对学科测试框架、测试题目的有效性缺乏系统的研究是当前普遍存在的问题,过多地依赖命题者的个人经验来出题,考试内容的人为性和主观性较明显。试题侧重于考查学生掌握的知识,没有全面反映出学生的学业水平,而且所测知识以记忆性知识为主,缺乏知识间的联系及其综合运用。教育测量学的理论与技术还没有真正融入中小学评价的实践中。[3]

3. 功利取向明显,忽视评价的诊断和改进功能

各种考试往往只关注学生的阶段性或最终学习结果,把分数作为对学生、教师进行排名的标准,未能充分体现评价的诊断功能,难以对教学改进产生有效指导;同时,考试也加重了学生和家庭、教师和学校的负担与压力,结果往往导致学生学得不快乐,教师教得不轻松。

因此,我们将研究核心确定为如何构建一套基于课程标准的学业质量综合评价体系,包括评价标准如何制定、评价框架如何设计、命题技术如何改进、结果如何统计分析、教学反馈如何实施等,从而以评价改革实践推动基础教育教学体系的转型,实现“标准—教学—评价”的一致性。

二、 解决问题的过程和方法

基于评价改革的复杂性,本研究经历了“方案架构—指标研发—数据采集—指导改进”的发展阶段,组织专家集体攻关,采用了文献研究、比较研究、实验研究等方法,重点开展了以下研究与实践。

1. 参与国内外大规模测评项目，建构学业质量评价方案

课题组系统研究 PISA 2003、PISA 2006 测评技术，翻译 PISA 技术手册，参与 PISA 2009 测试，深入了解国际学生评估项目（Programme for International Student Assessment，简称 PISA）的测验设计、工具研制、抽样设计、赋分处理等技术方法。上海作为中国大陆第一个参与 PISA 的地区，积极参与国际大规模学业质量评价项目，积累实践经验。

2004 年起，上海一直参与教育部基础教育课程教材发展中心“建立中小学生学业质量分析反馈与指导系统”测评项目。[4] 在此过程中，上海掌握了大量学业质量评价的技术，如学科素养评价框架的编制、学科命题的规范化程序、阅卷评分的组织管理、多层数据的分析方法等，实现了从理论学习走向实践探索，基本形成本土化学业质量测评方案。

2. 准确理解学业质量内涵，研制综合评价指标

一是从学业质量的构成性、关联性与发展性三方面分解出学业质量的要素，重构学业质量内涵。[5]

二是基于 2006—2010 年“建立中小学生学业质量分析反馈与指导系统”项目测试的结果，分析出指向学生全面发展并与学业成绩紧密相关的因素。

三是针对上海基础教育转型发展中亟待解决的重难点问题，采用分析与归纳相结合的方法，研制出反映学生德智体等全面发展、学习结果和教学过程的学业质量绿色指标，改变了将学科考试成绩作为单一指标的评价体系。

四是基于国内外基础教育改革发展的趋势和方向，根据新时代国家对基础教育质量的要求，对评价指标进行更新和调整，建立起体现科学教育质量观的指标体系。

3. 按照国际规则，建立科学规范的学业质量评价技术方案

一是确定数据采集方案。在综合考虑数据收集的操作性和科学性的

情况下，采用学科测试、问卷调查、现场观察和体质监测等多种方式采集学业质量信息，摒弃传统统考统测的模式，进行科学的抽样设计。

二是形成数据分析的技术方案。根据抽样设计，建立抽样误差分析程序，估算不同群体在各个指标上的表现；按照国际通用的规则对学业水平进行标准设定，具体描述不同水平的学业表现；采用先进的统计分析技术（等值技术）进行结果处理，保证跨年度测试结果的可比性。

三是建立报告生成与结果反馈方案。根据报告结构和内容，开发报告生成系统，形成市、区、校三个层面的各类评价报告。建立评价结果报告发布和反馈机制，让市、区、校及时了解学业质量状况，总结经验并改进不足。

4. 遵循规范流程，系统开发评价工具

开展学科测试框架的国际比较研究，从内容和能力两个维度研发学科测试框架，细化各学科测试的一级、二级指标。基于学科测试框架制定命题指南，建立“试题编制—试题修订—预测试—专家审议—试题组卷—评分标准编写”的规范化程序，开发一系列学科测试工具。

与绿色指标对接，研制校长、教师、学生、家长背景问卷。以“核心概念界定—试题编写—对象访谈—问卷试测—试题修订”的流程，开发相关背景问卷。问卷侧重于对事实的了解，采用跨层调查、心理投射等技术提高调查结果的真实性。

5. 突出诊断改进功能，强化课程—教学—评价的一致性

在市、区、校“基础数据”报告和“绿色指标”报告的基础上，采用大数据分析方法，进行数据挖掘，为区、校解读研究成果，促进教育决策、教研方式、教学行为的改进，从“为了评价的教学”转向“为了教学的评价”，形成“综合评价—问题认定—原因分析—方案设计—行动落实”的教育质量保障机制；开展“绿色指标”区本化、校本化实践，逐步建立以校为本的教

育质量评价体系；发布评价结果，引导全社会形成科学的学业质量观。

三、 成果的主要内容

经过多年的探索实践，课题组形成了上海市中小学生学业质量绿色指标评价（简称“绿色指标”）的基本观点、核心指标和运行机制。

1. 厘清了学业评价的理论基础

课程标准的规定性。课程标准是规定某一学科的课程性质、课程目标、内容目标、实施建议的教学指导性文件。课程标准是一个基本标准，表示了大多数学生通过学习可以达到的水平。课程标准既是编制教材的依据，也是实施教学的依据，更是开展评价的依据。

学业质量的可测量性。学业质量是教育质量的重要组成部分，是通过学生的学习结果、过程、经历来体现的。学生的知识、能力、行为表现等特质，通过现有的测量技术或者随着测量技术的发展，都可以进行测量和评价。

内部评价的必然性。在教育系统内部对学业质量进行评价不只是为了得到评价的结果，重要的是将课程标准、教学过程、学业评价进行一体化设计。通过学业评价，不断检查课程标准的落实程度，不断总结教学过程中的经验与不足。教学改进和学业评价是一个循环往复、不断提升的过程。

2. 树立了正确导向的学业质量观和评价观

学业质量不等于学业成绩，它具有构成性，包含学业表现、品德行为、身心健康等诸多领域的发展水平；又具有关联性，包括影响学生发展的个体、教师、校长、家庭等各方面的相关因素；还具有发展性，它体现学业的进步、均衡和连续。教学系统内部的评价，是全面了解学生发展与教育教学状况的手段,是发现和诊断教与学问题的方法,是改进教学行为的依据,核心意义在于形成以学校为主体的持续性、针对性地改进教学的机制。

3. 形成了学业质量综合评价的绿色指标

对应全面的学业质量观,课题组基于课程标准,在大规模测试、PISA测试和课程教学调研的基础上,提炼出反映学生学业质量的关键因素,构建了涵盖十大指数的“绿色指标”(简称“绿色指标 1.0”),分别是学业水平指数、学习动力指数、学业负担指数、师生关系指数、教师教学方式指数、校长课程领导力指数、学生社会经济背景对学业成绩的影响指数、学生品德行为指数、身心健康指数及跨年度进步指数。每个指数下又包含若干个观测点及评价方法。[6]

2018 年,为深入贯彻落实党的十九大精神,根据《关于全面深化课程改革落实立德树人根本任务的意见》(教基二〔2014〕4 号)、《关于深化教育体制机制改革的意见》《义务教育学校管理标准》(教基〔2017〕9 号)等相关文件要求,顺应国家和上海教育改革的新形势,借鉴国际教育质量评价经验,开展了绿色指标的修订工作。

修订版的《上海市中小学学业质量绿色指标》(简称“绿色指标 2.0”)仍然包含十个指数,分别为学生学业水平指数、学生身心健康指数、学生品德和社会化行为指数、学生学习动力指数、学生对学校认同度指数、学业负担与压力指数、教师课程领导力指数、校长课程领导力指数、教育公平指数和跨时间发展指数。[7]

4. 形成了中小学学业质量评价框架

评价工具主要有学科测试、问卷调查、体质健康监测等(见图 1)。测试学科有小学语文、数学,初中语文、数学、英语、科学(2018 年起,小学和初中都增加了艺术),问卷有学生问卷、教师问卷和校长问卷(2015 年起,增加了学生家长问卷)，学生体质健康监测涵盖学生身体形态、生理机能、身体素质等方面。

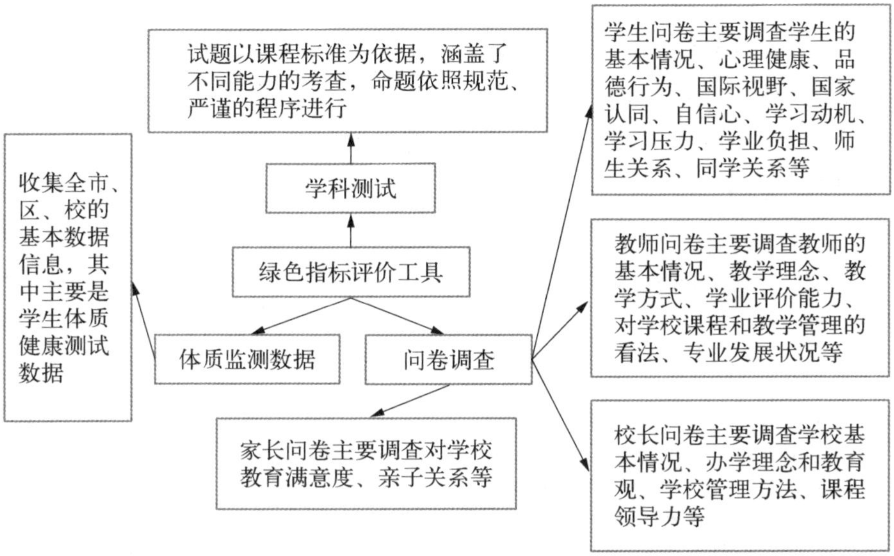

图 1 “绿色指标”主要测试工具

5. 形成了中小学学业质量评价程序

一是调整了评价的周期。2011 年、2012 年、2014 年每年均对小学段的四年级和初中段的九年级进行测评。自 2015 年起，调整原来的“两年连测、一年改进”的测评周期，改为“三年一轮、两年改进”，即 2015 年测评初中、2016 年测评小学，2018 年再测初中，以此类推。

二是形成了学生抽样的模式。在 2011—2012 年间，采取两阶段 PPS 抽样(按规模大小成比例的概率抽样)，即第一阶段抽取学校，第二阶段抽取学生来确定参加测试的群体。在 2014—2015 年间，采取公办学校全部参加，民办学校自主决定参加的模式。自 2018 年起，所有的公办学校和民办学校全部参与测试。不管是哪一种抽样模式，学校里的学生都是通过抽样的方式来确定的。

三是建立了评价的流程。根据评价指标，组建专家团队，按照学科测试框架及问卷调查框架开发测试工具；编制测试实施手册，按照普通高中招生考试的考务规范实施测试；制定评分手册，组织中小学教师进行网络阅卷；将阅卷数据完整录入信息系统，运用现代技术分析数据，形成各层面的评价报告并构建数据库管理系统。在每一轮测评结束后，对评价本身进行再评价，调整和优化评价指标以及整个实施过程（见图 2）。

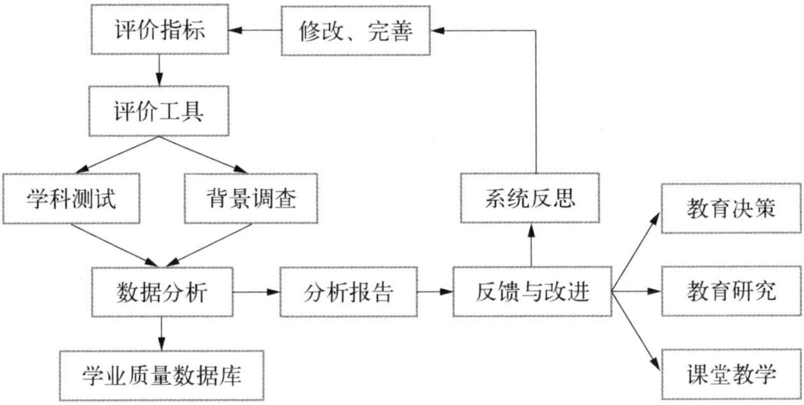

图 2 “绿色指标”综合评价的关键流程

6. 完善了中小学生学业质量数据分析技术

对测试和问卷获得的数据资料，运用测量学、统计学的方法进行处理，其中学业成绩转化为量尺分数，并将分数与历年的测试结果进行等值处理。综合运用经典测量理论和项目反应理论进行各评价指标的设定。在学业成绩标准设定时采用了国际上普遍运用的安哥夫（Angoff）法和书签（bookmark）法，学生学业成绩的学校均衡度使用多层线性模型统计法分析。所有测量数据进入学业质量基础数据库，通过报告模板，自动生成各层面评价报告，通过数据挖掘技术形成成绩差异分析报告、“新优质学校”报告等专题报告（见图 3）。

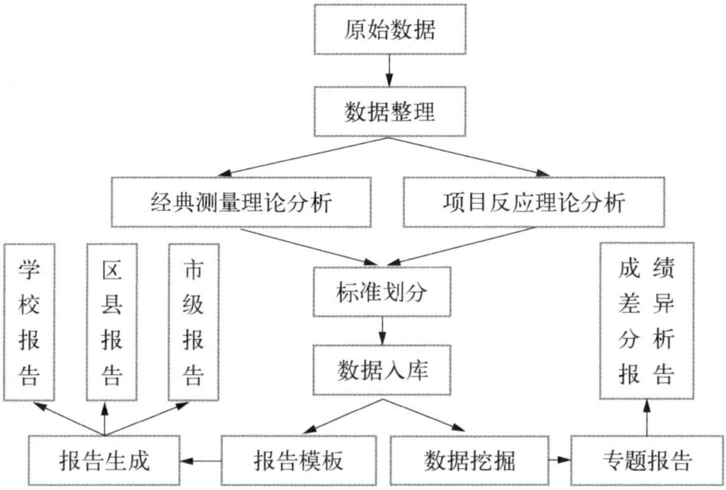

图 3 “绿色指标”综合评价的数据分析技术

7. 形成了中小学教学质量反馈改进机制

一是建立了评价结果的发布机制。一方面是面向社会发布。每一次测评结束后，立即组织专业人员进行评卷、分析，研制市、区、校三级测评报告，并通过召开新闻通气会、媒体专访等形式，解读和发布全市“绿色指标”测评结果以及区、校研究和改进的典型经验。另一方面是面向系统内部发布。通过召开全市“绿色指标”反馈讲评会、组织中小学校长暑期培训等方式，专业解读“绿色指标”测评结果，提出分析和改进的要求。为避免相互攀比带来的恶性竞争和信息收集失真，采取一区一校一报告的方式，呈现区与市、校与区的比较数据，同时呈现指数间相关性（如学习自信心、内部学习动机、师生关系、教师教学方式与学业成绩呈显著正相关，严重睡眠不足、过重学习压力与学业成绩呈显著负相关，平均校外补课越长，高层次思维能力越弱等），便于查找问题，进行有针对性的改进。

二是推进诊断改进机制。一方面推动面上改进，通过举行市、区、校三级的报告解读和教研活动，让区、校读懂评价报告，采取有针对性的改进措施，使不同办学水平的学校都能找到自己的闪光点和不足之处，从而推动学校开展基于实证的教学改进，逐步构建“检测依靠技术、结论源自证据、分析产生转变”的实践行动模式，使教学管理、教学研究、教学行为架构到科学的评价信息上来；另一方面是推动试点探索，为推动区、校深入研究和改进，鼓励开展“绿色指标”区本化、校本化研究和实践，有11个区（长宁、普陀、闵行、宝山、奉贤、金山等）、44所学校（上海市静安区教育学院附属学校、迎园中学、上海小学、奉贤区教育学院附属实验小学等）开展基础教育质量评价改革试点，[8]推动建立区域特色的评价改革和以校为本的教育质量保障体系，试点改革已经取得阶段性成效。

四、 效果与反思

“绿色指标”的推出与实施受到社会高度关注，获得多方好评。虽然“绿色指标”不能解决教育教学中的所有难题，但令人欣慰的是，学生、教师、学校、社会都能从中获益。

1. 提升了教师的教学专业能力

一是转变了教师的教学质量观念。“绿色指标”全面关注学生的发展，引导教师全面看待学生的成长，突破“以分数论英雄，以成绩论成败”的传统评价观念。全面考查学生发展状况，既关注学生的学习结果，又关注学生的学习过程；既关注学生当下的学习表现，又关注学生的进步状况。调查结果显示，2012年上海四年级教师对“以学业成绩作为评价学生的主要依据”选择“不同意”的占49%，比2011年增加4%，加上“不太同意”的，已达到80%。

二是增强了教师应用数据改进教学的能力。建立基于实证数据改进教学的机制，使“教学—检测—分析—改进”逐步成为教师的自觉行为。许多学校的教师能够灵活地运用数据来改进教学，在教学内部建立起了“检测—分析—改进”的循环。如从“绿色指标”报告分析中，奉贤区教师进修学院附属小学发现学生的作业难问题非常突出。于是该校数学组针对教学重难点制作微视频，每个微视频5—10分钟，就某一难题、易错题进行讲解，并设置游戏通关模式，增加学习趣味性。把微视频放在校园网上，学生随时点播、回放，课堂上学生更加积极了，作业的正确率也明显提高了，这样的做法深受家长的欢迎。

三是提高了教师关注学生学习过程的能力。教师在关注学生全面发展的过程中，及时把握每一个学生在学习过程中出现的状况并加以补救或矫正，正确使用评价促进教学，提高教师敏锐洞察学生学习过程的能力。如黄浦区瞿溪路小学在一年级新生 100 个常用汉字识字调查中发现，认识 80 个常用字的学生占 20%左右，近 20%学生识字量仅在 20 个字以内，甚至有 1 个学生只认识 2 个汉字。对仅认识 2 个汉字的学生，教师在课堂上给予了更多关注，凡是在读拼音、写笔画、读短语、寻找识字规律这些基础的学习环节，都刻意给她更多机会。慢慢地，她认识的字越来越多了，教师也常常在同学面前表扬她。到二年级，该生有了明显进步；到三年级，她的识字能力已达到班级平均水平。

2. 激发了学校的办学活力

从学校对评价结果的使用来看，“绿色指标”能够帮助学校找到闪光点和有待改进之处，激活了学校的办学活力。一些原先不引人注目的学校，学业表现比较好，学生负担比较轻，显示了过硬的育人质量，找回了办学的自信；而有些传统“名校”，分析评价结果揭示了其潜在的不足和隐患，在学生的校园生活质量和学生对学校的认同度等方面找到了提高的空间。“绿色指标”帮助学校寻找到了持续发展的方向，引导学校在与区域、自身比较中找到了发展的着力点。

3. 促进了义务教育优质均衡发展

一是从学业水平维度来看，以 2015 年为例，全市四年级学生达到语文、数学课程标准基本要求的比例稳定在 99%；2015 年全市九年级学生达到语文、数学、英语、科学课程标准基本要求的比例分别为 96%、92%、90%、

91%,分别比 2014 年提高 1—3 个百分点(与 2014 年标准划定一致)。

二是从均衡发展维度来看,城乡之间、学校之间学业成绩差异总体呈现缩小趋势,2015 年由区层面因素导致初中学业成绩差异的比例均在 10%以内,比 2014 年下降(语文下降了 0.7%,数学下降了 2.2%,英语下降了 1.1%,科学下降了 3.6%);由学校层面因素导致学业成绩差异的比例,除初中英语(35%)外,均在 26%以下(处于较均衡水平),比 2014 年有所下降(数学下降了 0.6%,科学下降了 2%,语文、英语不明显)。男女生小学阶段的达标率不存在显著差异,在初中语文和英语学科的达标率上,女生比男生高出 7%,在数学和科学学科上,两者差异不显著。

三是从家庭影响维度来看,家庭社会经济背景对学生学业成绩的影响在逐步缩小。2014 年,学生家庭社会经济背景对小学语文、数学学科成绩差异的解释率分别为 15.2%和 10.1%(2012 年分别为 17.1%和 20.6%),学生家庭社会经济背景对初中语文、数学、英语学科成绩差异的解释率分别为 8.9%、18.9%、26.5%(2012 年分别为 13%、23%、27%)。学校在弥补家庭不利条件对学业成绩的影响方面不断作出积极有力的贡献。

四是从公办、民办学校维度来看,以 2015 年的数据为例,民办学校学生平均的学业成绩要高于公办学校,但剔除公办学校与民办学校学生生源背景的差异后,民办学校学生的学业成绩与公办学校不存在显著差异,且公办学校学生学习负担和压力相对较轻。

五是从学生感受的维度来看,学生对学校的认同度在上升。2015 年,小学生对学校认同度较高的比例为 96%,比 2011 年上升了 15%;初中生对学校认同度较高的比例为 81%,比 2011 年上升了 6%。小学生学习自信心较强的比例为 87%,比 2011 年上升了 9%;初中生学习自信心较强的比例为 68%,比 2011 年上升了 24%。其他如学习动机、师生关系、教师教学方式等均有所提升。

4. 催生了一系列配套的改革政策

一是与"绿色指标"相配合的教学政策。与"绿色指标"相配合,上海市教育委员会先后出台了《关于开展义务教育阶段学校“减负增效、提高质量”活动的通知》(沪教委基〔2013〕25 号)和《关于小学阶段实施基于课程标准的教学与评价工作的意见》(沪教委基〔2013〕59 号)。特别是 2013 年起,上海在小学全面推行“基于课程标准的教学与评价”,核心是根据课程标准,科学确定教学的基本要求和评价要求,促进标准、教学和评价的一致性,教师不能随意拔高教学和评价要求,不能随意加快教学进度,在教学与评价过程中既关注知识与技能维度,也关注过程与方法、情感态度与价值观这两个维度课程目标的落实,还关注学生学习方式的变革。

二是落实“绿色指标”的专项政策。全市 16 个区均出台了有关“绿色指标”的改革政策,其中许多政策是专门落实“绿色指标”的,比如《松江区贯彻落实中小学生学业质量绿色指标的实施意见》(沪松教基〔2012〕115 号)、《黄浦区推进落实〈上海市中小学生学业质量绿色指标(试行)〉的实施意见》(黄教〔2012〕35 号)、《浦东新区推进落实〈上海市中小学生学业质量绿色指标(试行)〉实施方案(2013—2015 年)》(浦教基〔2013〕50 号)等,在办学行为、教学行动中提出具体落实“绿色指标”的要求。

三是“绿色指标”被纳入学生综合素质评价和学校发展性督导。上海在推进学校发展性督导中,将“绿色指标”作为学校发展性督导的重要依据之一。与“绿色指标”相配套,上海逐步推进中小学生综合素质评价改革,其中学生成长记录册已引入“绿色指标”评价。

2018 年,上海市教育委员会发布的《关于实施百所公办初中强校工程的意见》(沪教委基〔2018〕45 号)中明确提出,要对“实验校”突出增值评估,将“绿色指标”表现、学校综合考核等进步情况作为评价“实验校”建设和紧密型学区、集团建设等方面的主要指标。

5. 建立了评价改革持续推进的保障机制

一是建立了专业化的评价队伍。增强评价的科学性,专业化的评价队伍不可或缺。在开展学业质量综合评价的过程中,各区县纷纷组建教育质量评价专业机构,配备教育评价专业人才。市、区通过专题培训、项目带动等方式,提高评价专业人才的实战能力。

二是保持了高强度的政策关注。市政府连年将学业质量评价改革纳入市政府重点工作,并加强对评价改革工作的督查;拨出专项经费,用于全市“绿色指标”的研究与实践;在教育费附加中列出“课程评价改革”项目,支持全市评价改革的硬件建设、技术引进和师资培训。

三是营造了积极宽松的改革氛围。向社会发布评价结果,维护了区域内公众对义务教育教学质量的知情权,在全社会逐步树立正确的教育质量观,一定程度上改变了家长、社会对学校“好差”口口相传的评价状态,为进一步推进基础教育内涵建设的改革创新提供了较好的社会环境。

五、“绿色指标”改革存在的主要问题

“绿色指标”评价改革虽然曾走在全国前列,而且取得了一些改革成效,但随着教育综合改革的推进、教育发展形势和任务的转变、居民对义务教育资源需求的变化,“绿色指标”的深入推进面临一些急需攻克的问题。

1. 评价技术存在改进和提升的空间

虽然“绿色指标”已经采用了网络调研,也开发了独有的分析和报告撰写平台,但与国际教育评价(美国国家教育进展评估、OECD 的国际学生评估等)的发展趋势相比,还有很多改进的空间(如学科命题的稳定性、获取学生思维过程的信息数据、评价数据的在线分析和反馈等),需要在技术上不断突破。

2. 过于强调考核,整改会背离改革初衷

2011 年推出“绿色指标”时,初衷是转变教育质量观,实施教育质量“健康体检”,强调诊断功能。但随着部分区把“绿色指标”测评结果纳入

对学校的考核，拿“绿色指标”的结果给学校排队，甚至作为奖惩的依据，“绿色指标”逐步成为一场高利害的测评，出现了学校多种类型的应试现象，如偷偷复印测试卷进行训练，提前调整课程安排，留出复习迎测时间，甚至出现“绿色指标”模拟卷，进而造成信息收集的失真，影响整个评价改革的效果。

六、“绿色指标”深化改革的主要思路

针对以上问题，在推进教育综合改革背景下，提出如下三条思路。

1. 进一步明晰“绿色指标”测评的功能定位

评价具有多种功能，如导向、激励、鉴定（甄别）、诊断、改进、监督等，任何评价改革都需要选择评价的核心功能。2011 年以来，“绿色指标”非常注重导向和诊断功能并逐步开始强调改进功能。在此过程中，特别强调“三个不挂钩”：一是不与学校考核、校长绩效挂钩；二是不与教师评先评优、教学考核挂钩；三是不与学生综合素质评价、升学挂钩。因此，一方面要淡化功利取向，如将“绿色指标”测评结果纳入对区、校的考核，势必增加“绿色指标”测评的功利性，引发各类不利于准确收集信息的行为，造成改革的异化；另一方面，从“绿色指标”测评结果中发现和宣传一批“非择校热门”、综合教育质量过硬的“好学校”，发掘这些学校的好做法和经验，给这些学校更好的发展空间和机会，引导家长选择“全面质量”的家门口学校。

2. 加强评价、考试改革的协同配套

评价改革要与招生考试改革相匹配，不能成为“两张皮”，不能给学校增加过多的评价与考试负担，因此非常需要坚持课程、教学、评价一体化设计。一是评价和考试的命题都要基于课程标准，强调科学性。二是进

一步推动“绿色指标”与学生综合素质评价的一致性，通过学校基于课程标准的教学变革得以实现。三是推动“绿色指标”与中考改革的对接，强调考查学生的跨学科分析问题和解决问题的能力、自我选择和规划的能力。

3. 提升“绿色指标”评价的技术水平

任何评价都只能近似反映教育质量，通过技术变革努力使评价越来越清晰地反映不断更新的教育质量，这需要长期、不懈的探索。一是要借鉴国际大型教育测评的经验，不断提高命题的指向性和稳定性，使不同时期、不同区域的数据更具有可比性。二是要提升数据收集的便捷性和效率，探索和实践基于信息技术采集数据的途径，既提高数据收集的效率，又呈现提高学生思维能力的过程。三是要增强评价结果分析的时效性和针对性，运用现代教育分析技术手段，构建自动化、高集成的数据库分析系统，缩短报告生成的时间，同时从便于区、校分析改进的目的出发，优化和提升评价报告的结构和内容，并给区、校改进和校本研究提供有效的指导。

参考文献

[1] 徐淀芳，纪明泽，汪茂华，等.如何将绿色指标真正用于提升教育质量[J].人民教育，2016(8)：64-66.

[2] 尹后庆.评价改革：先行先试先获利——上海市“绿色指标”综合评价改革透视[N].中国教育报，2014-03-04(007).

[3] 辛涛.新课程背景下的学业评价：测量理论的价值[J].北京师范大学学报(社会科学版)，2006(1)：56-61.

[4] 付宜红.探索提高基础教育质量的科学途径——访“建立中小学生学业质量分析、反馈与指导系统”项目组[J].基础教育课程，2008(2)：4-6.

[5] 尹后庆.改革学业质量评价 推动基础教育转型[J].教育发展研究，2012(Z2)：7-10.

[6] 上海市教育委员会关于《上海市中小学生学业质量绿色指标(试行)》的实施意见(沪教委基〔2011〕86号)[EB/OL].2012-09-25[2020-04-28].http://www.zfz.fudan.edu.cn/69/61/c14932a92513/Page.htm.

[7] 徐淀芳，纪明泽，汪茂华，等.《上海市中小学生学业质量绿色指标》修订研究[J].上海课程教学研究，2019，41(1)：59-64+80.

[8] 上海市教育委员会关于公布上海市基础教育质量综合评价改革区县深化试点单位和以

校为本的教育质量保障体系建设试点单位的通知(沪教委基〔2015〕48 号)[EB/OL].2015-06-23[2020-04-28].http://www.shmbjy.org/item_detail.aspx? NewsID=5112.

作者简介

徐淀芳 上海市教委教研室原主任,正高级教师

纪明泽 上海市教委教研室党总支书记,正高级教师,教育学博士

汪茂华 上海市教委教研室综合教研员,教育学博士

刘中正 上海市教委基础教育处主任科员

邵 骁 上海市教委教研室综合教研员

赵雪晶 上海市教委教研室综合教研员,教育学博士

电子邮箱

aie_wmh@126.com

Chapter 15

以学为本的大学课程教学质量评价研究*

黄雨恒　周溪亭　史静寰

摘　要： 大学课程教学是影响学生成长和国家人才培养目标实现的核心教育活动。构建适应中国大学课程教学情境的质量评价框架，要以学生的实质性成长为质量标准，统一学以为己和家国天下的价值取向，构建教与学互动互生的主体关系，确立工具性、社会性、主体性递进统一的培养目标，营造基础性、挑战性和创新性兼具的教学过程。本研究根据中国高校的教育教学实际状况，借助马斯洛"互惠同构"的概念，构建起以学为本的大学课程教学质量评价框架。该框架强调学生学习与教师/学校发展、个体自我实现与社会进步、微观教学与宏观人才培养之间的互惠同构，关注学生学习发生的整个过程中，学生自身、教师引导、学校支持、国家需求的整体作用，为高校建立有效的校内教学质量监测和调控机制提供思路，保障国家教育目标的实现，促进每个学生的成长与发展。

关键词： 以学为本；大学课程教学；质量评价

一、问题的提出

课程教学是大学人才培养最核心的教育活动。最近几年，学界及社会对中国大学课程教学质量的讨论在 2018 年 6 月召开新时代全国高等学校本科教育工作会议之后掀起热潮。会上，陈宝生部长提出，当前大学教育中存在"学业挑战度"不足、"水课"泛滥的状况，要求大学"淘汰水课""打造金课"。[1]随后，教育部制定相关计划推动高校的课程教学改革，尤

* 本文系教育部哲学社会科学研究 2017 年度重大攻关项目"双一流建设背景下我国高校评价体系改革研究"（17JZD056）的研究成果。

其是 2019 年 4 月制定了“一流课程(金课)双万计划”,即在“六卓越一拔尖”计划 2.0 实施过程中,建设一万门国家级一流课程和一万门省级一流课程。清华大学、华南理工大学、四川大学等高校也纷纷发布学校层面的改革方案,提出鼓励教学创新,强化启发式教学,提高课程兴趣度、学业挑战度和师生互动性等改革目标。[2][3]在中国知网上,以“金课”“大学课程教学”为主题的文章发表量也呈连年上升之势,仅 2019 年,就有超过 1 500 篇相关论文发表。

由此可见,大学课程教学改革已经成为近年来从政策、实践到研究领域的热门话题。但在日渐丰富、数量可观的研究成果背后,大学课程教学改革的两个核心问题,仍然值得深入讨论,即:高质量大学课程教学(金课)的内涵要义是什么?如何构建科学有效的评价框架帮助院校提升教学质量?本研究将对这些问题进行文献梳理,并尝试在国内外已有大学课程教学改革理论的基础上,立足中国大学课程教学现实,构建符合中国高等教育情境的大学课程教学质量评价框架。

二、“以学生为中心”的大学课程教学理念及其反思

放眼全球,大学课程教学质量评价是近年来各国家和重要国际组织关注的政策要点之一。例如,澳大利亚于 2014 年颁布《大学教学规范与标准框架》(Australian University Teaching Criteria and Standards Framework),英国于 2016 年启动大学《卓越教学评估框架》(Excellence Framework),经济与合作发展组织(Organization for Economic Co-operation and Development,简称 OECD)于 2017 年发布《创新性学习环境框架》(Innovative Learning Environment Framework),都致力于通过更合理有效的评估提升大学课程教学质量。总体来看,尽管不同国家和国际组织制定的标准框架各有侧重点和特色,但都体现了“以学生为中心”的教学理念,强调课程教学需聚焦学习过程,关注学生整体发展。

1. “以学生为中心”教学理念的兴起

“以学生为中心”(或称“学习范式”“以学习为中心”等)是当代大学课程教学理论和实践领域最具影响力的教育理论之一。它的产生与认知心理学、建构主义心理学、脑科学、神经科学等学科的研究进展密切相关。1976年,联合国教育、科学及文化组织(United Nations Education, Scientific and Cultural Organization,简称联合国教科文组织)出版了《教与学:高等教育新方法和新视野导引》,指出高等教育扩张降低了大学课程教学质量,主要原因是没有重视学生的特点和要求,因此大学应“以学生为中心”开展教育教学改革。在此影响下,美国开展了“以学生为中心”的教育教学改革运动,进一步提升了该理念在研究和实践领域的影响力。1998年,联合国教科文组织将“高等教育显然需要转向‘以学生为中心’的新视角和新模式”写入《世界高等教育大会宣言》,更直接地推动了“以学生为中心”理念对全球各国高等教育教学改革的影响。

“以学生为中心”的教学理念也对我国高等教育教学改革产生了重要影响。在政策层面,2010年,《国家中长期教育改革和发展规划纲要(2010—2020年)》提出,学校教育“要以学生为主体,以教师为主导,充分发挥学生的主动性,把促进学生健康成长作为学校一切工作的出发点和落脚点”。2013年,“以学生为中心”成为本科教学审核评估的质量评价理念。2017年,陈宝生部长在全国教育工作会议上提出,“加快建立以学习者为中心的人才培养模式”。2018年,教育部发布《关于加快建设高水平本科教育全面提高人才培养能力的意见》(教高〔2018〕2号),要求大学“推动课堂教学革命,以学生发展为中心,不断提高课程教学质量”。近年来,以“学生中心”“学习范式”为主题的相关研究也不断涌现。

2. “以学生为中心”教学理念的主要观点

“以学生为中心”的教学理念认为,大学课程教学长期存在一种传统的“传授范式”,它的表现包括:教学主体关系失衡,学生学习主动性不足;教学方法以教师的单向讲授为主,忽视师生的双向互动;教学过程以教师的知识传授为主,忽视学生自我建构,等等。[4][5]这种“传授范式”(或称“以教师为中心”)使得教学改革流于形式,教学效果普遍不理想。[6]教师的讲授没有吸引和打动学生,师生之间缺乏互动、交流。[7]相应地,“传授范式”下的大学课程教学质量评价也主要从“教”的层面进行,如评价教师教学方法、课程组织、课程内容等,却很少反思学生的学习效果。[8]因此,有研究者将此“传授范式”称为“有教无学”,因为“学生尚未走进教学的中心,依然处于教学的边缘。教师的教与学生的学相互割裂”。[9]针对此现实问题,“以学生为中心”教学理念提出了相应的改革方案。

第一,确立学生的主体地位。“以学生为中心”的核心特征和要求是以学生发展为中心,以学生学习为中心,以学习效果为中心。[10][11]学生要成为大学课程教学的主体,[12][13]成为知识的发现者和建构者。[14]

第二,强调学习过程的建构性。学习是一种学生主动建构知识和意义的过程。课程教学应注重发挥教师的积极性和学生的主动性,使教学过程成为学生知识、能力和素质自我构建的过程。[15]教师应当转变为学生进行意义建构的帮助者和促进者。[16]师生关系如“大同学”和“小同学”,教师的主要任务是教会学生学习,同时自己也是合作学习者。[17]

第三,重视培养目标的高阶性。相较于注重知识传授的“教师中心”,“以学生为中心”的大学课程教学更加注重对学生综合素养的训练。英国学者拉斯特(Chris Rust)认为,从关注“教”到关注“学”的范式转移,应更加强调学生通识、可迁移技能的提升。[18]“学习范式”应面向不确定性知识,致力于提升学生探究性学习、创新性学习以及问题解决的能力,[19]促进学生高阶思维的发展[20]。

总之,“以学生为中心”理念旨在通过教师革新教学方法,促进学生与教师、同伴的积极互动,把学生看作是学习过程的主体,对自己的学习负责,着力培养学生的问题解决能力、批判性思维能力和反思能力。

3. “以学生为中心”教学理念之审问

“以学生为中心”理念对我国大学课程教学政策与实践产生了重大影响。它使注重人才培养的理念进一步落实到大学课程教学实践中,使人们重新重视学生主体的地位和作用。它对课程教学培养目标的反思,也使大学课程教学理论得以突破不同学科、专业、课堂的限制,展现对教育实践的指导价值。但在日渐丰富和成熟的研究成果背后,仍然有一些问题值得进一步思考。

(1)如何理解大学课程教学的“传授范式”

“以学生为中心”的教学理念全方位批判了“传授范式”的陈旧性。从认知发展和知识建构的角度,它认为教师的“一言堂”“独角戏”对大学课程教学产生了负面影响。但在中国几千年的教育源流中,“传授范式”一直是课程教学的主流形式,它对学生的学习发展是否毫无助益?这还需要回到大学课程教学的本土情境中考虑。

学生成长是多种复杂因素共同作用的结果。分析学生的学习发展,不仅要剖析人类学习行为的生理与心理机制问题,还要研究学生学习得以产生的文化环境与土壤,认识影响其学习行为的民族文化认知和心智价值传统。[21]对于“传授范式”的本土化理解,张华峰、吕林海等学者的研究给我们提供了启发。张华峰和史静寰对中国大学生学习主体性的研究发现,在加工知识过程中,中国学习者通常采用“学思结合”的认知策略,具体表现为虚心接收和无声思考策略。中国大学生学习与发展追踪研究(CCSS)对大学课堂的调查发现,接近80%的大学生能够认真听讲,接近70%的大学生能够通过笔记记录教师所讲的内容重点,70%的大学生会反思自己的观点,75%的学生能够换位思考理解他人观点。[22]吕林海对中国课堂沉默现象的研究发现,沉默和思维并不一定是对抗的两极,对于中国大学生而言,思维的参与才是评判学习最重要的标准,测量发现,相比于开朗的学生,中国大学生中“沉默的思维参与者”在学习兴趣、学习意义、深层学习、学习满意度中表现最好。[23]可见,在中国教育情境下,大学课程教学中的“传授范式”有其内在逻辑，“传授范式”不足以反映大学课程教学质量低下的本质。

（2）如何界定大学课程教学的价值取向

从古希腊苏格拉底“认识你自己”的箴言开始，强调人的自我生长就成为西方的教育思想传统之一，同样始于西方的“以学生为中心”教学理念，也主要彰显了大学课程教学的个体价值。[24]但推崇学生个体价值的思想，与西方高等教育的市场化有着千丝万缕的关系，如英国于2011年发布高等教育白皮书《高等教育：以学生为中心》（Higher Education: Students at the Heart of the System），虽然将“以学生为中心”的概念第一次写入政府政策文本中，但其目的是建立更加透明的高等教育市场化体系，维护学生作为高等教育消费者的合法权益。国内早期的一些研究文献也将高校与学生的关系比喻为“教育服务者”和“教育消费者”，强调学校作为“卖方”应关注学生获取知识、选择专业等方面的权利。[25]“消费—服务”的观点虽然在国际高等教育领域具有一定影响，但它绝不应是我国大学课程教学的价值取向。从市场逻辑回归教育本质，大学课程教学应同时具有个体价值和社会价值。而目前来看，学校作为教学环境塑造、资源提供的载体，国家需求作为大学课程教学人才培养的宏观目标，社会发展水平作为大学课程教学的时代背景，并没有进入“以学生为中心”教学理念的价值视野。

（3）如何遵循大学生成长的阶段性特征

中西方心理和教育理论均已证明，20岁左右是人生发展的关键阶段，处于这一阶段的青年人具有自身成长的独特性。根据心理学家埃里克森（Erik Homburger Erikson）的研究，这一阶段的年轻人在前期面临着自我同一性和角色混乱的冲突，后期则面临着“亲密对孤独”的冲突，意味着青年人的发展任务既包括塑造和形成对自我的认识，也包括建立自我与他人及社会的关系。我国教育学者谢维和对“年轻性”特征曾有过如下归纳：青年人具有内在的不确定性和幼稚性；尽管他们有时占有较多信息，但尚未形成自己完备的认知结构；对知识技术和社会角色要求的掌握上，他们是不成熟的，常有浓厚的感性取向。[26]中国大学生学习与发展追踪研究（CCSS）2018年的全国调查数据显示，有25%左右的大学生表示“不知道大学里学的东西有什么用”，30%左右的大学生表示对所学课程内容感兴趣的程度为“弱”或者“很弱”，这表明在大学课程教学中，学生学习意义的建构仍然存在问题，学校和教师的引导至关重要。大学作为大部分青年人走向社会的桥梁，必须正视大学生这种“未成熟”“混乱性”特点，扮演好教育者和引导者的角色。

2016年第32个教师节前夕，习近平总书记在北京市八一学校考察时，就用了四个“引路人”的说法强调教师在学生成长发展中的重要作用。教师仅仅作为“帮助者”的角色，不足以发挥大学课程教学促进学生知识、技能、价值观发展的功能。“以学生为中心”的教学理念对学生主体地位的强调、对师生关系的理解，在一定程度上可能高估了大学生作为“年轻人”把握课程教学与自身学习发展的能力。“学生积极参与教学过程，掌控自己的学习，制定自己的学习路径，每个学生都是自我发展的设计者”[27]的愿望，对于仍处于成长过程的大学生来说，如果缺失了在场教育者的引导，是难以实现的。

三、“以学为本”：在中国情境下评价大学课程教学质量的思考

在心理学和脑科学的理论推动下，“以学生为中心”的教学理念通过批判传统教学范式提升了大学课程教学的理论水平，但也在一定程度上弱化了文化和社会对教学过程的影响，以“学生”涵盖大学课程教学的全部命题也显得较为狭隘。而相比之下，中国传统文化中的“学”有着更丰富的内涵和外延，“学”既是学生、学习、学问，也是学校、学风、学术。构建中国情境下的大学课程教学质量评价框架，必须从传统与现实、宏观与微观、目标与基础等多个视角展开讨论。本文尝试使用“以学为本”替代“以

学生为中心”的说法，进一步讨论在中国情境下评价大学课程教学质量的应有之义和应然之法。

1. 质量标准：学生的实质性成长

中国大学课程教学的本质问题是什么？这是构建质量评价框架的现实基础。从陈宝生部长的发言中可见，“水课”现象是目前我国大学课程教学最严重的质量问题之一。但已有研究对“水课”特征的描述主要定位于“教”的层面，如：内容“水”和要求“水”，学习轻松、知识科普，考试容易且分数高；[28]教师能力、教学内容、教学方法和教学考核都“水”；[29]授课内容空洞，授课材料不科学，缺乏师德，缺乏责任感，教学投入不足，授课水平低，考核设置不当，考核态度不严谨[30]等。

但仅仅将“水课”的特征和根源归结为教师的“教”，仍然无法抓住大学课程教学质量问题的核心。据权威媒体报道，近日多所大学校园内出现“租人上课”的现象，一些高校的期末考试出现“要求看图写任课教师名字，答错扣 41 分”的题目。在课堂教学中，研究者也常常发现，即使教师能够认真备课，流畅讲解课程内容，仍然有部分学生游离在课程教学之外。可见，大学课程教学质量问题的表现和产生原因都是系统性的，它不仅仅与教师的“教”相关，还与学生的学习投入、专业的培养水平、学校的资源提供等密切相关。“水课”的本质在于师生、生生之间在课程教学过程中缺乏投入和互动，知识探讨过于简单，学生的理性思考训练不足，学生获得感低下。

因此，“以学为本”的大学课程教学质量评价要超越学生—教师主体二元对立的论辩，不仅解决大学课程教学过程中确实存在的一种由教师“唱独角戏”的极端现象，更关键的是解决课程教学没有使学生产生实质性学习和成长的问题，而回归大学课程教学的教育本质。真正的学习是要达到和实现人的内在素质与能力的持久的或永久的变化。[31]教与学的存在形式是多样的，大学课程教学质量评价不应单纯强调某一方的投入和改变，而应强调课程教学各主体、资源环境之间的互动是否处于合适和最佳的状态，而其最终的判断标准就是是否实现了“真正的学习和成长”。

2. 价值取向：学以为己与家国天下的统一

与西方主要彰显个体价值的教学理念不同，中国的教育始终注重个体价值与社会价值的统一。两千多年前，《礼记·大学》巧妙地用首尾相扣的两句话来论述"平天下"与"格物致知"的关系，从此，中国读书人的学习就通过"修身、齐家、治国、平天下"的进阶过程与国家社会的命运紧密联系在一起。在中国教育传统中，学生不仅要学习人生，还要学如何抚慰苍生，造就苍生，学为苍生谋。[32]即使在历史上也存在过"教化为学"与"适性为学"的不同观点，但总体来看，在中国传统教育理念中，个人的修行具有内在的公共性，其本身也就是国家和社会的目的。[33]学习不仅是"格物致知"，了解事物的道理，更是一种身心的成长。

作为"以学生为中心"思想的理论基础，认知心理学和建构主义心理学将学习视为个体主动建构和统合自我经验与外部经验的过程；脑科学则将学习看作大脑对应区域的训练。但信息的统合、大脑的发达程度并不等于成长。成长需要解决个体的潜能、个体与他人和社会的关系，是塑造自我同一性和社会化的过程。除了认知学习，大学课程教学的另一重功能在于，它是连接个体成长与社会需求的中介过程，是国家和社会人才培养目标、理念、方法等上层架构在微观层面的体现。因此，"以学为本"的大学课程教学同时具有个体性和社会性的双重价值，大学课程教学的根本任务就是"立足于学生作为独立个体和社会成员的成长和发展需求上"，[34]使学生学会学习与塑造自我，从自我与外部环境的互动中汲取知识、方法和价值观，并且服务国家的人才培养，训练学生的思维与技能，使其为社会的变化和国家的发展作好准备。

3. 主体关系：教与学互动互生的统一

"教学相长"是中国传统教育经典对教学关系最高度的概括。《礼记·学记》云："学然后知不足，教然后知困。知不足，然后能自反也；知困，然后能自强也。故曰：教学相长也。"教与学的双边关系始终是在从平衡到不平衡再到平衡的动态关系中发展。从教与学双方的角色和任务中,可以进一步理解"教学相长"的内涵。《四书集注》写道:"学之为言,效也。"学习是一种"自觉不如而仿效"。梅贻琦说:"学校犹水也,师生犹鱼也,其行动犹游泳也,大鱼前导,小鱼尾随,是从游也。"在仿效过程中,教学中的"师"要起到示范和引领的作用;"生"的任务是跟随与模仿,教学效果是在师生互动中潜移默化形成的。但学生的成长绝不仅限于教师的高度,学习的目标是达到青出于蓝而胜于蓝的境界。这就对教与学双方的任务提出了更高的要求,教师和学生都应全身心投入教学过程,使教学成为互动、互生的关系。好的教师是在"学而不厌,诲人不倦"(《论语·述而》)的不断进步中获得教学双方的共同升华;好的学生要"博学、审问、慎思、明辨、笃行",达到"闻一以知十"的水平;最好的师生关系则是"得从弟子者其道行,得畏弟子者其道光",学生能够反驳,才能使学问、学术思想发扬光大。[35]

教育学家陶行知认为,"教学合一"有三个理由:通过教学生学,达到学生自动学习的状态;教的法要根据学的法;教师不仅要联络教与学的法,还要和自己的学问联系起来。[36]"以学为本"的大学课程教学需构建教与学互动互生的主体关系,使教师与学生、教的行为与学的行为、教的方法与学的方法、教的价值观与学的价值观有机统一起来。非求最先进的教学,而求对每个学生的成长最合适、最有价值的教学。

4. 培养目标: 工具性、社会性与主体性的递进

大学课程教学作为国家人才培养的核心阵地,其培养目标的适切性至关重要。近年来,在知识爆炸、人工智能快速崛起的背景下,以创新精神、好奇心、想象力、问题解决能力、整合与批判思维等为代表的高阶能力受到高等教育学界的普遍认同,也是"以学生为中心"教学理念的特征之一。我国"双一流"建设过程中,"拔尖创新"也成为研究文献和各高校政策文本的关键词,如南京大学提出要"培养理想信念坚定、创新能力强、具有国际视野的引领社会未来的顶尖人才",哈尔滨工业大学提出要"着力

培养信念执着、品德优良、知识丰富、本领过硬、具有国际视野的拔尖创新人才”。高阶能力是现代社会人才素质的重要组成部分，但大学课程教学仍需在此之外考虑其他的培养目标。

一是在我国多样性、多层次的产业结构下，大学课程教学还需培养高阶能力之外的基础性、专业性技能。2012 年，联合国教科文组织发布《青年人与技能：拉近教育与就业的距离》报告指出，听、说、读、写、算等技能是人必须掌握的基本技能。[37] 2017 年，经济合作与发展组织发布报告《对创新和技能进行投资》(Investing in Innovation and Skills)，通过对 31 个国家和地区的 18 个制造业和服务业的深入调研发现，以读写能力、计算能力、解决问题能力为核心的认知技能最能提升劳动者的生产率。[38]

二是在中国的教育情境下，大学课程教学更需要培养学生的“德行”。党的十八大报告把立德树人作为教育的根本任务。中国传统教育思想十分强调学习的德育功能，“大学之道，在明明德”(《礼记・大学》)，学生应达到“修己以安人”“修己以安百姓”(《论语・宪问》)的成就。道德培养在外与教育的社会功能连接，有助于培养符合社会主义建设发展需要的人才；在内则与学生学习的志向相关，有助于培养学生坚韧不拔的学习精神，促进智育的成效。著名军事家、思想家诸葛亮在《诫子书》中说：“非学无以成才，非志无以成学。”志向与学习之间有着不可分割的关系，要想“成学”，缺乏志向是不可能的。这就是立德树人的内在逻辑关系。[39]

目前，我国正面临深刻的科技革命和产业变革，同时也正处于社会主义现代化建设、民族复兴的关键阶段，大学课程教学不仅要训练学生的创新、思辨等高阶能力，也要注重训练学生基本的劳动技能，培养学生的道德修养、学习志向。因此，“以学为本”的大学课程教学应构建工具性、社会性和主体性递进统一的培养目标，完成立德树人的根本任务。

5. 教学过程：基础性、挑战性和创新性的连接

“以学为本”的大学课程教学在教学过程上需体现基础性、挑战性和创新性特征。

从整个高等教育系统看，本科教育是大学教育的基础；从现代高等教育的功能看，本科教育发挥了基础作用。[40]大学课程教学的基础性体现在两个维度：一是培养学生进入劳动力市场所需的基本知识、基础技能、专业素养，培养其终身学习的能力，为变化的社会、变动的职业作好准备；二是为学生继续从事科学研究打牢基础，训练学生从事科学研究的基本方法，培育学生的专业学习兴趣。

基础性面向所有学生，挑战性则针对每个学生个体。因材施教是我国流传千年的教学原则，同样的教学内容对每个学生的适用性是不一样的，在好的教学下，每个学生得到的启发引导都在其最近发展区之内。2008 年，清华大学开始试行挑战性学习教学模式，围绕现实挑战性问题进行课程设计，师生在课内外高强度投入，实现知识的集成和综合应用，并采用小班授课，突出对创新能力、勇气和挑战精神的培养。[41]2017 年，OECD 在《创新性学习环境手册》中提出“积极挑战学习难度原则”，课程设计既为全体学习者设置要求和挑战，又不会造成过度负担。这说明挑战性已经成为大学课程教学质量的共识，是我国大学建设“金课”的关键特征。[42]

创新性是当代大学课程教学顺应时代变化、关注学生成长的重要特征。英国顶尖大学帝国理工学院（Imperial College London）于 2015 年发布《2015—2020 年战略规划》，提出深化科研与教学改革，为学生提供以研究为导向的，具有包容性和创新性的学习环境；2017 年，又发布第五个《帝国理工学院学习和教学战略》，要求学校以协作与创新精神变革教与学方式，通过创设多元学习结构，拓展学习空间，提供丰富学习资源等方式，为教师教学与学习创新提供结构性支持。[43]创新性既体现为教学过程对学生创新精神的培养，也体现为教学内容、教学资源的创新。这是“以学为本”课程教学促进学生成长、实现人才培养目标的关键一环。

四、构建“以学为本”的大学课程教学质量评价框架

综合上述分析可知，在中国教育情境下，“以学为本”的大学课程教学

质量评价应始终关注学生与教师/学校、个体与社会国家、微观教学与宏观人才培养目标之间的系统性连接，因为这一连接的运行状态，决定了大学课程教学能否发挥最大功用。大学课程教学的本质是培养人的教育活动，是学生个体成长、融入社会并在服务社会过程中实现自我价值的过程。人本主义心理学家马斯洛（Abraham H. Maslow）1969 年曾提出，成长中的人与外部世界之间存在不断相互塑造、彼此互升互降的动态关系，称之为“互惠同构”（reciprocity isomorphism）。本研究认为，大学课程教学质量评价各要素的连接状态可借助“互惠同构”的概念加以描述。结合上文有关“以学为本”的大学课程教学质量标准、价值取向、主体关系、培养目标、教学过程的讨论，本文构建起“以学为本”的大学课程教学质量评价框架（见图 1）。

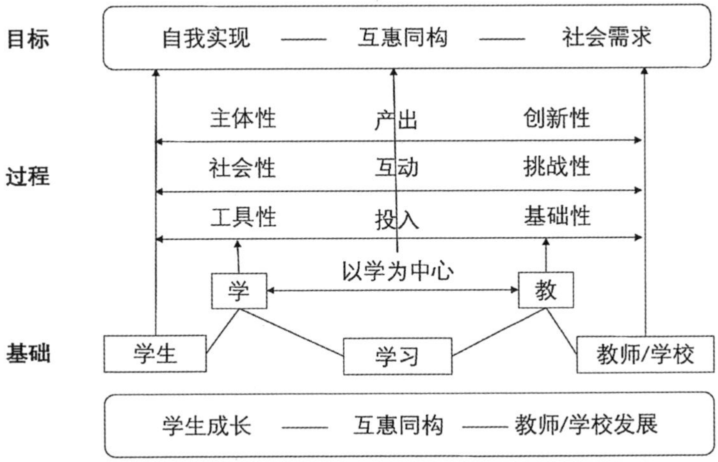

图 1 “以学为本”大学课程教学质量评价框架

如图 1 框架显示，高质量的大学课程教学是基础、过程和目标的系统建构。大学课程教学的质量基础是学生与教师/学校的“互惠同构”，大学课程教学必须立足于学生已有的学习基础、学习风格，学校的资源环境支持、特色发展，教师的教学基础、专业发展，而且最大化地考虑这些基础，或将其引入课程教学中。大学课程教学的质量过程依赖“教”与“学”双方的“互惠同构”，以学习的实质性发生为依据，教师和学生双方在良性互动中，通过打造兼具基础性、挑战性和创新性水平的教学过程，使学生获得涵盖工具性、社会性和主体性的多维度发展。大学课程教学的质量目标体现在学生自我现实与国家社会人才需求的“互惠同构”中，即学校作为时代背景和国家需求转化者，教师作为学生学习成长引导者，帮助学生接受、内化、创造知识与技能、情感与价值，将个人发展与国家社会需求相结合。在高质量的大学课程教学中，不同主体以最佳状态投入，同时从主体的互动中获得自身的成长，学生实现个人发展，学校实现人才培养目标，教师实现个人价值和专业发展。

大学课程教学质量评价的根本任务，就是通过可监测的指标保障大学课程教学个体价值（学生学习发展）和社会价值（国家与社会人才培养需求）的实现。具体而言，必须解决我国大学课程教学的现实问题，把握时代特征，围绕国家需求，提升大学课程教学双方（学生、教师／学校）的投入度，改善教学活动各主体之间（师生、生生）的互动质量，激发教学双方的活力，打造“以学为本”的教学目标和教学过程。

五、 结论与讨论

“学不可以已”（《荀子・劝学》）。教学活动是推动个体发展和社会进步最微观的也是必不可少的环节。在不同的时代和国家，面对不同的学习者，大学课程教学有其实然与应然的内在逻辑。构建中国大学课程教学质量评价的分析框架，必须把教育理论的普适性和教育情境的特殊性统一起来。本研究梳理了目前国内外大学课程教学改革领域影响较大的“以学生为中心”教学理念的脉络，对其主要观点进行了深入反思，讨论了在中国教育情境下评价大学课程教学质量的主要内容，借助马斯洛“互惠同构”的概念，最终构建起“以学为本”的大学课程教学质量评价框架。“以学为本”并不是简单的“以学生为中心”，而是强调学生学习与教师／学校发展、个体自我实现与社会进步、微观教学与宏观人才培养之间的互惠同构，关注学生学习发生的整个过程中，学生自身、教师引导、学校支持、国家需求的整体作用。

2018 年 8 月，教育部发布的《关于狠抓新时代全国高等学校本科教育工作会议精神落实的通知》(教高函〔2018〕8 号)指出，为加强大学教学质量评价制度建设，“各高校要完善自我评估制度，加快建立自律、自查、自纠的教学质量评价体系”。“以学为本”的大学课程教学质量评价框架可能并不适用于某一门具体课程或某一次教学过程，但它提供了一种整合性视角，使大学课程教学不仅关注学生学习成长，也关注教师/学校发展，兼顾社会国家需求，使大学能够审视课程教学在人才培养工作中的有效性，为高校建立有效的校内教学质量监测和调控机制提供思路，保障国家教育目标的实现，促进每个学生的成长与发展。

参考文献

[1] 陈宝生.在新时代全国高等学校本科教育工作会议上的讲话[J].中国高等教育，2018(Z3)：4－10.

[2] 清华大学.清华大学关于深化创新创业教育改革的实施方案[EB/OL].2016－04－13[2019－09－02]. http://www.moe.gov.cn/s78/A08/gjs_left/s3854/cxcyjy_ssfa/201604/t20160413_238103.html.

[3] 华南理工大学.华南理工大学多措并举深化本科教育教学改革[EB/OL].2019－02－13[2019－09－02]. http://www.moe.gov.cn/jyb_xwfb/s6192/s133/s207/201902/t20190213_369176.html.

[4][10] 赵炬明.论新三中心：概念与历史——美国SC本科教学改革研究之一[J].高等工程教育研究，2016(3)：35－56.

[5] 王严淞.凝聚共识·交流理念·分享实践——“一流大学本科教学高峰论坛”综述[J].中国高教研究，2016(7)：14－20.

[6] 吴凡.我国研究型大学本科教学质量评估——基于学生视角的第三方评估[J].高教探索，2016(4)：73－77.

[7] 刘献君.论“以学生为中心”[J].高等教育研究，2012，33(8)：1－6.

[8][20] 刘海燕.向“学习范式”转型：本科教育的整体性变革[J].高等教育研究，2017，38(1)：48－54.

[9] 叶信治.从美国大学教学特点看我国大学教学盲点[J].高等教育研究，2011，32(11)：68－75.

[11] 洪艺敏.构建“以学生为中心”的本科教学质量标准[J].中国大学教学，2017(10)：88－91.

[12] 刘小强，蒋喜锋.学生学习视野中的高校教学质量建设研究[J].教育研究，2012，33(7)：

77－81.

[13] 贺武华.以学为中心的高校“教”与“学”质量评价体系改进[J].江苏高教，2019(3)：21－25.

[14][27] 洪艺敏.“以学生为中心”的本科教学质量“四维”评价[J].大学教育科学，2019(2)：14－15＋122.

[15][40] 别敦荣.一流大学本科教学的性质、特征及建设路径[J].中国高教研究，2016(8)：7－12.

[16] 周芬芬.课堂教学改革推动高校人才培养模式改革——基于“以学习为中心”课改理念的思考[J].华中师范大学学报(人文社会科学版)，2017，56(4)：169－176.

[17] 韩立福.学本课堂：概念、理念、内涵和特征[J].教育研究，2015，36(10)：105－110＋135.

[18] Rust，C. The Impact of Assessment on Student Learning：How Can the Research Literature Practically Help to Inform the Development of Departmental Assessment Strategies and Learner-centred Assessment Practices? [J]. Active Learning in Higher Education，2002，3(2)：145－158.

[19][24] 吴立保.论本科教育从“教学范式”向“学习范式”的整体性变革——以知识范式转换为视角[J].中国高教研究，2019(6)：65－71.

[21] 史静寰.探索中国大学生学习的秘密[J].中国高教研究，2018(12)：21－22＋38.

[22] 张华峰，史静寰.走出“中国学习者悖论”——中国大学生主体性学习解释框架的构建[J].中国高教研究，2018(12)：31－38.

[23] 吕林海.中国大学生的课堂沉默及其演生机制——审思“犹豫说话者”的长成与适应[J].中国高教研究，2018(12)：23－30.

[25] 张韵君.“以学生为本”的课堂教学质量评估体系初探[J].高教发展与评估，2006(3)：51－55.

[26] 谢维和.论“年轻的正式人”——一个对当代青年的解释性设定[J].社会学研究，1993(1)：81－89.

[28] 陆国栋.如何打造真正的大学课程[J].中国大学教学，2016(2)：10－13.

[29] 王琦.高校“水课”评价论析[J].江苏高教，2019(5)：67－74.

[30] 刘进，林松月.什么是大学“水课”：概念范畴、关键特征与治理方向[J].黑龙江高教研究，2019(9)：7－14.

[31] 引用自谢维和教授2018年“论在线教育的学习基础”讲座发言。

[32] 许仁图.子曰论语[M].上海：上海三联书店，2014.

[33][39] 谢维和.非志无以成学——立德树人的逻辑与实践研究之三[J].人民教育，2017(9)：42－44.

[34] 史静寰，叶之红，胡建华，等.走向2030：中国高等教育现代化建设之路[J].中国高教研究，2017(5)：1－14.

[35] 施克灿.传统教师观的历史沿变及意义[J].教师发展研究，2018，2(2)：88－92.

[36] 董宝良.陶行知教育论著选[M].北京：人民教育出版社，2015：32－34.

[37] 联合国教科文组织.青年与技能：拉进教育和就业的距离[OB/OL].2012－10[2020－01－15]. https：//zh.unesco.org/gem-report/node/421.

[38] 中国科协创新战略研究院. OECD：对创新和技能进行投资[OB/OL]. 2017－12－11[2020－01－15]. https：//www.cnais.org.cn/uploads/soft/180814/3－1PQ4110618.pdf.

[41] 史静寰.以“学”为本的高教质量评价与改进：从教师做起[J].无锡职业技术学院学报，

2012,11(6):1－5.

[42] 新华网. 教育部高教司司长吴岩:中国“金课”要具备高阶性、创新性与挑战度[OB/OL]. 2018－11－24[2020－01－15]. http://www.moe.gov.cn/s78/A08/moe_745/201811/t20181129_361868.html.

[43] 刘奕涛,彭旭.教学创新提升一流学习质量——《帝国理工学院学习和教学战略》述评[J].世界教育信息,2018,31(18):43－49.

作者简介

黄雨恒 清华大学教育研究院博士后

周溪亭 清华大学教育研究院硕士研究生

史静寰 清华大学教育研究院长聘教授

电子邮箱

huangyuheng@mail.tsinghua.edu.cn

Chapter 16

高校综合评价录取方式的公平问题研究

——基于 2015—2019 年两所高校招生录取结果的分析*

庞 颖

摘 要: 高校综合评价录取是中国特色现代教育考试招生制度的重要方式,自2014年高考综合改革启动以来,逐渐走向制度化与普及化。作为大规模高利害的高校考试招生的一部分,高校综合评价录取的目的是提升效率,但公平问题也不容小觑。本研究以面向31个省(区、市)招生的“双一流”建设大学综合评价录取结果为对象,通过构建多方面的入学机会指标指数,借用线性分析、基尼系数等研究工具,剖析高校综合评价录取结果公平问题的现状与趋势,并在此基础上对其改革与完善提出政策建议。

关键词: 高校综合评价录取;公平;现状;趋势;政策建议

一、 问题的提出

高校综合评价录取,即采用多种评价方式,依据多种评价要素,对学生的知识、技能、能力等智力素质和思想品德、意志毅力、兴趣特长、协作精神、社会实践能力等非智力心理素质以及身体健康状况、体能素质等综合素质进行全面而有个性的评价、选拔。[1]作为一种特殊类型的招生录取方式,其在国家政策的推动下,以高等教育为主导、基础教育为支持,发挥着招生育人的功能。高校综合评价录取于2007年以中南大学为试点拉

---

* 本文系教育部哲学社会科学研究重大课题攻关项目“高考综合改革试点完善措施研究”(编号:18JZD052)、厦门大学研究生田野调查基金“中国高校招生主体地位研究——基于改革试点的调查”(编号:2019GF015)的阶段性研究成果。

开帷幕，随后，在普通高中新课程省份[教育部发布《关于普通高中新课程省份深化高校招生考试改革的指导意见》(教学〔2008〕4 号)]、试点院校(2012 年教育部发布《关于推进试点学院改革的指导意见》)、长三角地区[教育部发布《关于进一步推进长江三角洲地区教育改革与合作发展的指导意见》(教发〔2014〕7 号)]等实验推广。评价体系包括高考、高校考核、高中学业水平考试和综合素质评价[教育部发布《关于全面提高高等教育质量的若干意见》(教高〔2012〕4 号)]。高校综合评价录取是自 1952 年统一高考建制以来的一项颠覆性变革，其价值理念在于以“自由竞争”取代“计划定额”，以“多元指标”取代“统一考试”，以“综合素养”取代“理论知识”，以对“人”的测评取代对“分数”的测评，以“实质公平”取代“形式公平”。从理论层面，高校综合评价录取通过多元指标体系的构建，推进相关主管部门(国家级、省级考试招生单位等)、高校、高中三方合作，促进了高校选拔人才与高中素质教育的结合，强化了高校考试招生制度的教育属性。同时，这也有助于加强高校的招生自主权，提升高等教育质量。因此，综合评价与分类考试、多元录取被共同写入《国家中长期教育改革和发展规划纲要(2010—2020 年)》，成为我国高校考试招生制度改革的指导性方针。

2014 年，国务院发布《关于深化考试招生制度改革的实施意见》(国发〔2014〕35 号，以下简称《实施意见》)，拉开了新一轮高考改革的序幕，也明确指出到 2020 年基本建立中国特色现代教育考试招生制度，综合评价为考试招生制度改革的重要目标。2014 年以来，上海、浙江、海南、山东、北京等地的高考综合改革方案中，均提出在部分高校试点将综合评价录取纳入高校考试招生制度。北京大学、清华大学、上海交通大学等顶级学府，北京外国语大学等专业型院校也逐年扩大综合评价录取的招生比例。南方科技大学、上海科技大学、上海纽约大学、昆山杜克大学等院校则从招生伊始，便选用综合评价录取方式。已有研究表明，尽管存在专业和年度差异，高考成绩全面落后的综合评价录取学生却在专业认同、平均学分绩点、党组织与学生组织参与、获奖、竞赛、荣誉等方面整体优于参照群体，[2]这在一定意义上提升了招考效率，强化了教育功能，符合我国高考改革的价值取向。但是,综合评价录取中"高考成绩占比原则上不低于总成绩的60%"却备受质疑。40%的入学考试成绩由高校考核、高中学业水平考试和综合素质评价结果决定,其实践逻辑是对考试至公、人情社会的挑战,可能影响生源的性别比例,拉大生源的省际差距、城乡差异,最终造成因高级专门人才的结构性失衡而削弱招考的公平与社会功能,影响社会对综合评价录取方式的认同。"不患寡而患不均"的社会文化,导致每一次考试招生制度的改革都不得不考虑多方利益,人口大国"万般皆下品,唯有读书高"的传统信仰赋予高校考试招生社会责任。维护公平是中国高考的最大特征,调整公平与效率的平衡点也是中国高考改革的永恒难题。因此,本研究基于社会对高校综合评价录取"结果公平的质疑"以及"公平问题会愈演愈烈的预判"开展研究,通过澄清现实、客观分析、科学判断,为包括高校综合评价录取在内的高考综合改革提供政策建议。

二、 研究综述

已有研究对高校综合评价录取公平问题的关注较少,结合高校综合评价录取研究、高考公平研究,可将相关研究分为两方面。第一方面是对高校考试招生制度改革中公平问题的探讨,以思辨性研究为主;第二方面是对考试招生公平指标的建构、测评,常依托定量研究。

第一方面的研究,重在探讨公平在高校考试招生制度改革、高考综合改革、高校综合评价录取中的价值与实践。首先,对公平在高考改革中的价值导向、本质定位、基础作用作出基本判断。高考制度的改革应兼顾对国家有利和让人民满意的原则,既讲求选才效率,又守望招考公平。[3]高考改革必须首重公平,相对公平应成为现实追求。[4]各利益相关者对高考招生制度的科学性与公平性提出的变革需求,是高考改革的动力机制。[5]其次,论证高考综合改革追求公平的必然性。新一轮考试招生制度改革应把促进公平公正作为改革的基本价值取向。[6]新高考必须回应评价体系中公平与科学的矛盾。[7]高考综合评价必须兼顾公平性与卓越性。[8]最后，揭示高校综合评价录取方式的公平问题。综合评价录取的困境包括面试环节遭遇人情质疑，城乡学生录取比例明显失调等，[9]城镇生源更容易脱颖而出[10]。由此可见，在高考改革中，守望公平是基本原则，相对公平是现实追求，而科学与公平的互动是改革的动力之一。高考综合评价录取在高考改革中承担着解决公平与科学、公平与卓越之矛盾的重任。但高考改革的公平原则决定了高考综合评价录取中出现的公平问题若得不到重视，将成为压倒这一具有突出意义的改革的“最后一根稻草”。

第二方面的研究是借助可测指标、研究工具等，测查我国现行高考制度的公平问题。通过描述性统计，构建观测指标，以表征目标群体入学机会的大小。比如，招生指标指数、入学机会指标、考生能力指标；[11]适龄人口录取率、高考报名录取率、招生外溢水平；[12]每万人录取机会、优质高等教育入学机会分布的区域差异、普通高校入学机会公平状况的相对指数。[13]通过计量分析方法，借助研究工具，以直观的形式澄清高考中的公平问题。比如，帕累托效率，[14]使用洛伦兹曲线、[15]基尼系数。[16][17][18][19]通过上述量化方法发现，高考公平的问题集中体现在区域、省域录取机会的差距。现有各“985”高校招生计划指标地区分配不合理，揭示了最优质高校招生不公平的现状；[20]“211”高校均存在属地招生偏好，影响了高等教育入学机会公平；[21]我国各地区的入学机会在2007—2015年均呈现逐年上升的趋势，地区间差异逐渐缩小；东部地区入学机会高于中西部地区；区域内部各省之间的地区差异则有所不同。[22]将招生录取情况转化为可测指标，并依托适切的研究工具，可澄清高校考试招生的结果，该结果也可应用于招考公平问题的研究。

总体而言，已有研究对高校综合评价录取公平问题的关注以思辨为主，多为学者基于考试大国的文化因素、高考改革的历史经验作出的预判，高校综合评价录取的结果在全国范围内公平与否，尚未得到验证。相关研究对高考录取公平问题的关注以区域、省域公平为主，尚未涉及性别公平，较少涉及地域公平；已有研究多是对高考录取公平的相关因素分析，较少有对公平问题发展趋势的实证分析。为弥补已有研究的不足，本研究关注高校综合评价录取中的性别公平、区域公平、地域(城市级别、市/县)公平,以发现问题、回应问责和优化改革。

三、 研究设计

1. 研究对象

高校综合评价录取从先行试验向大规模推进至今已有 5 年,虽然参与高校的数量逐年递增,但面向 31 个省(区、市)招生的综合性高校仅有 2 所。本研究以上述 2 所高校 2015—2019 年获得综合评价录取资格的考生名单(共计 15 418 条数据)为研究对象,建构相关测量指标,探究高校综合评价录取结果的公平问题。

2. 研究工具

研究通过建构入学机会指标指数,引入线性预测、基尼系数,探究高校综合评价录取结果的性别公平、区域公平、省域公平、地域公平的现状及发展趋势。

(1) 入学机会指标指数

入学机会指标指数是指特定群体在考生群体中获得高校综合评价录取资格的机会,该指标可以较好地反映同一分类标准下各群体入学机会的差异。假设入学机会指标指数为 I,则:

$$I=\frac{10a}{m}$$

式中,a 是特定群体获得高校综合评价录取资格的人数,m 是获得高校综合评价录取资格的总人数。又可因分类指标不同,分为性别指标指数、区域指标指数、省域指标指数、城市级别指标指数、市/县指标指数。

(2) 线性预测

线性预测(linear prediction)是根据随机信号过去的 p 个已知抽样

值,依托线性方程,预测现时样值的估计值的方法。高校综合评价录取结果中入学机会指标因年份而异,构成了时间序列。但高校录取结果是一个复杂性因素的协同结果,且综合评价录取实施年份较少,拟合线难以用计量方法确定。故本研究选用基础线性预测公式:

$$\hat{S}_n = \sum_{k=1}^{P} A_{n-k} S_{n-k}$$

式中,p 为预测阶数,A_{n-k} 为预测系数,置信值为 95%。本预测以说明走势、阐释相对意义为主,而非计量学上的绝对意义。

(3) 基尼系数

基尼系数(Gini coefficient)通过测量收入分配差异,验证公平性问题。近年来,越来越多的研究者将其引入高校招生考试的相关研究中,通过测算招生名额在不同省份之间的分布,判定目标院校招生的基尼系数。本研究引用乔天一等[16]关于基尼系数的推导,公式为:

$$G = \sum_{i=1}^{n-1} X_i Y_{i+1} - \sum_{i=1}^{n-1} X_{i+1} Y_i$$

3. 数据来源

研究的数据来源为政府门户网站、统计资料等官方渠道,具有较高的可信度,如阳光高考信息平台、相关学校的招生简章、《中国统计年鉴2017》《中华人民共和国行政区划简册》、各省的年度统计公报等。

四、 结果分析

1. 现状分析

(1) 高校综合评价录取整体偏向男性考生,入学机会的男、女指标指数在不同省份差异较大

入学机会性别指标指数在理论上越接近 5,说明越公平,研究对象高

校男女比例折合值约为 5.54∶4.46[①]。如表 1 所示，2015—2019 年高校综合评价录取结果中，男生入学机会指数为 6.77，女生入学机会指数为 3.23。在获得录取资格的 15 418 名考生中，有 10 441 名男生、4 977 名女生。男女入学机会指数与在校生性别比例有一定的差距，相对于普通类招考而言，高校综合评价录取偏向男性考生。再对不同省（区、市）情况分析，女性入学机会指数最大值为 5.00，最小值为 2.16，省际差异悬殊。与在校生性别比例最为接近，即更趋近于性别比例平衡的，为获得录取资格数量

表 1　2015—2019 年高校综合评价录取男/女生入学机会指标指数

省（区、市）	男生指数	女生指数	省（区、市）	男生指数	女生指数	省（区、市）	男生指数	女生指数
西藏	5.00	5.00	四川	6.63	3.37	贵州	7.23	2.77
青海	5.79	4.21	湖南	6.66	3.34	黑龙江	7.27	2.73
北京	5.93	4.07	陕西	6.71	3.29	辽宁	7.31	2.69
上海	5.96	4.04	甘肃	6.84	3.16	福建	7.34	2.66
宁夏	6.15	3.85	浙江	6.87	3.13	云南	7.56	2.44
海南	6.23	3.77	河北	6.93	3.07	河南	7.57	2.43
新疆	6.30	3.70	江苏	6.98	3.02	广东	7.59	2.41
重庆	6.44	3.56	山东	7.00	3.00	山西	7.72	2.28
内蒙古	6.46	3.54	广西	7.01	2.99	江西	7.84	2.16
天津	6.58	3.42	湖北	7.10	2.90	**全国**	**6.77**	**3.23**
吉林	6.62	3.38	安徽	7.20	2.80			

① 2 所高校性别比例均来自搜狐教育 2017 年调查数据，并根据学校官网公布的 2017 年在校生总人数进行折合计算。要说明的是，其中 1 所高校医学部男女比例为 3∶7，全校男女比例为 4.8∶5.2，因无法知晓医学部总人数，仅按全校比例计算。故研究对象学校男女实际比例应小于 5.54∶4.46。

最多、考生人数总体较少的北京、上海。虽然西藏、青海的女生入学机会指标指数也较高，但因其获得录取资格的人数占比不足 1%，样本过小，统计效能较低。与在校生性别比例最不接近、性别比例失衡最突出的，为获得录取资格数量较少的云南等，以及考生人数总体较多的河南等。由此可以推断出，高校综合评价录取规则存在属地差异，在越难获得高校综合评价录取资格，即竞争越激烈的省（区、市），女生获得入学机会的概率越小，性别比例问题越值得关注。

（2）高校综合评价录取属地偏好明显，东部、中部等教育强省获得了更多的录取机会，偏远地区受到更大挑战

高校综合评价录取考生区域、省域入学机会指标指数的计算，是对完全自由竞争报考、录取的模式下各个区域、省域入学机会的考察。如表 2 所示，从区域入学机会指标指数及当年考生占比来看，华北地区、东北地区入学机会指数为考生比例的 2 倍左右，华东地区、西北地区两项指标基本持平，中南地区、西南地区入学机会指数仅为考生比例的 50% 左右。① 从分省入学机会指标指数及当年考生占比分析，东部经济强省、中部人口大省的入学机会指标指数较高，少数民族地区入学机会指标指数较低；北京尤为突出，入学机会指数是考生比例的 24 倍之多。根据上述数据，从高校招生选才与考生报考选择两个维度可知，第一，高校综合评价录取有较强的属地偏好，与普通招考的地方化、周边区域化特征[23]一致，北京市、华北地区为研究对象所在地，东北地区为周边区域，获得录取资格的可能性远远高于其他省（区、市）、地区。第二，高校综合评价录取资格的获得者以东部、中部生源为主，相对于西部偏远及少数民族地区，经济强省、教育大省的基础教育质量更优，故而造成这一现象，未来马太效应不可避免。第三，高校综合评价录取的考录机制灵活，考生拥有充分的自主选择权，同时，高校考核环节也增加了院校属地的吸引力，考录双方与计划定额招生这一本质的差别，也会为高等教育资源稀缺省份带来新的公平问题。

---

① 指数如“研究工具”部分所述，为“百分数 * 10”所得，故在数据显示上有 10 倍的差异。

表 2　2015—2019 年高校综合评价录取考生区域/省域入学机会指标指数及考生数量占比

省（区、市）/区域	指数	占比	省（区、市）/区域	指数	占比	省（区、市）/区域	指数	占比
陕西	0.398	3.48%	四川	0.346	6.39%	北京	1.606	0.66%
新疆	0.207	2.00%	重庆	0.27	2.69%	天津	0.326	0.62%
甘肃	0.137	2.93%	贵州	0.157	4.29%	河北	0.316	4.92%
宁夏	0.121	0.74%	云南	0.117	3.14%	山西	0.265	3.42%
青海	0.078	0.50%	西藏	0.019	0.27%	内蒙古	0.176	2.09%
西北地区	0.942	9.64%	西南地区	0.909	16.78%	华北地区	2.689	11.71%
上海	0.555	0.54%						
江苏	0.541	3.73%	河南	0.441	9.46%	吉林	0.334	1.58%
山东	0.376	6.40%	湖北	0.36	3.94%	辽宁	0.447	2.30%
安徽	0.35	5.42%	湖南	0.285	4.59%	黑龙江	0.352	2.03%
福建	0.299	2.05%	广东	0.285	8.03%	东北地区	1.132	5.91%
浙江	0.296	3.19%	广西	0.178	3.97%			
江西	0.288	4.01%	海南	0.074	0.64%			
华东地区	2.706	25.34%	中南地区	1.085	17.98%			

（3）高校综合评价录取结果向经济发达地区倾斜，但省际差异显著，不容忽视

高校综合评价录取考生区域/省城入学机会指标指数旨在测评考生享受的基础教育资源与获得录取资格之间的关系，结果如表 3 所示，其中城市级别包括直辖市、省会城市及计划单列市、其他地级市。考生获得综合评价录取资格的机会依次为直辖市 27.56%、省会城市及计划单列市 32.47%、其他地级市 39.97%，户籍人口数则分别为 6.08%、14.54%、79.38%①，可见考

① 根据各省 2018 年统计公报的户籍人口数整理。

表 3 2015—2019 年各省(区、市)高校综合评价录取考生毕业院校城市级别及市/县指数比

省(区、市)	城市级别指数比	市县指数比	省(区、市)	城市级别指数比	市县指数比
山东	0∶1.67∶8.33	5.6∶4.4	河北	0∶2.28∶7.72	9.12∶0.88
江苏	0∶1.22∶8.78	5.63∶4.37	四川	0∶5.64∶4.36	9.36∶0.64
河南	0∶1.90∶8.10	6.22∶3.78	广东	0∶4.69∶5.31	9.38∶0.62
江西	0∶2.85∶7.15	6.27∶3.73	辽宁	0∶4.94∶5.06	9.48∶0.52
浙江	0∶5.54∶4.46	7.35∶2.65	内蒙古	0∶3.03∶6.97	9.48∶0.52
湖南	0∶5.79∶4.21	7.52∶2.48	黑龙江	0∶3.50∶6.50	9.48∶0.52
贵州	0.08∶5.99∶3.93	8.02∶1.98	西藏	0∶8.33∶1.67	9.67∶0.33
安徽	0∶4.02∶5.98	8.26∶1.74	广西	0∶3.47∶6.53	9.78∶0.22
福建	0∶5.56∶4.44	8.35∶1.65	海南	0∶9.04∶0.96	9.82∶0.18
甘肃	0∶5.66∶4.34	8.68∶1.32	重庆	10∶0∶0	9.88∶0.12
青海	0.08∶7.44∶2.48	8.93∶1.07	新疆	0∶6.74∶3.26	9.91∶0.09
山西	0∶4.66∶5.34	8.95∶1.05	陕西	0∶9.69∶0.31	9.92∶0.08
湖北	0∶3.78∶6.22	8.95∶1.05	上海	10∶0∶0	9.95∶0.05
天津	9.98∶0∶0.02	9.07∶0.93	北京	10∶0∶0	9.98∶0.02
吉林	0∶5.85∶4.15	9.09∶0.91	宁夏	0∶8.50∶1.50	10∶0
云南	0∶5.17∶4.83	9.11∶0.89	全国	2.76∶3.25∶3.99	8.73∶1.27

生获得综合评价录取资格的机会从直辖市向省会城市及计划单列市、地级市递减,总体呈倒金字塔状,与我国户籍人口数量按城市级别呈金字塔状的分布截然相反。录取者中,县区生源的入学机会指标指数为 1.27,折合百分比为 12.7%,远远低于全部生源(普通类及特殊类招生)20.82 个百分点①。可见,高校综合评价录取对直辖市、省会城市、计划单列市的生源

① 从中青在线、搜狐教育等相关调查及数据折算可知,2017 年研究对象院校城市与县区及以下生源的比例为 66.48∶33.52。

有利，在市区与县区之间，对市区生源有利。事实上，能力和成功期望的差异（difference in ability and expectations of success）以及资源差异（difference in resources）等辅助性机制的作用，会导致不同阶层的入学机会的差别[24]。这种代际叠加效应将形成阶层壁垒，最终使这一招生制度加剧“寒门再难出贵子”的现象。同时，也应从另一个侧面看出，我国基础教育的优质资源集中于中心城市及市区，相对而言，普通地级市与县区生源在这种招生体制下会缺少更多的录取机会。但这一问题也存在较大的省际差异，江苏、山东、河南、江西等东部教育强省以及中部教育大省的生源有着较为合理的城市级别分布、市/县分布，边远地区、少数民族地区的相应问题却尤其凸显。

2. 趋势分析

（1）高校综合评价录取男/女入学机会指标指数差距居高不下，性别公平问题受多重因素影响

当前，性别公平问题在统一高考制度下并不明显，但在高校综合评价录取中，性别失衡现象却值得注意。如图 1 所示，自 2015 年高校综合评价录取实施以来，获得录取资格的考生一直呈“男多女少”的态势，5 年来这一差距虽然有所波动，但没有得到实质性的改变。从线性预测结果可以发现，性别比例失衡现象甚至有加剧的可能。这一趋势与我国高校性别入学机会趋势完全相反，近 30 年来，我国不同性别无论是总体的还是在不同类型高校中的入学机会差异均呈现出逐渐缩小的趋势，当前，女生获得的入学机会已经超过男生；[25] 而且，在基础教育阶段，同一属地的男女生之间享受的教育资源不因地方政治、经济、文化等因素而异，性别是唯一的变量。因而，高校综合评价录取在理论上具备实现性别公平的基本条件。综合评价录取结果中男女比例失衡问题受多重因素影响，招考制度在制定时并未设置分专业招生计划，专业差异必定带来性别隔离，比如工科、理科等录取数量较多，则男生录取比例会有所提升。同时，报名

考生的性别比例、院校对近年高考中“女强男弱”现象的纠偏、院校或专业招生偏好等也都会引发这一现象。但是，在高校综合评价录取制度下，高校拥有较大的招生自主权，也应有接受社会问责的担当。

图 1 2015—2019 年高校综合评价录取男/女入学机会指标指数趋势图

（2）高校综合评价录取对于区域公平这一历史难题的解决，整体而言贡献突出，但发展趋势不容乐观

区域公平自古代科举开始便是人口大国、考试大国科学选才的一大难题，也是当今统一高考、分省定额录取的制度设计者的一大困惑。对研究对象院校 2014 年普通类招生录取结果进行分析后，可以发现其基尼系数为 0.471，超过了 0.4 的警戒线，反映了分省定额带来的区域公平问题。2015—2019 年综合评价录取结果的基尼系数为 0.362，且年均 G 值均小于 0.4，体现了一定程度上的区域公平。考试招生过程中的区域公平是一个社会性问题，关系到国家稳定，其源于地域间性，也受高等学校自主权、高等教育区域化发展等的制约，可能不符合某种公平之理，但却客观存在。[26]高校综合评价录取不仅在内容上颠覆了统一考试，也从形式上改变了分省定额招生，从理论上给予了全国考生统一的“起跑线”，提供了完全自由的竞争环境。可以说，这一制度在一定程度上缓解了区域公平这一大难题。但从图 2 可以看出，5 年来 G 值的波动幅度增大，上升趋势明显，不断接近 0.4 的警戒线。从具体数据中可知，G 值上浮的主要原因在于属地考生获得录取资格的数量增加，招生主体的录取偏好也值得关注。

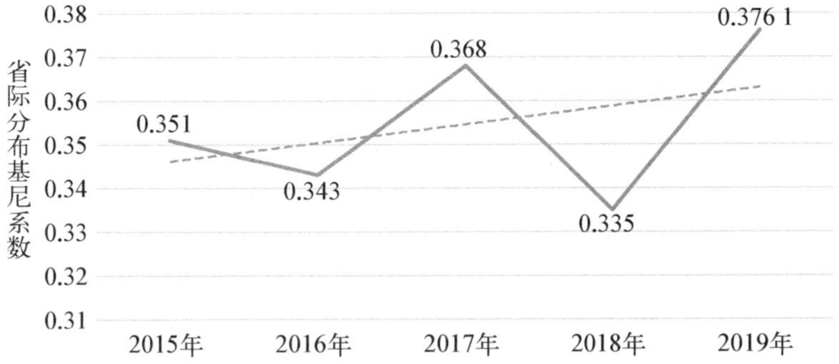

图 2　2015—2019 年高校综合评价录取结果省际分布基尼系数变化趋势图

(3) 高校综合评价录取始终受经济发达程度影响,经济实力与基础教育水平的增强可缓解地域公平问题

高校考试招生中,城市级别、市/县之间的差距产生的不均衡现象来自经济基础的差异。经济是影响教育公平的一个十分重要和基础性的变量,经济发展的水平和不同家庭经济收入的差异,都会直接或间接地影响人们接受教育的机会、参与率和成就,[27]也会通过基础供给影响教育资源的质量。本研究发现,获得录取资格的考生毕业于全国 10.75%的高中,但区域差异明显,获得录取资格的考生毕业高中数量在当地占比自华东(14.06%)向华北(12.68%)、东北(12.39%)、西南(8.47%)、中南(8.22%)、西北(7.79%)递减。假设区域基础教育资源的优劣与获得综合评价录取资格考生毕业高中数量多寡呈正相关,优质基础教育资源的分布基本呈现出从东部向中部、西部递减的现象,即与区域经济发展水平呈正相关。换言之,高校综合评价录取与优质的基础教育资源密切相关,也间接与经济基础正相关。进一步抽取经济较为发达的华东省市及年高考人数超过 50 万的高考大省①(山东、江苏、河南、江西、浙江、安徽、福建、四川、广东等),绝大部分省市的县/市比、考生毕业高中数逐年增加。因此,可以推断出,经济、教育的发展会推动形成越来越多的优质基础教育资

① 因上海为直辖市,故在县/市比中不列为研究对象。

源，也就意味着考生获得综合评价录取资格的可能性会越来越大。与因地域间性引发的公平问题不同，因经济发展水平引发的考试招生公平问题可以随着经济、教育等多重因素的发展而有所缓解。在同一时间节点中，也可以把经济、教育发达地区看作落后地区的未来，随着经济与教育的持续发展，这一差异将有所缓解，并最终有可能达到相对均衡。

五、 结论与政策建议

本文研究高校综合评价录取结果公平问题，以社会对高校综合评价录取“结果公平的质疑”和“公平问题会愈演愈烈的预判”为研究重点，以2015—2019年面向全国开展相应录取工作的高校获得综合评价录取资格的考生名单为研究对象。研究发现：（1）现行高校综合评价录取的结果公平问题在不同方面表现各异。其中，性别比例失衡较为显著，但很难判定其公平问题突出；分省定额带来的区域公平问题得到解决；因经济发达程度不同引起的区域公平问题存在，但在经济强省、教育大省并不明显。（2）高校综合评价录取结果公平问题不能用“愈演愈烈”来以偏概全。性别比例失衡问题尚未得到根本性改变；区域公平问题在缓解与加剧中逐年更替；地域公平问题将随着经济基础、教育资源的优化有所缓解，但落后地区也应受到重视。研究还发现，高校综合评价录取的结果公平问题受多重因素影响，与制度的完善、经济的发展、基础教育资源的质量提升等呈正相关，因而省际差异显著是其突出特征。基于此，本研究认为，维护高校综合评价录取的结果公平，在高考综合改革中开展高校综合评价录取的改革，可从以下几方面开展工作。

第一，高校综合评价录取是在统一高考基础上的改革，对考试招生公平的追求应以统一考试招生为参照。现阶段社会群体对高校综合评价录取公平问题的质疑来源于相对剥夺感的增加，主观的价值判断遮蔽了客观的事实存在，且将教育差别混淆于教育公平问题的热议，最终引来非议。维护公平，首先应有正确的价值导向。自1977年高考恢复以来，统一考试、分省定额便成为高等院校普通类招生的唯一模式。该项制度执行40余年，在很大程度上因其可以实现相对公平而备受认可。综合评价是我国高校考试招生制度改革的指导性方针，是高考改革的前沿，在时间维度上，综合评价录取是统一考试招生之后的制度创新，认同度若想超越前者，便应以其为参照，对其区域公平问题、实质公平问题等予以纠偏。同时，综合评价录取作为中国特色现代教育考试招生制度的重要组成部分，在空间维度上是与统一高考平行的补充性制度，绝非取而代之。认同度若想企及前者，也应以其为参照，对其已经实现的性别相对公平、城乡相对公平等予以坚持。在新一轮高考改革中，从维护公平、获得社会认同的角度讲，历史逻辑决定了对待统一高考不能全盘否定，现实逻辑决定了对待综合评价录取不能因噎废食。

第二，高校综合评价录取以优质的基础教育资源为基础，保证公平的前提在于推广的速度与经济发展、基础教育水平相适应。从研究结果可知，高校综合评价录取结果在经济、教育发达的地区更为公平。一方面说明，该项制度的结果公平以竞争者具备的经济基础、享受的基础教育资源相近为前提；另一方面说明，经济繁荣化、基础教育优质化可以推进该项制度的结果公平。改革开放以来，效率优先的发展战略造成了当前我国的东西差距、城乡差异，兼顾公平的战略决策也会在未来使这一差距逐步缩小。综合评价录取作为高校考试招生的一种方式，其普通属性为教育性，它是以经济为基础的上层建筑的一部分；其特殊属性为社会性，虽关乎公平，但跨越普通属性，只追求特殊属性实则舍本逐末。因此，高校综合评价录取公平问题的解决，应以经济条件为基础，强调省际差异，使推进速度与经济发展相适应，直接缓解公平问题。从研究数据中可以看出，相对而言，上海、浙江、北京、天津、江苏、山东、河南、安徽、江西等地较为适合开展综合评价录取改革；海南、青海、陕西等地则应适当暂缓。高校在确定综合评价招生地区时，不应仅考虑候选地区的生源质量，还应充分考虑其基础教育及经济发达程度。较为可行的实践方案有二：其一，在东部地区先行试点，逐步向中部、西部地区推进；其二，根据经济发展水平和基础教育发达程度划分考试区域，分区录取。

第三，高校综合评价录取的招生权责下移，考试招生公平要求高校有责任担当，同时也需要多元主体的齐抓共管。在高校统一考试招生制度下，“学校负责、招办监督”的招生原则实行多年，但实质上，高校依据“分数线”录取考生，最终形成了“千校一面”的录取规则，高校在招生中的话语权也因此被削弱。在高校综合评价录取方式中，录取标准多元，院校特色凸显，长期将“招生”当作“接生”的高校疏于招生力的建设，缺少妥善的应对之策。招生权责下移对高校而言是一把“双刃剑”，虽然有利于高校选拔更合适的考生，但也为高校招生的性别偏好、属地保护开辟了“绿色通道”。前者标准多元、难以判断，后者结果明显、显而易见，使得该项录取方式常被社会诟病。这就要求高校有责任担当，将招考公平视为招生能力建设的起点与终点，竭力避免权力的异化以及招生过程中的乱象。同时，高校综合评价录取方式也期待多元主体参与，顶层设计者、省级招生单位从具体的实施者转向制度的制定者、监督者，增强责任意识；基础教育从应试教育走向素质教育，通过改变授课内容，为学生提供更多的可能，在向学生传播知识的基础上普及更多的招生考试常识；考生与家长从招生录取的“局外人”成为“局内人”，考生有更多的自主选择权，以家长为重要群体的社会群体有更多的问责权。

第四，高校综合评价录取的内容更加丰富，对基础教育资源要求更高，应正视区域公平的症结将由省际差异走向地域差异、城乡差异的事实。统一高考以“短、平、快”为基本特征，考查学生的理论知识水平，可以通过应试教育实现，各地区差异不大，由分省定额形成的省际差异成为区域公平的最大难题。综合评价录取以“丰富的内容”为基本特征，考察学生的综合能力，应通过素质教育实现；对基础教育资源有更高的要求，由物质基础决定的区域差异、城乡差异将成为最大症结。新矛盾的出现，是发展过程中的不平衡的连锁演变过程，而这种“导致偏离平衡”的结果也是发展的理想格局。[28]我国的户籍人口数量按城市级别呈金字塔状分布，获得综合评价录取资格的考生机会却按级别呈倒金字塔状分布。这种错位现象显示出寒门升学越来越难，而金字塔的底端多为少数民族地区、偏远地区以及乡镇。这就要求高校综合评价录取首先要把握省际差异中“度”的问题，公平并非激进的平等，它还承担着更多的社会责任以保证社会稳定。其次，要关注到高等教育资源稀缺省份与区域，供给侧的先天不足不应由对知识的渴求者买单。最后，要意识到阶层壁垒，照顾需求侧的实力差异与资源不足。多元评价内容的本质是通过推动学生全面发展，创造更多的升学机会，而非通过提高对学生的要求，堵死大部分群体的升学之路。

高校综合评价录取作为高考综合改革的重要部分，是我国高校考试招生制度改革的重要突破口。通过本研究可知，其中存在公平问题，但能够通过制度调整进行纠偏；公平问题会产生一定的负向影响，但整体发展趋于乐观。因而，高校综合评价录取的公平性值得肯定，在高校具备招生主体责任与能力，地方具备充分的教育与经济基础的前提下，能够承担起为高校科学选才之重任。

参考文献

［1］边新灿.高校综合评价招生改革：演进逻辑、模式选择和对策分析［J］.教育研究，2017(7)：108－114.

［2］［10］李云星，姜洪友，卢程佳，等.高校“三位一体”综合评价录取质量与公平的个案研究［J］.华东师范大学学报(教育科学版)，2018，36(3)：41－56＋167.

［3］刘海峰.高考改革的新阶段思考［J］.中国高等教育，2014(5)：14－16.

［4］郑若玲.高考公平的忧思与求索［J］.北京大学教育评论，2010，8(2)：14－29.

［5］钟秉林，王新凤.我国高考改革的价值取向变迁与理性选择——基于40年高考招生政策文本分析的视角［J］.教育研究，2017(10)：12－20.

［6］周海涛，景安磊.新高考改革助推教育升级［J］.教育研究，2015(8)：91－97.

［7］余澄，王后雄.高考改革试点方案的定位、分类及结构分析［J］.高等教育研究，2015(10)：49－55.

［8］李雄鹰，冷文君，孙燕超.综合评价：高考改革的新导向［J］.高校教育管理，2016，10(3)：47－53.

［9］郑若玲，陈斌.高校招生综合评价录取改革的困境与出路［J］.高等教育研究，2014(10)：11－15.

［11］［17］汪梦姗，马莉萍.重点高校招生名额分配——基于2009—2013年12所“985”高校招生数据的实证研究［J］.清华大学教育研究，2016，37(2)：64－71.

［12］［22］曹妍，张瑞娟.我国高等教育入学机会及其地区差异：2007—2015年［J］.教育发展

研究，2017(1)：25－35.

[13][19][20] 许长青，梅国帅，周丽萍.教育公平与重点高校招生名额分配——基于国内39所“985”高校招生计划的实证研究[J].教育与经济，2018(2)：10－17.

[14] 冯科，聂海峰.高考录取机制的帕累托效率分析[J].经济科学，2007，29(3)：53－65.

[15] 张俊，吴根洲.“985”高校招生区域公平研究——基于洛伦兹曲线和基尼系数[J].考试研究，2010(1)：49－57.

[16] 乔天一，邓溪瑶，于晓磊，等.以“基尼系数”衡量部属高校分省招生指标的公平性[J].中国高教研究，2014(10)：11－15.

[18] 刘进，陈健，杜娟.弱势地区自主招生参与的公平问题研究[J].高校教育管理，2016，10(3)：54－59.

[21] 张小萍，张良.中国高质量大学入学机会和招生偏好研究——以“211”高校为例[J].高等教育研究，2015(7)：28－35.

[25] 王伟宜，李洁.高等教育入学机会性别差异的多维分析[J].教育研究，2015(8)：54－60.

[23] 刘希伟.2006—2009年“985工程”高校招生区域公平问题的研究[J].中国高教研究，2010(3)：41－43.

[24] Breen，R.，Goldthorpe，J. H. Explaining Educational Differentials：Towards a Formal Rational Action Theory[J]. Rationality and Society，1997，9(3)：275－305.

[26] 陈廷柱.在公平与不公平之间——论高等教育的地区差异[J].教育发展研究，2004，24(9)：84－86.

[27] 谢维和.中国的教育公平与教育发展[M].北京：教育科学出版社，2008：74.

[28] 赫希曼，曹征海.经济发展战略[M].北京：经济科学出版社，1992：59.

作者简介

庞　颖　厦门大学教育研究院博士研究生

电子邮箱

535762974@qq.com

附:《中国教育政策评论》简介及投稿须知

《中国教育政策评论》是以评论我国教育政策热点及难点问题为主要内容的学术集刊。自创刊以来,一直秉持“教育研究密切联系实践,服务决策”的精神,对中国教育发展过程中的重大理论问题和实践问题进行了专门探讨,在教育研究、教育决策以及教育实践领域产生了广泛而深远的影响,已连续被确立为 CSSCI 来源集刊。自创刊以来,本集刊讨论的主题:

1999 年:教育政策与教育改革
2000 年:教育政策的科学制定
2001 年:教育政策的理论探索
2002 年:教师教育政策
2003 年:教育督导政策
2004 年:教育均衡发展
2005 年:教育制度创新
2006 年:中外合作办学
2007 年:科研政策
2008 年:教育公平
2009 年:创新人才培养
2010 年:教育质量与教育质量标准
2011 年:基本公共教育服务
2012 年:现代大学制度
2013 年:教育国际化
2014 年:高校绩效评价
2015 年:教育改革 30 年

2016年：教育公平

2017年：校内教育公平

2018年：2030年教育

2019年：大规模测量与评估研究

《中国教育政策评论》面向国内外征集优秀论文。来稿要求如下：

1. 稿件没有在其他正式刊物上发表。

2. 来稿一律按照国家对期刊稿件的投稿要求格式写作，稿件字数以1万字左右为宜(含注释、参考文献、附录、图表等)。

3. 来稿文内标题一般分为三级，第一级标题用"一、""二、""三、"……标识；第二级标题用"1.""2.""3."……标识；第三级标题用"(1)""(2)""(3)"……标识。

4. 正文字体一律为小四号，宋体。文内图标应规范，符合出版标准。表格标题置于表格前，以表格序号(表1、表2……)加标题名标识，表格序号与标题名之间空一汉字距离；图之标题置于图后，以图之序号(图1、图2……)加标题名标识，图之序号与标题名之间空一汉字距离。图表所有内容与正文一致，用小五号字。

5. 来稿所有引文务必注明出处。引用性注释采用顺序编码制，文中用"[1][2][3]……"以上标形式标注，具体文献放在文后，用"[1][2][3]……"编码，与文中的"[1][2][3]……"序号相对应。同一文献引用多次时，篇后注注码连续编号，参考文献可合并为一条。著录格式请参照《GB/T 7714—2015 信息与文献——参考文献著录规则》，如：

[1] 符娟明.比较高等教育[M].北京：北京师范大学出版社，1987：67.

[2] 界屋太一.知识价值革命[M].黄晓勇，等译.北京：生活·读书·新知三联书店，1987：12.

[3] 刘宝存.大众教育与英才教育应并重：兼与吕型伟、王建华先生商榷[J].教育发展研究，2001(4)：57－59.

[4] 靳晓燕.北京密云：以教师交流促教育提升[N].光明日报,2012-05-30(14).

[5] 新华社.让中国力量推动全球治理体系变革—学习习近平总书记在中央政治局第三十五次集体学习时的重要讲话[EB/OL].2016-09-28[2017-12-26].http://www.xinhuanet.com/politics/2016-09/28/c_1119642701htm.

6. 文中的外国人名在第一次出现时,应于中文译名后加圆括号附注外文姓名。

7. 文末请附作者简介和电子邮箱。

8. 为适应我国信息化建设,扩大本刊及作者知识信息交流渠道,本刊已被中国学术期刊网络出版总库及中国知网系列数据库收录,作者文章著作权使用费与本刊稿酬一次性给付。免费提供作者文章引用统计分析资料。如作者不同意文章被收录,请在来稿时向本刊说明。

投稿地址：上海市中山北路3663号华东师范大学文科大楼1003室；邮编：200062

咨询电话：021-62232248

投稿邮箱：oecdsses@ecnu.edu.cn

图书在版编目（CIP）数据

中国教育政策评论. 2019 / 袁振国主编.— 上海：上海教育出版社，2020.11
ISBN 978-7-5720-0322-6

Ⅰ. ①中… Ⅱ. ①袁… Ⅲ. ①教育政策 – 研究 – 中国 – 2019
Ⅳ. ①G520

中国版本图书馆CIP数据核字(2020)第205139号

责任编辑　谢冬华　孔令会　张　弛
封面设计　郑　艺

中国教育政策评论　2019
袁振国　主编

出版发行	上海教育出版社有限公司
官　　网	www.seph.com.cn
地　　址	上海市永福路123号
邮　　编	200031
印　　刷	上海龙腾印务有限公司
开　　本	965×640　1/16　印张 19.25
字　　数	267 千字
版　　次	2020年11月第1版
印　　次	2020年11月第1次印刷
书　　号	ISBN 978-7-5720-0322-6/G·0239
定　　价	95.00 元

如发现质量问题，读者可向本社调换　电话：021-64377165